世界の優良100銘柄リスト

おけいどん厳選!

切りとり線

通番	銘柄名	銘柄コード（ティッカー）	国・地域	掲載ページ
1	INPEX	1605	日本	148
2	住友林業	1911		150
3	積水ハウス	1928		152
4	日清食品ホールディングス	2897		154
5	日産化学	4021		156
6	信越化学工業	4063		158
7	テルモ	4543		160
8	ブリヂストン	5108		162
9	小松製作所（コマツ）	6301		164
10	荏原製作所	6361		166
11	栗田工業	6370		168
12	ヤマハ発動機	7272		170
13	伊藤忠商事	8001		172
14	三井物産	8031		174
15	三菱商事	8058		176
16	ユニ･チャーム	8113		178
17	三菱UFJフィナンシャル･グループ	8306		180
18	三井住友トラスト･ホールディングス	8309		182
19	三井住友フィナンシャルグループ	8316		184
20	オリックス	8591		186
21	三菱HCキャピタル	8593		188
22	日本取引所グループ	8697		190
23	東京海上ホールディングス	8766		192
24	日本電信電話（NTT）	9432		194
25	KDDI	9433		196
26	iシェアーズ MSCI ジャパン高配当利回り ETF	東証ETF:1478		204
27	NEXT FUNDS 日経平均高配当株50指数連動型上場投信	東証ETF:1489		205
28	iFreeETF TOPIX高配当40指数	東証ETF:1651		206
29	アップル	AAPL	米国	228
30	マイクロソフト	MSFT		230
31	アプライド･マテリアルズ	AMAT		232
32	JPモルガン･チェース･アンド･カンパニー	JPM		234
33	モルガン･スタンレー	MS		236
34	CMEグループ	CME		238
35	MSCI	MSCI		240
36	S&Pグローバル	SPGI		242
37	ビザ（VISA）	V		244
38	マスターカード	MA		246
39	ジョンソン･エンド･ジョンソン	JNJ		248
40	ユナイテッドヘルス･グループ	UNH		250
41	ゾエティス	ZTS		252
42	ホーム･デポ	HD		254
43	ロウズ･カンパニーズ	LOW		256
44	マクドナルド	MCD		258
45	スターバックス	SBUX		260
46	ナイキ（NIKE）	NKE		262
47	アーチャー･ダニエルズ･ミッドランド･カンパニー	ADM		264
48	コカ･コーラ	KO		266
49	ペプシコ	PEP		268
50	マコーミック	MKC		270

切りとり線

世界の優良100銘柄リスト おけいどん厳選!

通番	銘柄名	銘柄コード（ティッカー）	国・地域	掲載ページ
51	プロクター・アンド・ギャンブル（P&G）	PG	米国	272
52	コルゲート・パルモリーブ	CL		274
53	フィリップ・モリス・インターナショナル	PM		276
54	ウォルマート	WMT		278
55	コストコ・ホールセール	COST		280
56	アンフェノール	APH		282
57	キャタピラー	CAT		284
58	ディア	DE		286
59	ファスナル	FAST		288
60	シンタス	CTAS		290
61	ローリンズ	ROL		292
62	ユニオン・パシフィック	UNP		294
63	ウエイスト・マネジメント	WM		296
64	エクソン・モービル	XOM		298
65	アメリカン・ウォーター・ワークス	AWK		300
66	サザン・コッパー	SCCO		302
67	エアー・プロダクツ・アンド・ケミカルズ	APD		304
68	コルテバ	CTVA		306
69	シャーウィン・ウィリアムズ	SHW		308
70	S&P500 ETF	東証ETF：1655、2558 米国ETF：VOO、SPY、IVV		312
71	バンガード・米国増配株式ETF	米国ETF：VIG		313
72	バンガード・米国高配当株式ETF	米国ETF：VYM		314
73	ASMLホールディング	ASML	オランダ	324
74	台湾セミコンダクター・マニュファクチャリング・カンパニー（TSMC）	TSM	台湾	326
75	トロント・ドミニオン・バンク	TD	カナダ	328
76	ロイヤル・バンク・オブ・カナダ	RY	カナダ	330
77	マニュライフ・ファイナンシャル	MFC	カナダ	332
78	ビーシーイー	BCE	カナダ	334
79	メドトロニック	MDT	アイルランド	336
80	ノボ・ノルディスク	NVO	デンマーク	338
81	ユニリーバ	UL	英国	340
82	ディアジオ	DEO	英国	342
83	TEコネクティビティ	TEL	スイス	344
84	カナディアン・ナショナル・レールウェイ	CNI	カナダ	346
85	カナディアン・パシフィック・カンザス・シティ	CP	カナダ	348
86	シェル	SHEL	英国	350
87	エンブリッジ	ENB	カナダ	352
88	ナショナル・グリッド	NGG	英国	354
89	BHPグループ	BHP	豪州	356
90	リオ・ティント	RIO	英国	358
91	ヴァーレ	VALE	ブラジル	360
92	シーアールエイチ	CRH	アイルランド	362
93	ネスレ	NESN	スイス	364
94	LVMHモエヘネシー・ルイヴィトン	MC	フランス	365
95	ウィズダムツリー インド株収益ファンド	米国ETF：EPI	インド	366
96	SPDR ダウ・ジョーンズREIT ETF	米国ETF：RWR	米国	374
97	iシェアーズ 米国リート ETF	東証ETF：1659	米国	375
98	NEXT FUNDS 外国REIT・S&P先進国REIT指数（除く日本・為替ヘッジなし）連動型上場投信	東証ETF：2515	先進国（日本除く）	376
99	上場インデックスファンド豪州リート	東証ETF：1555	豪州	377
100	ライオン フィリップ S-REIT ETF	シンガポールETF：LIOP	シンガポール	378

※96~100はリート

資産1.8億円 ＋ 年間配当金（手取り）240万円を実現！

おけいどん式

高配当株 増配株 ぐうたら投資大全

億り人投資家

桶井道

PHP

まえがき
今こそ、世界の高配当株と増配株を狙うべき理由

「新NISAで投資信託の積立はやってるけど、個別株はハードルを感じる」
「どんな銘柄を買えばいいのかわからない」
「副収入はほしいけど、個別株投資をやる時間なんてない」

本書はそんな悩みを抱えた人に向けた、**最小限の労力で高配当株・増配株を見分けて最適な投資を実現するための本**です。個別株における最強の〝時短投資術〟を解説します。

タイトルにある「ぐうたら投資」を見て、「何だって？ 個別株に投資するのに〝ぐうたら〟なんて絶対にムリ！」と思った方もいるでしょう。

安心してください。

仕事に忙しい会社員も、家事や育児に忙しい主婦（夫）も、介護に忙しい方（私も介護してきました）も、投資と私生活を無理なく両立できる。それが「ぐうたら投資」です。

チャートに張り付く必要なし、頻繁に株価を見る必要なし、経済指標を確認する必要なし、株式の売買を繰り返す必要なし。

「ぐうたら投資」は、株式を買って放置&配当金を得ながら含み益も狙う、いわば「投資の仕組み化」です。

配当金は、会社員には安心の副収入に、老後には潤沢な生活費になります。仕組み化の完成により「配当金生活」も可能です。

「ぐうたら投資」のメソッドを知っているだけで、個別株投資のハードルがぐっと低くなります。本書を読み進めていけば、その理由が実感できるはずです。

世界のお金持ちは投資を振り分けている

「でも、そんなラクな投資法なら、儲からないんでしょ?」

そんなことはありません！

本書は、世界の高配当株と増配株をメインに扱いつつ、ETF（上場投資信託）およびリート（不動産投資信託）も紹介します。

各投資の魅力は以下の通りです。

・高配当株＝多くの配当金がもらえる
・増配株＝配当金が前年より増える
・ETF＝分散投資が可能＋分配金がもらえる（個別株でいう「配当金」は、投資信託やETF、リートでは「分配金」といいます）
・リート＝資産分散＋分配金がもらえる

詳細は後述しますが、株で儲けている人ほど、一箇所ではなく複数に振り分けて投資をしています。投資の世界では、これを「分散投資」といい、スタンダートな方法です。

米国株一辺倒で投資信託や成長株など配当金・分配金がない投資先だけでは、金融危機が起きて暴落したときにメンタルが辛くなり、投資を辞めたくなります。

そこで本書では、**怖くなったり、辛くなったりして途中で退場しない「ラクな投資法」を提案します。**

とはいえ、奇想天外なものではなく、しっかりと地に足を着けた投資法です。

私は「ぐうたら投資」を実行し、投資先を振り分け、配当金を得ていたおかげでコロナ・ショックのときも狼狽《ろうばい》せずに済みました。


日本の高配当株は2024年現在のところ比較的堅調に推移しているものの、過去を振り返ると、長期的には米国の増配株のほうが増配や株価上昇への期待が強いのが実態です。

また、米国以外の外国にも優良企業があり（多くが米国市場に上場）、世界に欠かせない存在となって、高配当だったり増配だったり、株価を伸ばしたりしています。

つまり、**「日本株だけ」「米国株だけ」に的を絞る必要はないのです。**

数年前に米国株ブームがあり、今は日本株がアツイので、奇をてらって世界分散をアピールしているわけではありません。私は実際にこの方法で資産も配当金も増やしてきたからこそ、こうして自信を持って皆さんにご紹介できるのです。

考えてみてください。米国とか日本とか本社所在地で優良企業かどうかを判断することに合理性が存在するでしょうか？　本社所在地に関係なく、アジアやヨーロッパ、南米などにある優良企業に投資すればいい。これは、ごく自然な選択です。

本書を通じて、世界のお金持ちたちがやっている投資メソッドに「おけいどん式」を加味した「ぐうたら投資」をぜひ身に付けてください。

ぐうたら投資は、「長期」「分散」「ほったらかし」がキモです。

経済指標やチャートを読み込んだ、機動力のある、百戦錬磨のプロを相手にしません。短期で株価を追っていては、私たち個人投資家が勝てるはずがないからです。私たちがやるべきことは、とてもシンプル。

できるだけ長く、企業の成長に寄り添うのです。

企業が成長するから配当が増える。企業が成長するから株価が上昇する。企業が長期で成長していく過程で、配当金を享受し、株価上昇を待つ投資ということです。

これなら誰かと競って富を奪い合う必要がありません。企業の成長をほったらかして待つだけでみんなが儲かる、だから再現性が高いのです。

数々の失敗から導き出された「稼げる仕組み」

すっかり自己紹介が遅れてしまいましたね。

私は個人投資家の桶井 道（おけいどん）と申します。現在50歳、**投資歴は25年です。2020年、資産1億円＋年間配当（手取り）120万円とともに早期退職しました。現在は同1・8億円＋240万円（2025年見込み）です。**

日米を中心に約30カ国に投資、約100銘柄保有。配当金増加と株価上昇で「2度おいしい」状態です！

25年間の投資生活でいろいろな投資を経験し、高配当株・増配株をメインにしてから成績が上がりました。そして、「ぐうたら投資」を確立してから約7年間、全世界・高配当株＋増配株＋ETF＋リート／長期投資／配当金再投資で資産成長を加速させることに成功しました。株式を買ったら放置、仕組み化によりぐうたらしながら、〝超鈍くさい〟私でも実績をあげることができました。

私を敏腕なのだろうと勘違いしないでください。謙遜しているわけでもありませんが、本当に鈍くさいことをわかっていただくために、鈍くさい私の黒歴史を紹介します。

投資歴8年くらいでの出来事。銘柄分析もろくにせず、好きだからと旧・日本航空に投資。自分が株主でいることを誇りに思い、株主であることに酔っていました。するとその2010年に上場廃止。「悪酔い」もいいところです（苦笑）。

数年前にも、外国の小型成長株に数銘柄投資するも、その大半は1年も持たず赤字撤退。超鈍くさい私には、機動性が求められる投資は向いていませんでした。

こうした幾度にもおよぶ鈍くさい失敗を経て、「ぐうたら投資」が確立したのです――。

本書で述べる「ぐうたら投資術」は私の投資経験に基づいたもので、再現性には自信を持っています。

あなたがやることは「3つだけ」

先ほどお伝えしたとおり、「ぐうたら投資」は、優良銘柄への分散投資を、最小限の労力により長く継続することがキモになります。

では、「優良銘柄」はどう見つければいいかって？

大丈夫です。**選ぶべき銘柄は、本書の第4章（日本株）、第5章（米国株）、第6章（外国株・米国以外）、第7章（リート）で紹介しています。**

あなたが実際にするべき「メンテナンス」は3つだけ。

❶年に1度の決算確認（私は場合によりこれすらサボります）
❷3年毎くらいに発表される中期経営計画の確認
❸保有銘柄が単独で暴落した場合に理由を確認（大丈夫！　滅多にありません）
以上！

本書を読み込むことで、

「投資は怖い」「個別株は難しい」「外国株は危険」「日本株は人口減でオワコン」

↓

「投資してみよう」「個別株を始めよう」「外国株は優良」「日本株も優良」

に一変します。

これから一つひとつ丁寧に手ほどきしますので、安心して読み進めてください。

「ぐうたら投資」であなたらしい人生を手に入れられることを願っています。

2024年7月

桶井 道（おけいどん）

免責事項

●本書は多くの個別株およびETF等を掲載していますが、推奨ではなく紹介です。その他、資産運用に役立つ情報を掲載していますが、投資判断を含むあらゆる意思決定、最終判断は、ご自身の責任において行われますようお願いいたします。ご自身の資産運用（投資）で損害が発生した場合、弊社、著者、その他関係者は一切責任を負いません。

●本書は、執筆時の法制度、市況、社会情勢、サービス内容等に基づいて記述しています。これらが変更されたり変化が生じたりする場合がございますのでご注意ください。

●第4章以降の「カタログページ」の各種データは、マネックス証券の銘柄スカウターに、2023年度決算が反映された時点で順次（2024年5月）取得しました。

時価総額および配当利回りは、2024年5月末日の情報です。

その後大きな変化が生じることがございますので、ご注意ください。

CONTENTS

資産1・8億円＋年間配当金（手取り）240万円を実現！
おけいどん式「高配当株・増配株」ぐうたら投資大全

第1章

投資を「仕組み化」してラクになろう！

「ぐうたら投資」の提案

第2章 株初心者が最初に知っておきたい個別株投資メソッド10

なぜ「億り人」は世界分散なのか？

第3章 億り人が実践する銘柄分析パーフェクトガイド

第4章 日本株から高配当・連続増配株をさがせ！

見逃し厳禁の銘柄28選

第5章 全投資家が憧れる米国株を狙え！

持っておきたい銘柄44選

終章

仕組み化で稼いだお金を誰かのために使おう

幸せな投資家になるために

装幀：小口翔平＋後藤司（tobufune）
制作協力：さかえだいくこ
イラストレーション：いぢちひろゆき
図版：桜井勝志
編集：大隅 元

序章

人生100年時代の資産計画を意識せよ！

いきなり暗い話から入ります。

これからお伝えするのは、皆さんを取り巻く投資環境についてです。

具体的には、これから日本で起こるであろう「10の予測」です。

なんでそんなことを話すのかって？　日本の現状を知っていただくことは、自分の今の立ち位置を知ることになる。それすなわち、「ぐうたら投資」を始めるきっかけになるからです。

ただし、「日本の現状はよく知ってるよ！」という方は、序章は斜め読みでも構いません。

予測1　残念ながら賃金は増えない見込みです

近年「インフレ」とか「値上げ」という言葉をよく耳にするように、日本では生活必需品の多くの価格が上昇しています。[1]「景気が良いじゃん！」と思うかもしれません。

しかし大変残念ですが、給与はほとんど増えていません。[2]

物価の変化を加味した賃金の変化を、厚生労働省が実施している「毎月勤労統計調査」

1　総務省統計局「消費者物価指数（CPI）の前年同月比」
2（国税庁「民間給与実態統計調査」第9図）平均給与及び対前年伸び率の推移

図0-1　実質賃金は下降傾向に

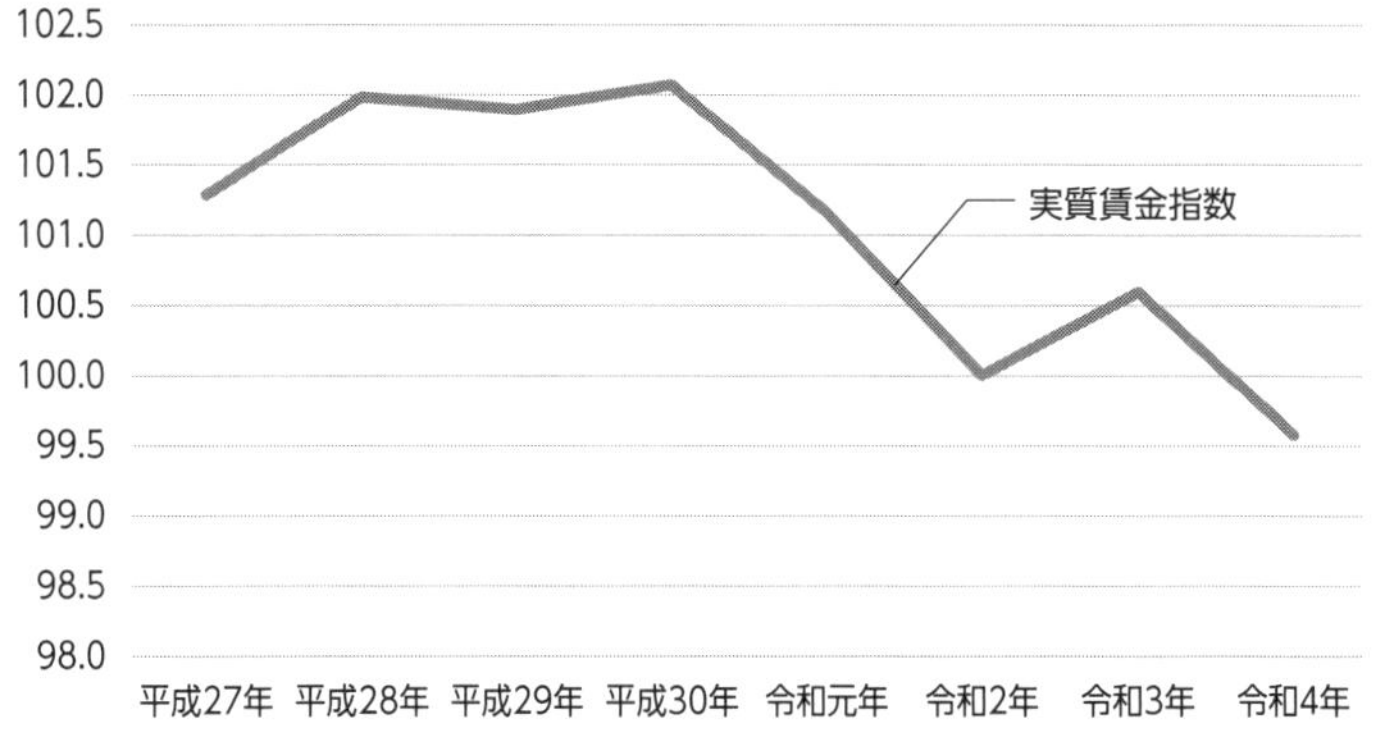

出典：厚生労働省「毎月勤労統計調査（従業員5人以上の事業所）」より

結果で見てみましょう（**図0－1**）。賃金は増えていますが、それ以上に物価の上昇があり、令和に入ってからは実質賃金が減少していることがわかります。**賃金の上昇が物価の上昇に追いついていないのです。**

予測2　円の金利は大きく上昇しない見込みです

27ページ**図0－2**は、金利の指標となる10年国債金利の変化です。平成になった1989年からの推移を示しました。約30年でピークだった8％から大きく下落し、マイナスを経て、ようやくごく僅かながら上向いてきた状況です。

では、今後この金利が大きく上昇していくか？　と尋ねられたら、私は「ノー」と答えます。

なぜなら、金利の引き上げは国の借金である国債の利払いを増やすことになるからです。ですから、**今後の金利の上昇は非常に緩やかなものになると考えています。**

また、成熟国になった日本では景気が過熱する可能性が低いため、1990年代初頭のような高金利が再現されるとは考えにくいです。

1％を切る金利水準で銀行にお金を預けていても利子はほとんどつかないとなれば、老後のための資金の準備が難しくなるでしょう。

先ほど、物価が上昇していると申し上げました。今の金利水準では、物価上昇を金利の上昇で埋め合わせることができず、預金の価値は目減りしていきます。

図0－3のグラフをご覧ください。100万円を年利0・5％で預金した時にインフレが年2％で進行したら、20年後どうなるかを示しています。**預金の価値は20年で約38万円減ります。**時間が経過することで、預金だけでは損をすることになるのです。

予測3　退職金も増えない見込みです

給与所得者であれば、退職金制度が設けられているかもしれません。勤務年数に応じて

図0-2 10年国債金利の変遷

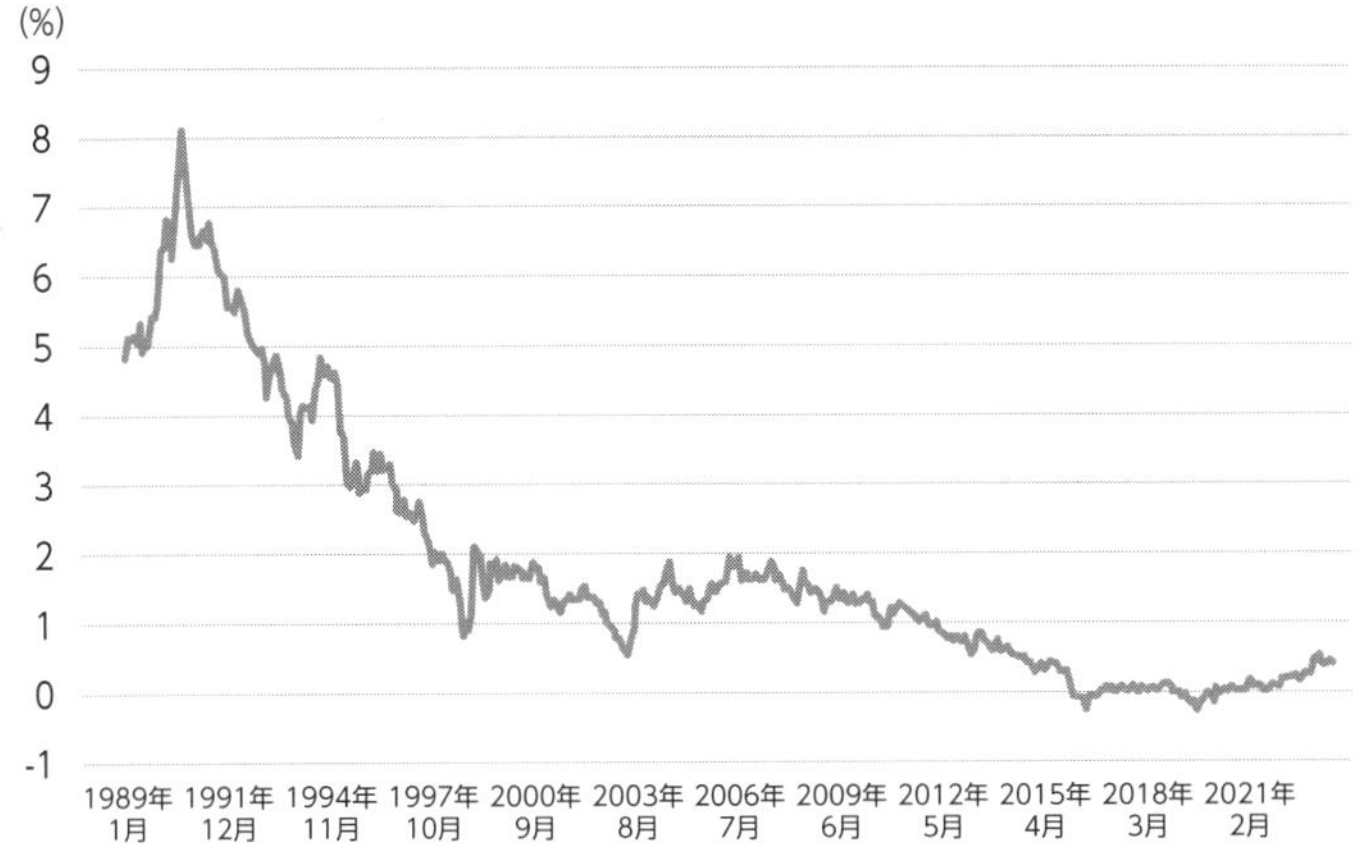

出典:財務省 website

図0-3 預金だけだとインフレでお金の価値が減る

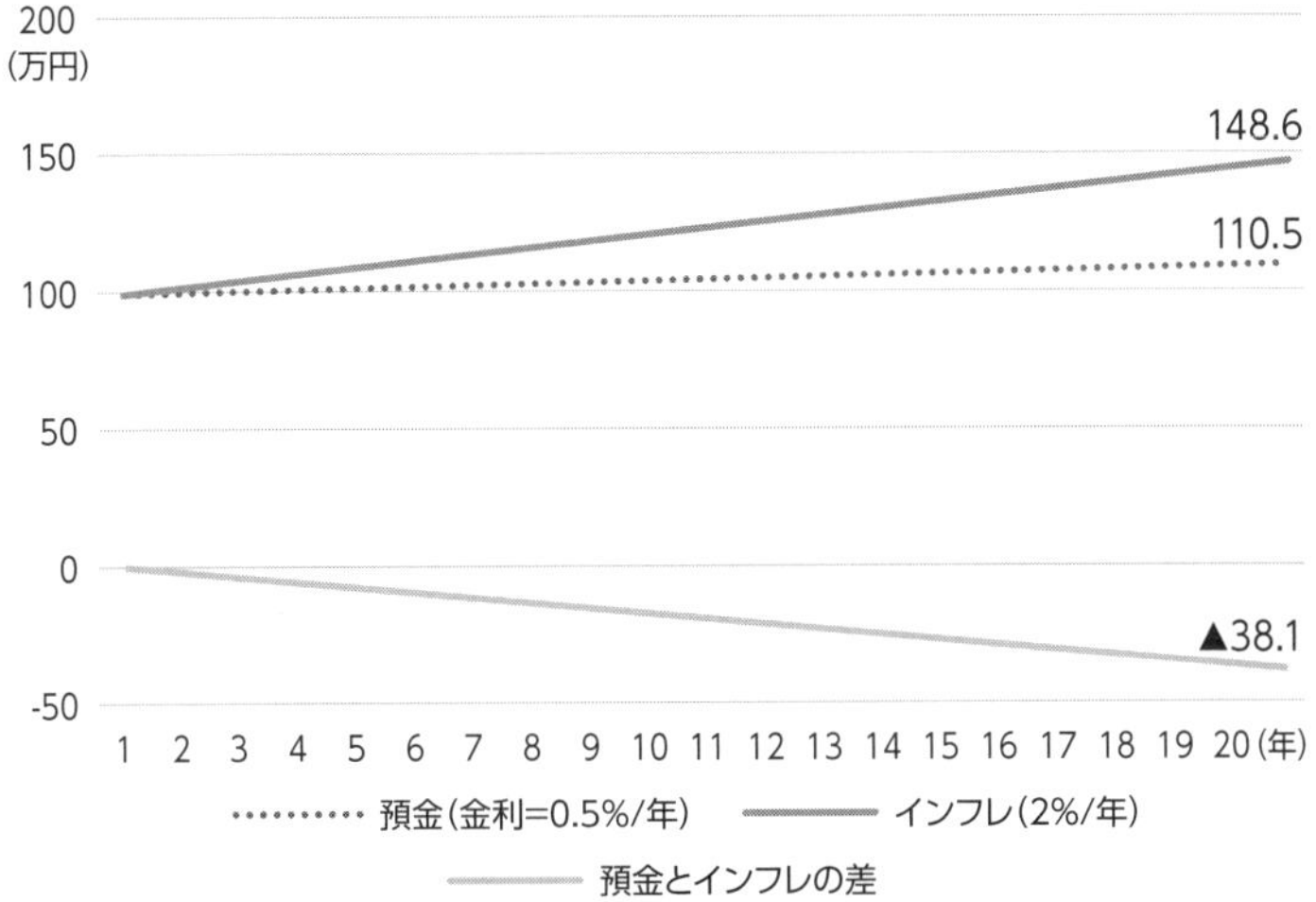

著者作成

退職金の金額が増えるような設計になっていることが多いです。

「定年まで勤めあげれば、それなりの金額になるから、退職金があれば老後は問題ない！」と思っていらっしゃる方、ちょっと待ってください！　ご自身の退職金がどのくらいか知っていますか？　試算したことはありますか？

大卒、総合職の労働者が定年退職したときの退職金の額は、少なくとも右肩上がりではありません。むしろやや右肩下がりの傾向です。[3] 増えると思わないほうがいいでしょう。

ミニコラム　会社だけに頼れない時代が現実的に

将来的には、退職金どころか、終身雇用もどうなるかわかりません。

この数年〜10年ほどの間で、日本企業の良かったところが徐々に消えました。年功序列は廃止され成果主義に取って代わられ、年下上司・年上部下になることも珍しくありません。

役職定年なる制度も設けられ、55歳くらいで役職を明け渡さねばなりません。もちろん給与は下がります。60歳を過ぎ継続雇用となると時間給制に移行して、さらに給与ダウン。65歳を過ぎて会社に残れたとしても給与には期待できな

3　中央労働委員会「賃金事情等総合調査結果」退職金の推移

いことは簡単に想像がつきます。
退職金からみても、給与からみても、会社だけに頼るのは人生100年時代には厳しいように感じます。

予測4　公的年金は実質的に減ります

公的年金は、現役時代の就業状況によって受給金額が違います。いわゆる一階の年金と呼ばれる国民年金は、20歳から60歳まで40年加入すると、受給の満額は約80万円／年です。厳密な金額を示していないのは、受給金額が毎年変化する可能性があるからです。

物価や賃金が上昇するインフレ局面では、物価上昇率に応じて公的年金額も上昇していく仕組みがあります。一方、日本の年金制度は、年金を受け取っている高齢者の年金の原資を、働いている現役世代の年金保険料とする「世代間扶養」という仕組みで運営されています。

インフレ局面で、日本の公的年金額を物価上昇率と同じくらいに増加させてしまうと、現役世代から多くの年金保険料を払ってもらうことになり、現役世代の家計を圧迫してし

図0-4　マクロ経済スライドとは

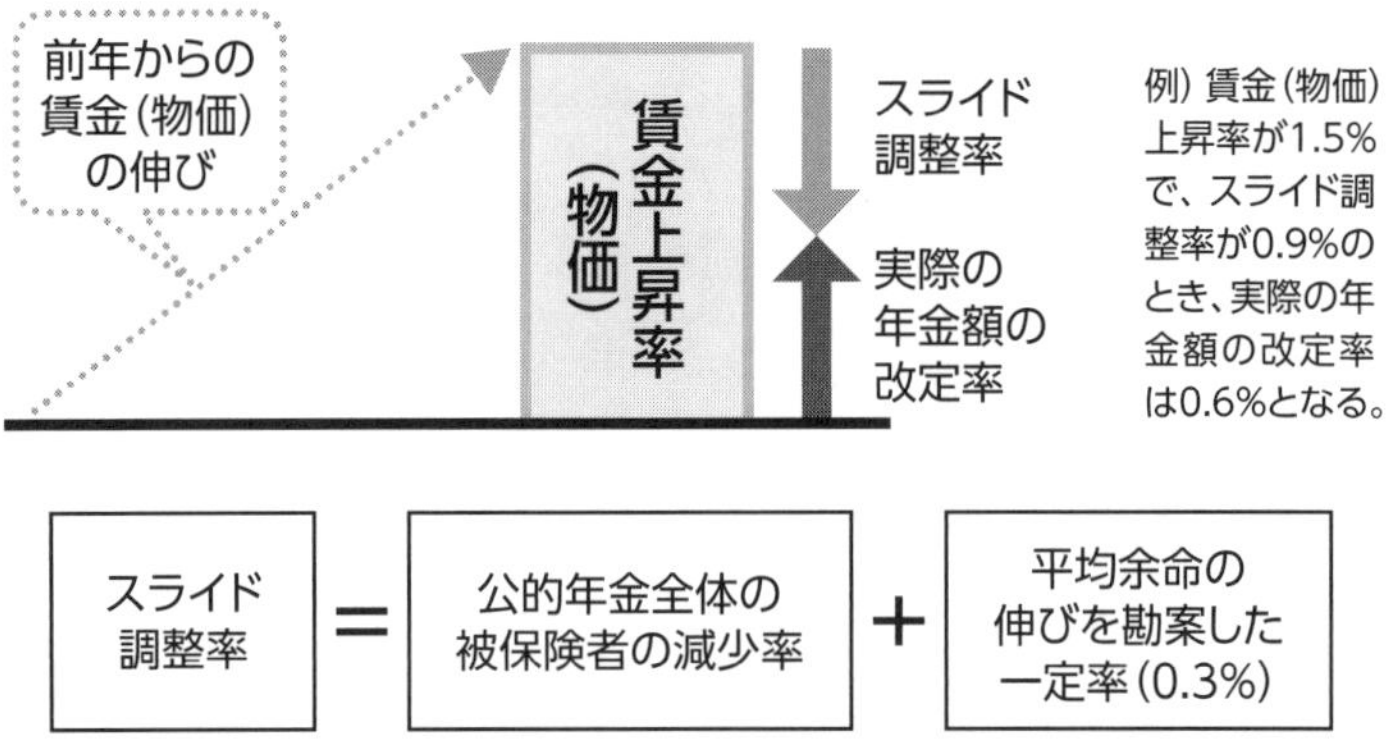

出典：マクロ経済スライドってなに？｜いっしょに検証！ 公的年金｜厚生労働省（mhlw.go.jp）

まう可能性があります。そのため、物価上昇率が高くても、公的年金額の上昇を抑える「マクロ経済スライド」という仕組みが存在しているのです（**図0－4**）。

「スライド調整率」は、現役世代が減少していくことと平均余命が伸びていくことを考えて、「公的年金全体の被保険者の減少率の実績」＋「平均余命の伸びを勘案した一定率（0・3%）」で計算されます。

日本の若い世代の人口は減少しており、「公的年金全体の被保険者の減少率」は今後拡大するでしょう。よって、**マクロ経済スライドが頻繁に実施されるようになると予測できます。**

年金受給額は物価上昇率ほど伸びないと考えていたほうがいいと思います。

予測5 寿命は伸びます

今後約20年で、平均寿命は男性も女性も約3・5歳伸びると見込まれています。[4]

生きることとお金は切り離せません。長生きすれば、その年齢に比例してお金が必要です。公的年金は生涯支給されますが、先ほど述べたように、その金額に過大な期待を抱くべきではないとすれば、長生きに対しての経済的基盤を自身で作っておく必要があります。

予測6 増税がたびたび議論されます

納税は国民の義務です。それを怠ってはいけませんが、税負担が増えることは、金融資産を圧迫する要因になります。振り返ると、税負担は重くなってきています。

身近な例は消費税でしょう。

30年で税率は3倍以上になりました。

・1989年／平成元年　4月1日施行（竹下内閣）初の消費税導入3％

4　平均寿命の推移と将来推計（「令和4年版高齢社会白書」）

・1997年／平成9年　4月1日施行（橋本内閣）5%へ
・2014年／平成26年　4月1日施行（第2次安倍内閣）8%へ
・2019年／令和元年　10月1日施行（第4次安倍内閣）10%へ（軽減税率導入）

所得税はどうでしょう。

2001年と2021年の給与所得者の税負担を比較しました。国税庁のデータによると、**年収600万円以上の給与区分では所得税の負担が増しています。**[5]

相続税は2015年から基礎控除が引き下げられたことにより、課税対象者が増えています。

近年は、投資で得られる利益への課税強化や防衛費確保のための増税がしばしば議論になっています。今後もその傾向は続くでしょう。

予測7　社会保険料も上昇しています

社会保険とは、相互扶《ふ》助《じょ》の理念に基づき、病気や高齢、介護、失業、労働災害などのリスクに備えるための公的保険制度です。

5　国税庁　民間給与実態統計調査

社会保険には、医療保険、年金保険、介護保険、雇用保険、労災保険の5つがあります。

給与所得者であれば、給与から保険料が天引きされていることが多いでしょう。事実上の税金のようなものです。前項で税負担が重くなってきたと申し上げましたが、実は社会保険料負担も重くなってきています。

被保険者負担が均一な国民年金保険料を見ると、月額保険料は、2001年から現在に至るまで3000円以上も上昇しています。[6]

多くの被保険者が加入している医療保険の「全国健康保険協会」、通称「協会けんぽ」の保険料率も上昇してきています。

給与から天引きされていると気づいていないかもしれませんが、これは「ステルス値上げ」のようなものですね。

予測8　近年、ドル高円安でインフレーションが進行しています

次ページの**図0－5**は、ドル円の為替レート、10年の推移です。

6　日本年金機構

図0-5　ドル円為替レート10年の推移

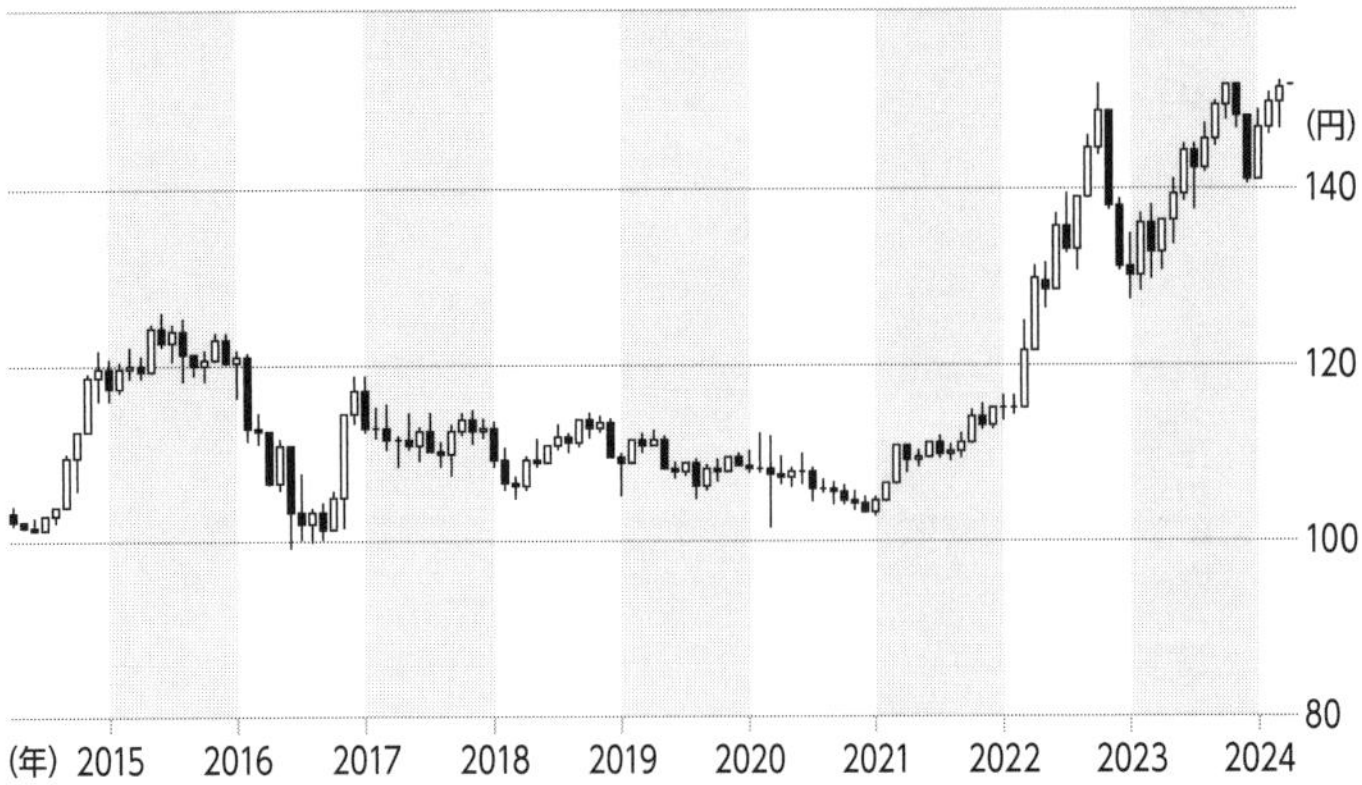

このチャートは上の方に位置していれば、ドル高円安を意味します。**ここ数年で大きくドル高円安が進んだことがわかります。**

日本は生活必需品の多くを輸入に依存している国です。原油や天然ガスといったエネルギー、小麦や大豆をはじめとしたたくさんの種類の食料など、私たちの身近なものは多くを輸入に頼っています。そして、ドル高円安はそれらの価格が上昇することを意味します。

輸入価格が外貨建てで変化していなかったとしても、たとえば米ドルが1ドル＝100円か140円かでは、輸入に対して支払う金額は4割違うことになります。

それは最終的に購入する人の価格に反映されま

図0-6　トイレットペーパー（1000m）価格の変遷

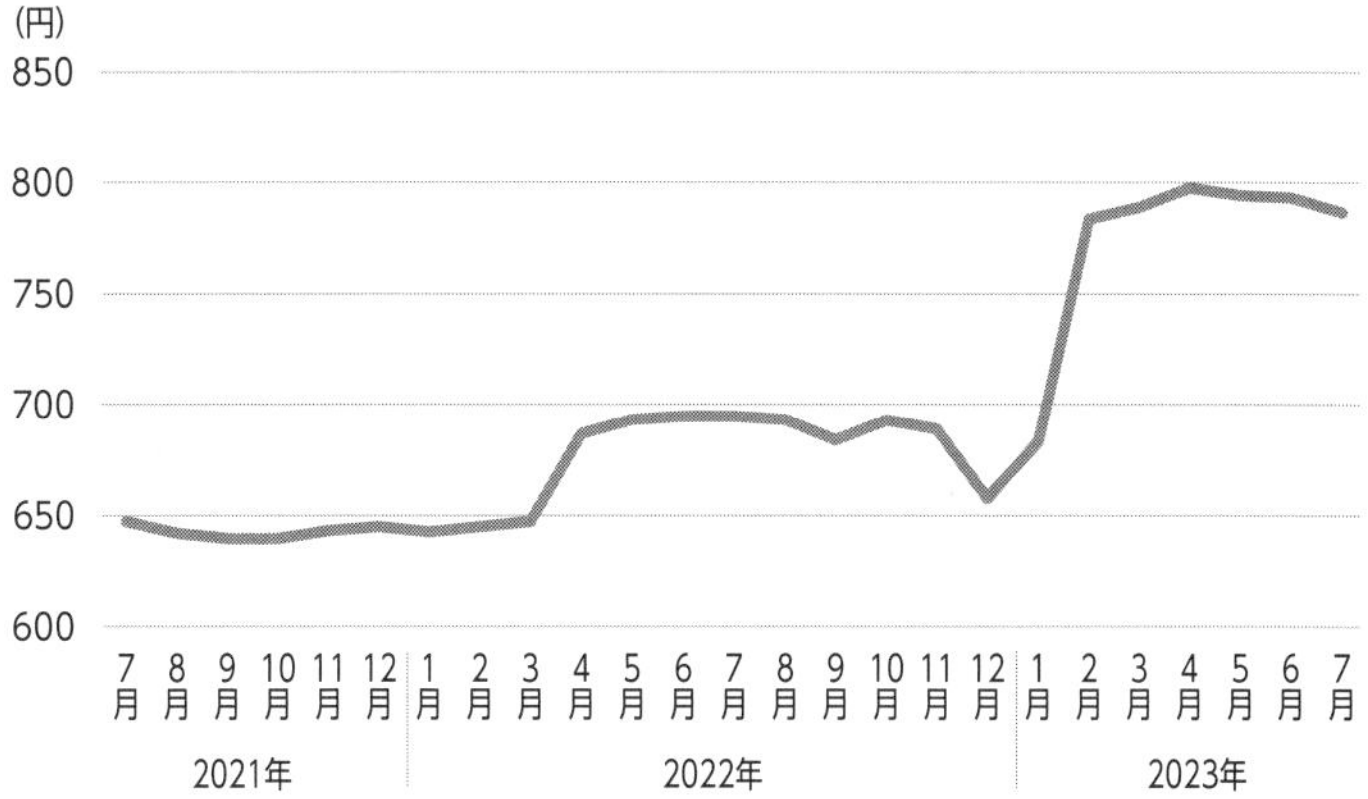

出典：総務省統計局　小売物価統計調査

すから、同じものであっても価格が上昇するわけです。

近年は、買い物へ行くたびに「値段上がったなぁ」と感じるものが増えていませんか？　もしくは「値段は変わらないけど、小さくなったなぁ・少なくなったなぁ」と感じることもあるでしょう。

具体的な品物の価格の変化を確認しましょう。総務省統計局が実施している「小売物価統計調査」は商品別の価格の変化を公表しています。

それによると、**東京都区部のカップ麺（1個78g）は2年間で約25%、しょう油（1リットル）は同22%も上昇しています。**

欠かせない日用品であるトイレットペーパーも見てみましょう（**図0―6**）。

1000mという単位なので、少し金額が大き

図0-7　灯油（18リットル）価格の変遷

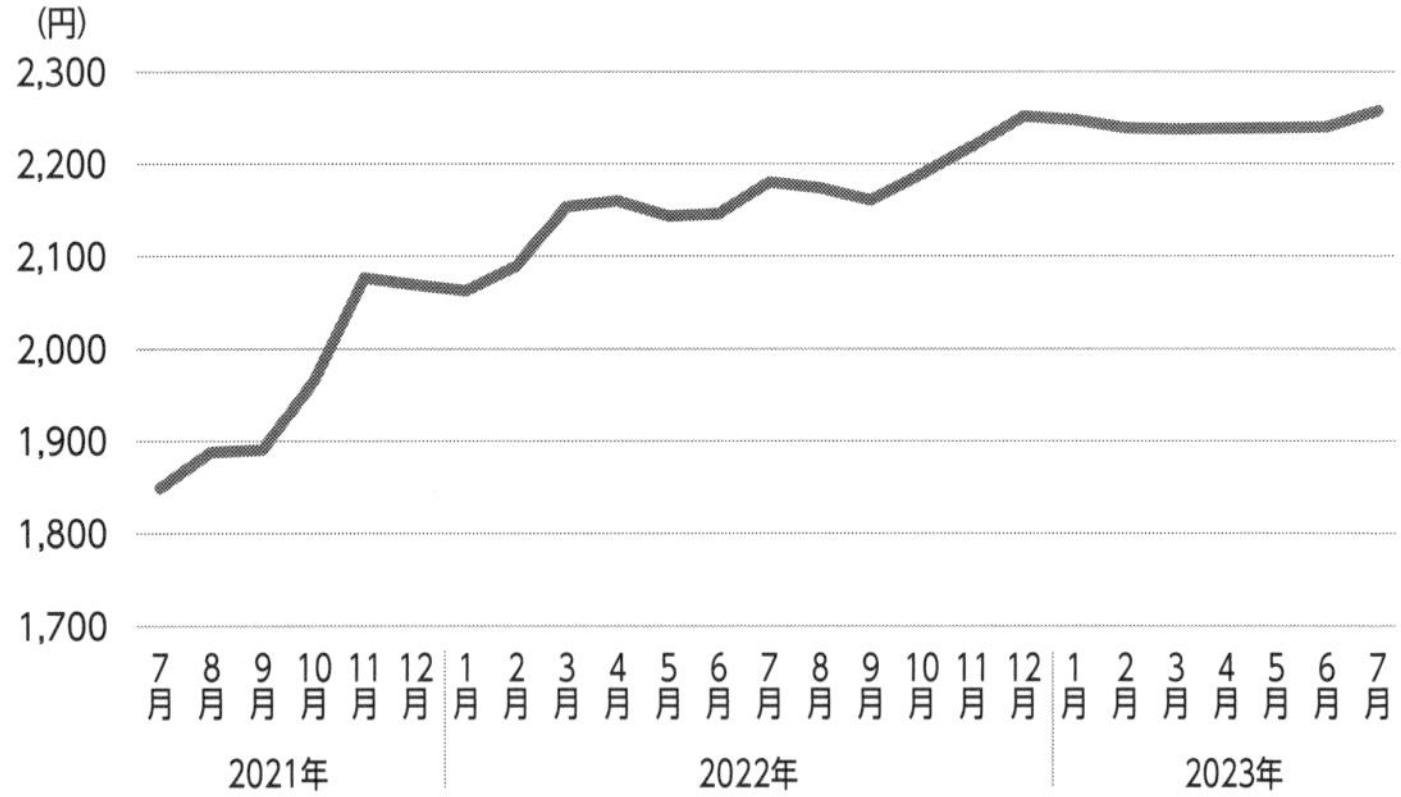

出典：総務省統計局　小売物価統計調査

く見えてしまうかもしれません。1巻が50m程度であれば20巻分の価格になります。2年間で約22％の上昇です。

エネルギー源として灯油（18リットル）の価格も確認しましょう。こちらも2年間で約22％上昇しています（**図0―7**）。

どういうことかわかりますか？

2年で20％以上の上昇をしている。これは何かを1万円で買った時に、量り売りなら2割量が減っていることを意味します。

つまり、1万円の価値が減っている＝インフレーションです（以下、長いので「インフレ」と書きます）。

ですから、**日本円だけを持っているとその貨幣の価値は減っていることになります。これは「何もしないリスク」「何も知らないリスク」と言え**

るでしょう。

一方、**投資はこのインフレを「ヘッジ」できる手段です。**「ヘッジ」とは、将来起こりうるリスクの程度・具合を予測し、そのリスクに対応できるようにしておくことです。

インフレが為替レートのみで起きるとは言えませんが、たとえば米ドル建ての資産を持っておけば、その資産はドル高で上昇しますから、「ヘッジ」できるというわけです。

予測9 親の介護を想定しておいたほうがいいです

内閣府の「令和4年版高齢社会白書」によると、75歳以上の高齢者が要支援か要介護になる割合はおよそ3人に1人という統計データがあります。

注意したいのは、**親は1人ではない**ということ。**義父母も含めて4人いると想定すると、親の誰かが要介護状態になる可能性は低くない**ことが窺《うかが》えます。

40代半ば以降に、親の介護が発生することをライフプランに加味しておくべきでしょう。

予測5で、寿命が伸びそうだと申し上げました。それは親世代も同様です。介護する確率が上がり、介護する期間が長くなる可能性も想定しておいたほうがいいかもしれません。

ミニコラム

投資が、介護の不安を軽減してくれた

私は現在50歳ですが、父が難病であり、母は癌《がん》サバイバーで、介護・見守り・家事をしています。40代半ばのときにも、母が要介護になったことがあり、介護休職で会社を休みました。しかし、**介護を理由に得られる公的支援はそれほど充実しているとは思いません。**

私が国から得られたセーフティー・ネットは、月給のおよそ3分の2に相当する介護休業給付が93日間分支給されるに留まりました。ちなみに、これは雇用保険から支給されますので、退職した今は対象ではありません。

私が仕事も時間も気にせずに、お金の心配もせずに現在親を介護・見守りできるのは、投資してきたおかげです。投資先が私の分身となり稼いでくれて、私が介護している間にも配当金が自動的に入ってきます。それは、私に生活費をもたらしてくれています。

予測10 高齢でも生活のために労働する人が多くなります

今や60歳でリタイアする人が少なくなってきています。60〜64歳の年齢階級では7割以上の人が就業、65〜69歳でも5割を超えています[7]。

一方、老後、自分や家族が必ずしも健康で働けるとは限らないことも想定しておくべきでしょう。運よく働けるような健康が保てたとしても、求人は限られ、希望する仕事が見つかる可能性が高いとは言えません。希望しない職種に低賃金で就かざるを得ないことも考えられます。

老後まで嫌々仕事に行くのは辛くないですか?

健康年齢のうちに老後を楽しむ人生にしたくありませんか?

＊

これまでに申し上げてきた現状の課題を解決するのが投資です。

ただやみくもに投資を始めてしまうと、逆効果。「仕組み化」が大切です。その理由を第1章で詳しく説明しましょう。

7　総務省「労働力調査」

ここまで読むと暗い気持ちになるでしょう。

でもこの先、明るい気持ちに切り替えますから付いてきてください！　ちゃんと「ぐうたら投資」をやってみたくなるように導きますから。

第1章から
読んでいけば、
明るく前向きな気持ちに
なれますよ〜

第1章

投資を「仕組み化」してラクになろう!

「投資は損をする」と思っている人へ

「ぐうたら投資」について具体的なメソッドの説明に入る前に、もう少し投資が必要な理由についてフォローしておきましょう。

「何もしない」と資産は変わっていないように見えて、インフレにより価値が減る。だから、このまま何もしないのはリスクである。序章ではそのようにお伝えしました。

「でも、投資って怖い。損するんじゃやない？」

そんな方に向けて、先に、投資は損するという誤解を解きます。

地球の人口は増えます→モノやサービスの需要が増えます→そこに供給するA社は儲かります→A社が成長します→株価は上昇し、配当は増えます→A社に投資する。

もしくは、

イノベーションが新しい需要を生みます→そこに供給できるB社は儲かります→B社が

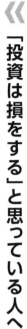

成長します→株価は上昇し、配当は増えます→B社に投資する。

株価は闇雲《やみくも》に上下する訳ではなく、長期では（原則）企業の利益に沿って動きます。

よって、**成長する企業を探すことが大切です。**

では、どの企業が成長するのか――それは第4章以降で、世界の優良銘柄を100挙げて、わかりやすくご紹介します。株式投資で知っておくべき業績推移や配当履歴、チャート、銘柄分析などを、「カタログ」のようにまとめています（外国株もすべて日本語で案内します）。皆さんは、カタログを参考にして投資をすればいいだけです。

「投資の必要性はわかった。でも株式投資って難しいんじゃない？ 忙しくなるんじゃない？ 本当に『ぐうたら』させてくれるの？」

と思っておられる方もご安心を。

本書では難しい投資で、再現性を下げること（繰り返し行って成功確率が低いこと）は紹介しません。時間を奪われる投資も紹介しません。

成長する企業を探す→そこに投資をする。本当にそれだけなんです。

なぜ、そう言い切れるのか、その理由をこれから解説していきましょう。

めんどうくさがりの人がやってはいけない投資とは

ひょっとしたら、皆さんのなかには「投資はかっこよくやるものだ」と思っている方がいらっしゃるかもしれません。そんなことはないです。**モニター画面を何台も並べて常にマーケットに張り付く必要や、チャートを見続ける必要などありません。**

もちろん、投資家のなかには、雇用統計、CPI（消費者物価指数）といった経済指標を精査する投資家もいます。四半期決算やIRリリース（投資家向け広報）が発表されるたびにチェックしている人もいます。しかも、『会社四季報』は、日本株版が四半期ごと、米国株版が半年ごとに出版されます。すべて細かく確認し、株価への影響を予想し、頻繁な売買を繰り返す。株価を見て一喜一憂する。

どうでしょう。聞いただけで嫌になりませんか？

後述しますが、「ぐうたら投資」はこうした頻繁なデータ分析は、一切必要ありません！

それでも疑う方には、逆に問います。投資初級者~中級者がこれらをプロより早く精査し、プロより先に判断し、プロより先に株式を売買する。そんなことできますか?

無理です!

(目には見えないですが)プロ相手にがっぷり四つに組み「はっけよい のこった のこった」と相撲《すもう》を取ろうとしても、「はっけよい すべった すべった」とひとり相撲になるのがオチです(笑)。だから、プロと同じ土俵に上がるのはやめておきましょう。

そもそも、個別株投資は頻繁に売買しなくてはいけないということはありません。「ぐうたら投資」はそこまでのリソースを必要としないのです。

私のように鈍くさい人やめんどうくさがりな人は、レバレッジ投資[*1]はNG、先物取引[*2]も、信用取引[*3]も、フルインベストメント[*4]も、FX[*5]も、短期売買やデイトレ[*6]も、仮想通貨[*7]もぜんぶNGです。

デイトレードをするには、常にマーケットに張り付く必要があります。会社員をしながらではまず無理でしょう。仮に、張り付く時間を作れたとしても、株価の動きを正確に予想して、勝ち続けることは並大抵の能力・努力では無理です。

ごく一部の優れた能力があり、かつ時間もある人のみができる技と考えていいでしょう。

現在はＦＩＲＥして会社員時代よりは時間があるとはいえ、介護や家事に時間を必要としますし、超・鈍くさい私にはもちろん無理です。

ゼロサムゲーム[*8]や、レバレッジ、先物取引といった「期限の決まったもの」には近寄ってはいけません。

「ぐうたら投資」は日常生活を優先、リソースを無駄にしない

一方、本書が提唱する**「ぐうたら投資」とは、いったん買ったらほぼ放置する方法です。**

あとは時間（年月）と複利（つまり配当金再投資）を味方に付けて長期で投資するだけ。だから「ぐうたら」でも安心なんです。

他にもメリットがあります。

メリット1 経済指標はチェックしなくていい

たくさんある各種経済指標も、為替レートも、景気循環も、金利も関係なく、企業の四半期決算も関係なく、それらを予想する必要がなく、チェックすらする必要もなく、タイ

ミングを計って売買する必要もありません。さらには、チャートに張り付く必要もありません。

プロを相手に戦わない、誰とも富を奪い合わない。だから、初めからスルーするのです。「ぐうたら投資」は日常生活を優先、リソースを無駄に使いません（会社四季報は自分が必要とするページのみ絞って読むだけで良いと思います）。

メリット2　株式の入れ替えは不要

投資の成績は景気に左右される要素が小さくありません。景気の良し悪しによって、業種により強い・弱いがあります。しかし**「ぐうたら投資」は、景気循環[*9]に合わせて保有する株式を入れ替えることもしません。**

それを理論でわかっていても、実際に保有する株式を入れ替えすることは簡単ではありません。また売買には手数料が掛かりますし（最近は売買手数料が無料のネット証券もありますが）、時間も取られます。そんなこととは無縁に、ぐうたら、のんびりいきましょう。

メリット3　時間＋複利で資産が雪だるま式に増える

たとえば、毎月3万円を積立投資して、年率5％で複利運用できたとします。30年間では2496万円になり、いわゆる「老後2000万円問題」をクリアできます。

しかし、貯金ではほぼゼロ金利ですので1080万円ほどにしかなりません。複利運用することで2・31倍にもなりました。

22歳から60歳までの38年にわたり年率5%の複利運用で毎月3万円積立投資を続けると、4074万円です。この資産に退職金があれば、住宅ローンの残債を支払っても60歳でリタイアできそうですね。一方、貯金なら1368万円ほどです。

さらに、65歳まで続ければ43年間で、5433万円になります。これが、**長期（年月）＋複利の力**です。貯金なら、1548万円ほどです。

投資信託やETFでも、ここまでなら不可能ではありません。が、せっかくなら個別株に投資することで、パフォーマンスを上げて1億円を目指しませんか？

資産形成のスピードを上げてFIREを目指しませんか？　もしくは、配当金という不労所得を得ませんか？

なぜ「個別株」を狙うのか
——「個別株は怖い」を払しょくする5つの分散手段

とはいえ、個別株（つまり企業）の良し悪《あ》しを評価するのは、慣れていなければ難しいでしょう。それが「ぐうたら投資」のデメリットです。

そこで、本書を活用してほしいのです。じつは第4章以降で、世界の優良銘柄100を紹介します（すべて日本語、参考になるデータ付き）。

個別株（もしくは高分配のETFやリート＝不動産投資信託。本書ではそこもカバーします）の配当金（分配金）で、「配当収入∨生活費」の体制を構築して、「配当金生活」を目指しませんか？　これは投資信託では難しいことです。

誤解が生じないように補足すると、投資信託の取り崩し（少しずつ売却すること）で、似たようなことは可能です。ただし、**下落相場で取り崩さなければいけないのはメンタル的に厳しい**と言わざるを得ないでしょう。

また、老後に取り崩し判断ができなくなったり、そのためのPCやスマホ操作が難しくなったりする可能性を否定できません。取り崩していけば、「いつか資金が枯渇するのではないか」という不安にも駆られます。

「今の自分」が当たり前にできることを、老後も可能と思ってはいけません。人は老います。老いるとできなくなることが多いです（私は自分の親を見てそれを実感しています）。

投資信託の取り崩しを選択肢にするのなら、子どもに助けてもらうなど、自分より若くて判断力を信頼できる人を頼ったほうがいい、と私は思うのです。

それでもなお、「個別株は怖い」と感じる方もいらっしゃることでしょう。

では、その怖さの原因を自分なりに分析された方はいらっしゃるでしょうか？

これは覚えておいてほしいのですが、**個別株の怖さの原因は、ずばり「保有する個別株の暴落による資産減少」にあります。**であれば、それを抑え込めばいいのです。

その方法が、❶国・地域分散（以下、国分散）、❷アセット分散（資産分散）、❸セクター分散（業種分散）&銘柄分散、❹時間分散なのです。さらに、私独特の❺意識分散も加えます。詳しくは次章で解説しますので、ここではさらっと触れる程度に留めます。

投資手段1　国・地域分散

投資先の国や地域を分散する効果からご紹介しましょう。米国株が不調で日本株が好調なことがあります。その逆もあります。国分散によって、運用（投資）資産全体の値動きをマイルドにする効果が期待できます。

投資手段2　アセット分散

アセット分散とは、資産を投資ばかりにあてず定期預金や日本国債など安全な資産も持つことで、株式相場が暴落したときに安心感があります。

投資も同様で、個別株だけではなく、投資信託をメインに持ち、個別株をトッピングするのでもOK。経験とともに個別株の比率を上げれば良いと思います。また、一部、リート（不動産投資信託）を持つことも選択肢になるでしょう。

投資手段3 セクター分散&銘柄分散

セクター（業種）分散&銘柄分散もすることで、1つの業種、1つの銘柄に依存しない体制が作れます。同じセクターばかりに投資すると、株価が似たような動きをすることがあり、損失が大きくなる危険性があります。1銘柄～数銘柄だけに集中投資するのが危険なことは言わずもがなです。

投資手段4 時間分散

一気に大金で買い付けると損失リスクがあがりますので（逆に大儲けのチャンスもあるにはありますが、投資では失敗する確率を減らすことが大事です）、時間分散して買い付けます。

投資手段5 意識分散

最後に、桶井 道オリジナルの「意識分散」について説明すると、マーケット（株式市場）全体の**暴落時はポートフォリオを見なくてもいい。**株価も見なくていい。ガッカリするとわかっているのに見る必要などありません。投資はメンタルが大事です。マーケット全体の暴落時はきっと個別株も連れ安していますので、ノールックでいきましょう。

こうして、様々な分散を組み合わせることで危険性を減らします。これら5つを実践することで、あなたの「個別株は怖い」という固定観念を覆します。

《高配当株・増配株を狙え

個別株といっても、やみくもに狙ってはいけません。ある条件があります。それは**「高配当株・増配株」を狙い撃ちする**こと。「ぐうたら投資」の根幹にもかかわる大原則なので、それぞれ詳しく説明しましょう。

大原則1 高配当株を狙う

企業は株主に対して、原則年に1～4度、配当金を出します（配当金を出さない企業もありますが、「ぐうたら投資」では投資対象としませんので割愛します）。

配当金の原資となるのは、企業が事業で稼いだ利益です。つまり、投資してくれた株主に対して、お礼として投資額に応じて（比例して）配当金を出すということです。

図1-1　高配当株と増配株

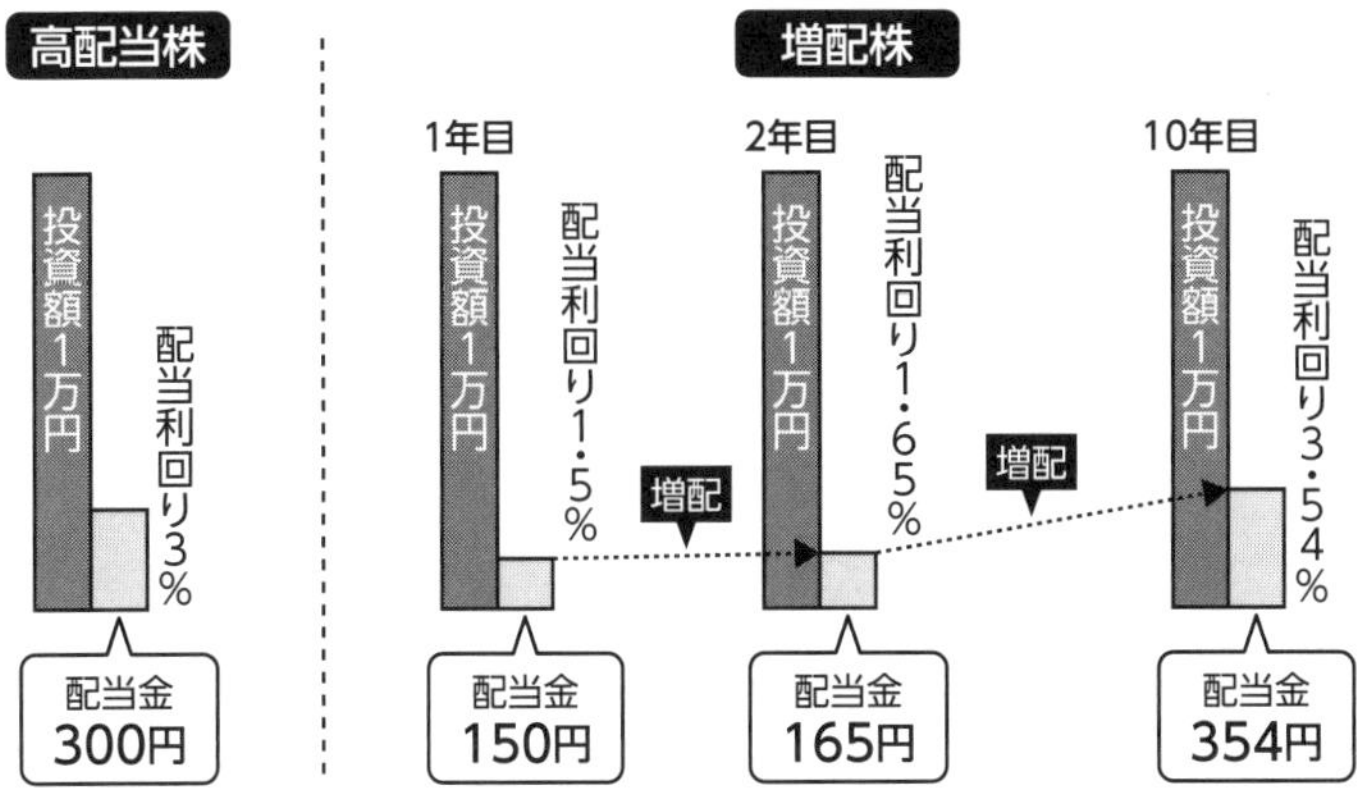

株主が投資した金額に対して、高い比率で配当金が支払われる株式（銘柄＝企業）が高配当株です。

たとえば、株価が1万円の銘柄に投資して300円の配当金が支払われる場合、配当利回りは3％（配当金300円÷株価1万円×100）となり高配当株です。

これが、10円の配当金に留まるなら、配当利回りは0・1％（配当金10円÷株価1万円×100）ですので高配当株とは言いません。

大原則2　増配株を狙う

増配とは、配当金が前年より増えることをいいます。つまり、**増配株とは配当金が前年より増える株を指します。**

とはいえ1～2年程度の増配では増配株と

は言いません。増配株の良さは長期保有によって、自分の投資額（簿価）に対する配当利回りが上がっていくことです。

たとえば、増配株で株価が1万円の銘柄に投資したとします。

1年目の配当金が150円なら、配当利回りは1・5％（配当金150円÷株価1万円×100）です。

2年目に10％増配となり配当金が165円なら自分の投資額に対する配当利回りは1・65％（配当金165円÷株価1万円×100）です。

毎年10％ずつ増配されたとしたら、10年目に配当金は354円となり、自分の投資額に対する配当利回りは3・54％（配当金354円÷株価1万円×100）となります。

増配株は、投資時にたとえ高配当ではなくとも、長期保有で高配当化していくことがわかります。よって、現在の配当利回りだけで判断しないことが大切です。

高配当株・増配株への投資のメリット・デメリット

もちろん、高配当株・増配株へ投資するにあたりメリットとデメリットがあります。

メリット 働かなくても、副収入が入ってくる

「ぐうたら投資」では、頻繁な売買を繰り返さず投資したらほぼ放置します。よって、投資にリソースを奪われません。

つまり、**あなたは投資のために労働をしなくてもいい、時間も奪われない**のです。それでいて、配当金が入ってくるので副収入＝不労所得を得られます。

あなたが会社で働いている間にも、育児や家事、介護をしている間にも、あなたの分身（＝投資したお金）が投資先の日本企業で働いてくれます。

映画を見ている間にも、あなたの分身が投資先のインド企業で働いてくれます。

夕食を食べている間にも、あなたの分身が投資先の英国企業で働いてくれます。

寝ている間にも、あなたの分身が投資先の米国企業で働いてくれます。

そして、**年に1～4度、配当金をもたらしてくれます。**配当金を貰《もら》いながら、並行して株価上昇にも期待できます。

副収入が、労働を要しない不労所得というのは理想ですね。会社の給与以外にも収入を作り、収入源を分散化するのはメンタルにも優しいです。

また、**配当金は、暴落相場で確実に心を支えてくれます。**

投資信託や、配当金のない個別株の場合、下落相場では評価額が下がり続けるのを、ひたすら耐えなければなりません。これが結構キツイのです！　メンタルが削られます。配当金は、その心配・不安も軽減します。

デメリット **自分で銘柄を見つけなくてはいけない**

デメリットもあります。一部先述しましたが、それは、**自分で銘柄を選択する必要があることです。**さらに投資したあとも自分でメンテナンスをする必要があること、個別株は暴落する可能性があることです。ぶっちゃけ面倒に感じますよね。

でも、ご安心ください。すでにお伝えしているとおり、銘柄選択については、本書が世界の優良銘柄100を紹介しますので、ゼロから探さなくても大丈夫。銘柄選択の参考にしてください。

メンテナンスも「ぐうたら」で可能になるよう導きます。個別株の暴落対策としては、分散投資によって資産やメンタルへの影響をできるだけ抑え込みます（先ほど申し上げた国分散、アセット分散、セクター分散、銘柄分散、時間分散、意識分散が有効です）。

「新NISA」をベースに投資スタイルを考える

めいっぱい個別株に投資せずに、**投資信託もしくはETFをメインとして、一部だけ個別株をトッピングするだけでも、パフォーマンスを上げられる可能性があります。**

そのようにマイルドな始め方をして、慣れてから個別株を増やしていくのも一案です。これもある意味「ぐうたら」ですね。その延長に配当金生活があります。

どういう投資をするにしても、**「新NISA」の活用がおすすめ**です。

国は新NISA（2024年1月スタート）で投資を支援します。これは大きな後押しになるでしょう。

NISAはイギリスのISA（Individual Savings Account=個人貯蓄口座）をモデルにした日本版ISAとして、Nippon Individual Savings Account の頭文字を合わせたものです。

通常、投資で儲けたお金には約20％課税されます。つまり、投資で100万円儲けた場合、通常では約20万円もの税金を払う必要があります。

NISAは、「NISA口座（非課税口座）」内で、毎年一定金額の範囲内で購入した金融商品から得られる利益が非課税になる制度です。

新NISAであれば、非課税枠内の投資から得た利益は永久に完全非課税です。投資で100万円の利益が出た場合（売買による利益や配当金・分配金）、通常は約20万円もの税金が発生しますが、新NISAではタダ（0円）になります。大きいと思いませんか!?

図1-2　新NISAの非課税枠のイメージ

	つみたて投資枠	成長投資枠
	併用可	
年間投資枠 ※年間の投資上限額	120万円まで	240万円まで
非課税保有限度額（総枠） ※生涯の投資上限額	1800万円まで 「つみたて投資枠」だけで1800万円使い切ることも可	1200万円まで（内数） 「つみたて投資枠」を使わず、「成長投資枠」だけで1200万円使い切ることも可
非課税保有期間	無期限	無期限

出典：金融庁website 新しいNISA | 金融庁（fsa.go.jp）

いわば、投資のゲームチェンジャー[*10]になる制度です。

新ＮＩＳＡでは、生涯上限１８００万円の投資（簿価）から生じる利益が「永久に」非課税となります。永遠の制度ですので、何年かけて使ってもかまいません。ですから、若い方もこの制度を活用してほしいです。

深読みすると、「１８００万円までは非課税にするから老後資金は各自で用意してよ」という国からのメッセージとも解釈できます。

なお、新ＮＩＳＡについては、拙著『お得な使い方を全然わかっていない投資初心者ですが、ＮＩＳＡって結局どうすればいいのか教えてください！』（すばる舎）で、より詳細な解説をしていますので、興味のある方は参照いただけますと理解が深まると存じます。

それでは次章より、いよいよ「ぐうたら投資」の実践術を具体的に説明していきます。投資初心者の方は、序章、第1章をいま一度読み返したら、第2章に進んでくださいね。ゆっくりで大丈夫ですよ。お金は逃げませんから。

第1章　用語解説

＊1　レバレッジ投資（レバレッジ型投資信託・ETF）

対象とする参照指数（たとえばS&P500や日経平均株価）の1日の変動率に一定の倍率を掛けた比率で動くことを目指して設計された投資信託やETFのこと。一般的には長期投資に向いていないと言われます。

＊2　先物取引

金融派生商品（デリバティブ）の一つで、取引を行う数量や価格を決め、将来の売買を約束することです。取引の時点では、売買価格や数量のみの約束をしておいて、あらかじめ決められた期日に決済を行います。

＊3 **信用取引**

現金や有価証券を担保として証券会社に預けて、証券会社からお金を借りて株式を買ったり、株券を借りてそれを売ったりする取引のことです。担保金額の約3倍まで株式を売買することができるため、少ない資金で大きな取引をすることが可能ですが、その分大きな損失になることもあります。

＊4 **フルインベストメント**

現金などの安全資産をほとんど持たず、手持資金を全額に近い状態で有価証券に投資することをいいます。大きなリターンを獲得できることがある一方、想定以上に資産を棄損することがあります。

＊5 **FX**

もともとの意味は外国為替《かわせ》を意味するForeign Exchangeの略です。日本では「外国為替証拠金取引」を意味する略語でもあります。取引額の一部に相当する証拠金を預けるだけで「外国為替」の取引を行えます。「レバレッジ」

を使う人も多いです。

＊6 短期売買やデイトレ

その名の通り、保有期間が短い投資のことです。デイトレは「デイトレード」の略で、1日のうちに取引を完了させる投資方法のことです。

＊7 仮想通貨

暗号資産とも呼ばれます。インターネットでやりとりできる財産的価値で、代表的なものとして、ビットコインやイーサリアムなどがあります。

＊8 ゼロサムゲーム、マイナスサムゲーム、プラスサムゲーム

サムゲームの「ゲーム」とは、ゲーム理論の概念の一つです。利害の総和によってプラス、ゼロ、マイナスに分類します。プレイヤー全員の利益合計が、投資額に対してプラスになるときは「プラスサムゲーム」、プラスマイナスゼロになるときは「ゼロサムゲーム」、マイナスになるときは「マイナスサムゲーム」と言います。

たとえば胴元が必ずいるギャンブルは、胴元が寺銭《てらせん》を必ず徴収し、残りがプレイヤーに配分されるため、必ずマイナスサムゲームになります。

＊9 景気循環

景気とはモノやサービスを生産・消費する経済活動の状態や勢いのことです。景気が良いということは生産や消費が活発に行われている状態です。景気が悪いのはその逆の状態です。景気が良い時はいつまでも続かず、景気が悪い時もいつまでも続きません。好景気と不景気が交互に訪れることを景気循環と言います。

＊10 ゲームチェンジャー

従来とはまったく異なる視点や価値観をもって市場に大変革を起こすような企業や、その製品・サービスのこと。または、動向を大きく変える人や出来事のこと。

第2章

株初心者が最初に知っておきたい個別株投資メソッド10

第1章で少し述べた通り、私が投資で意識していることは「国・地域の分散」です。私は**「世界分散」**または**「地球儀投資」**と呼んでいます。「何のことだかわからない」「なぜ、日本株だけじゃダメなのか、なぜ米国株だけじゃダメなのか、なぜ米国以外の外国株が必要なのか、なぜいろんな国の株を買わなきゃいけないんだ」という不安や疑問の声が聞こえてきそうなので、それぞれ具体的に答えていきましょう。

疑問1　日本株だけでいい？

「日本人だもの、日本株だけでいいんじゃないの？」とお考えのあなた、はっきり言って**「自国バイアス」に陥っています！**

バイアス（bias）とは偏《かたよ》りや先入観、偏見という意味の言葉です。「自国バイアス」とは自国資産への投資配分比率が海外資産への配分比率よりも大きい状態のことです。

序章で日本の現状を申し上げたとおり、資産を日本円だけで持つと、この先、円の価値が低くなる見込みです。そうなると、インフレヘッジ[*1]が出来ません。

一方、米国株を持てば、仮に株価が同じでもドル高円安なら日本円換算の評価額（つまり資産）は増えます。

また、米国企業は株主還元[*2]の意識が日本企業より強いです。そして業績の成長力も概して日本より強力です。

よって、**日本で「自国バイアス」にとらわれていては良くないでしょう。そのためにやるべきことは、「米国株にも投資」すること**です。

疑問2　米国株だけでいい？

日本で「自国バイアス」がよくなくて、「米国株にも投資」することをおすすめするなら、米国株だけじゃダメなの？　と言われそうです。

結論から申し上げると、おすすめできません。それはそれで今度は「米国株バイアス」に陥っていることになります。

たしかに米国は様々な点で世界最強の国です。株式市場も同様です。米国企業も同様です。とはいえ、どんな国も景気循環があります。好景気と不景気がサイクルでやってきます。ですから、米国といえど株式市場が低迷することはあります。

次ページ**図2—1**は、米国株式市場でもっとも注目されている**S&P500**という株価指数の推移です。わかりやすく端的に表しますと、**「米国のエース級500社に投資する**

図2-1　S&P500の5年チャート

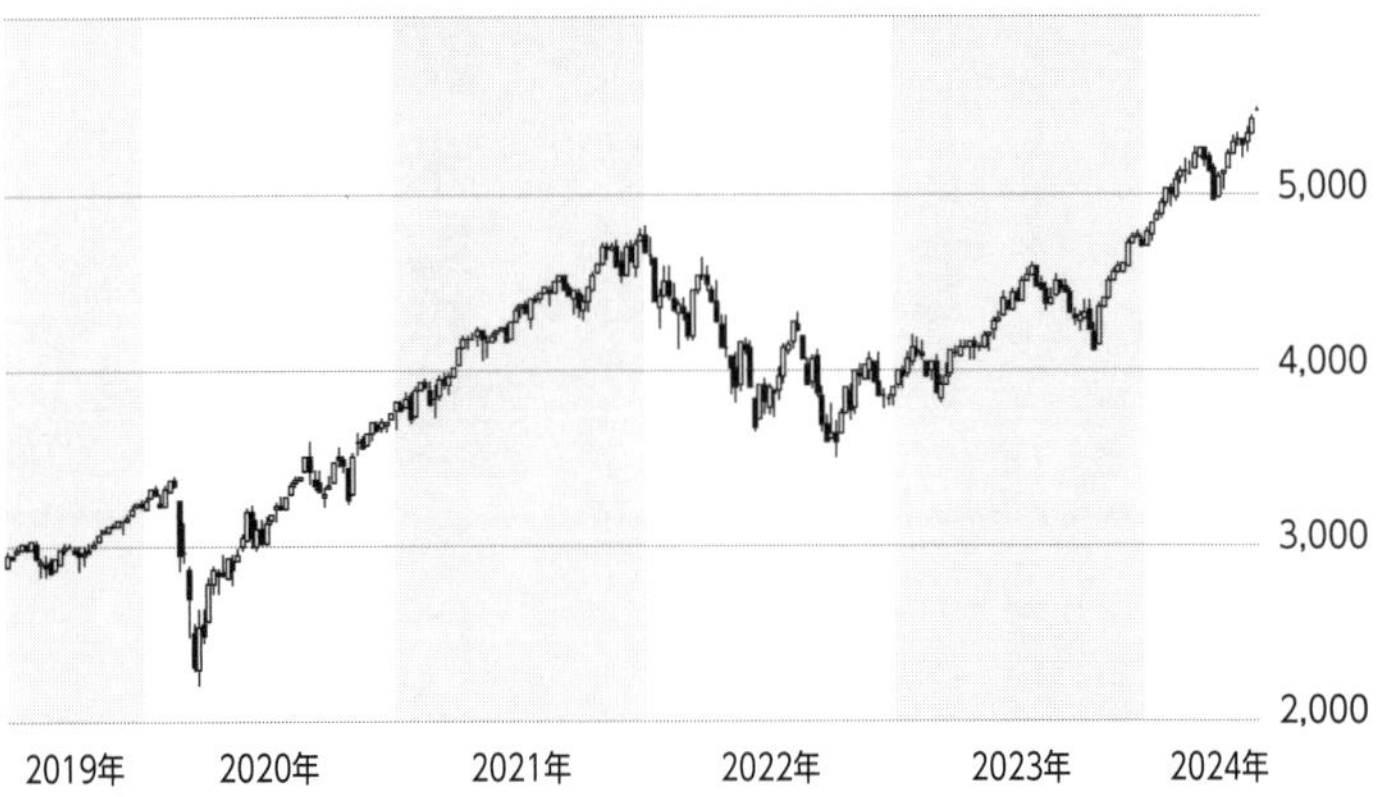

出典：マネックス証券

もの」と考えてください。

どうでしょう。２０２２年から２０２３年にかけては冴《さ》えない状況だったことがわかりますね。一方で、日本株は２０２２年ではそこまで悪くなく、２０２３年では好調でした。２０２４年はついに日経平均株価が史上最高値を更新しました（詳細は後述）。

つまり、「米国株バイアス」も万能ではないということです。ですから、「日本株にも投資」しておいたほうがいいと考えます。

疑問3　日本株と米国株だけでいい？

疑問1、**疑問2**の解説を読んで、

「よし、わかった！　日本株と米国株に投資

すればいいんだね」

という声が聞こえてきそうです。

そんなことはありません。

カナダにも英国にもオランダにもオーストラリアにも魅力的な上場企業があります。世界一の半導体受託製造企業ＴＳＭＣは台湾にあります。今後は２０２３年に人口が世界№１になったインドが世界経済の主役級になるかもしれません。

じつは、世界株への投資は決して珍しい手法ではないのです。

日本株投資は昔から多くの投資家がしています。米国株投資も２０１９〜２０２０年あたりにブームが起こり、珍しいものではなくなりました。さらに、それ以外の外国株へも、米国株と同様に投資できるようになりましたので身近なものになりました。

場所を日米に限定してしまうのではなく、視野を広く持ち世界各国の優良企業を選択したいものです。**本社を置く国は意識せず、日米以外の優良企業にも投資しましょう。**ただし、スタートは日米からでも構いません。

疑問4 世界の株式に投資する投資信託だけでいい？

「そういえば、世界の株式に一度に投資できる方法があるって聞いたことがあるから、それでいいんじゃない？」と思われたでしょうか。

はい、あります。MSCIオール・カントリー・ワールド・インデックス（以下、「オール・カントリー・ワールド・インデックス」と書きます）という指数のことで、投資信託で人気のある銘柄です。ETFもありますね。

確かに、国・地域の分散をするための有力な方法で、過去のパフォーマンスも優良です。そこは否定しません。

一方、**オール・カントリー・ワールド・インデックスには、投資したくない国の株式も含まれている可能性があります。**

たとえば、一党独裁で、米国から規制を受け、景気鈍化が懸念されている中国にも投資したいと考えますか？（全面的に否定しているわけではありません。念のため）。

地政学リスクがある国や地域も含まれます。たとえば、台湾や韓国、イスラエル（イスラエルは先進国に区分されています）も含まれます。過去にはロシアも含まれていました。

現在、オール・カントリー・ワールド・インデックスで新興国が占める割合は約10％です。

世界にはカントリーリスク[*3]のある国や地域があります。投資家の権利が、米国や日本に比べて十分に守られていない国もあります。人権が、先進国に比べて十分に守られていない国もあります。あなたが投資したくない国、投資したくないセクター（業種）、投資したくない銘柄（企業）が含まれているかもしれません。

お金の問題だけではなく、価値観や信念、倫理面の問題のほうが大きくなる方もおられるでしょう。


また、過去の成績においては、米国企業エース級500社に投資するS&P500に比べると、オール・カントリー・ワールド・インデックスはパフォーマンスが劣後しています（10年のリターンは、S&P500が年率約12％であるのに対し、オール・カントリー・ワールド・インデックスが年率約9％です。いずれも、2024年4月末現在、各指数のファクトシートより）。

つまり、この投資対象の広げ方では投資成績を落としているとも取れます（もっとも、将来のことはわかりませんし、過去のこのパフォーマンスでも優良ではあります）。

そして、オール・カントリー・ワールド・インデックスの最も残念な事実は、**2023年以降とても好調である日本株の恩恵がほとんど受けられない**ということです。

図2-2　MSCIオール・カントリー・ワールド・インデックスの国別割合

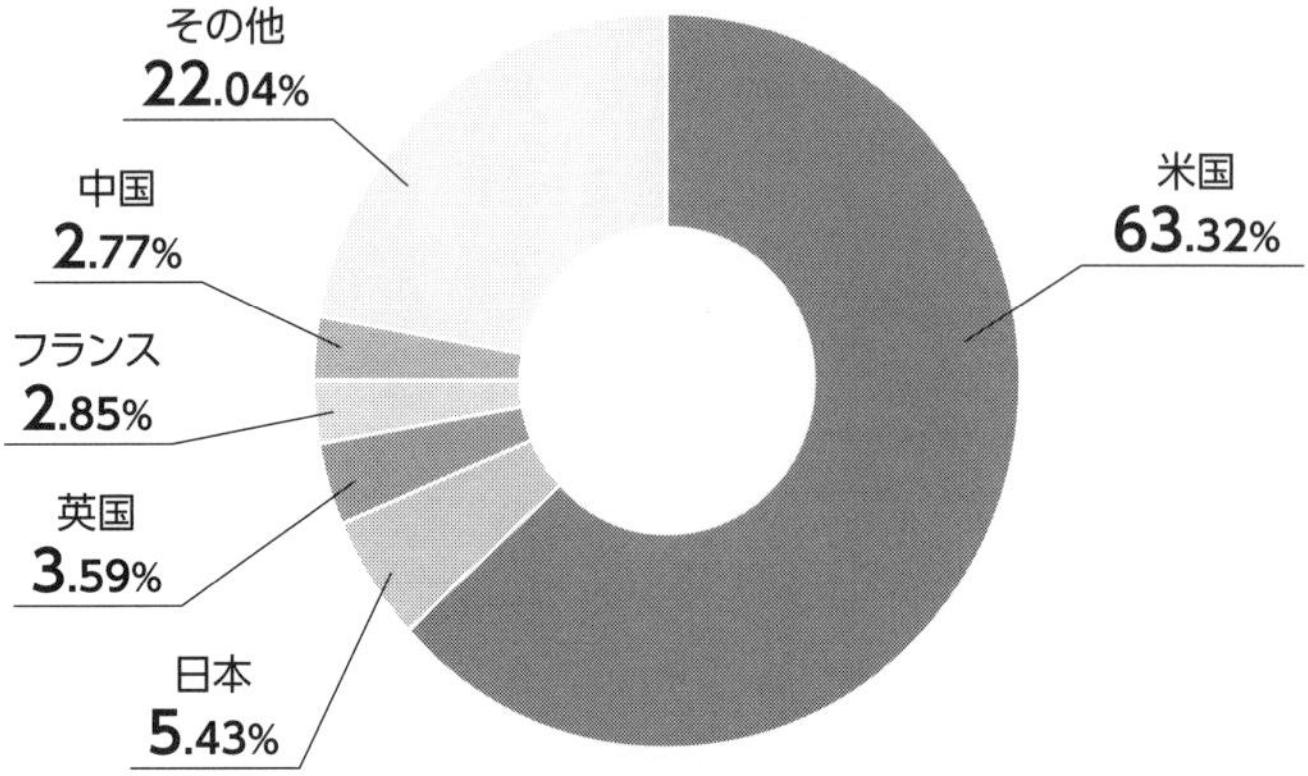

出典：MSCI ACWI Index ファクトシート（2024年4月末付）

日本には優良企業が多くあるにもかかわらず、あまり含まれていないからです（**図2－2**参照、日本の比率はたったの5％ほどです）。日本人なのに自国日本に投資で貢献できない、恩恵を受けられないのは、私にはネガティブです。

さらに言えば、米国企業はワールドワイドに稼ぐ力を持っています。言い換えれば、**オール・カントリー・ワールド・インデックスで多くの新興国に網を広げなくとも、米国企業なら有望な新興国へ進出して事業を行う可能性が高い**ということです。したがいまして、米国株を持っていれば、新興国の成長も取り込むことが期待できるでしょう。

国・地域の分散は大事ですが、カントリーリスクを避けなくてはならず、国分散の内訳

（シェア）も慎重に振り分けるべきです。これは投資信託やETFだけではなく、個別株投資でも同様に意識しなくてはいけません。

個別株投資であれば、自分で投資先を選ぶため、カントリーリスクを避けることができ、国分散の内訳も自由に決められます。

なお、私にとって**米国株の定義は「米国企業の株式」**です。米国企業ではない外国企業の株式が米国市場に上場しているので、米国株という認識ですでに投資されている投資家もいらっしゃると思います。

実は中国や欧州各国、日本の企業の株式が米国市場に上場しています。これらを「米国株」と認識するのは、私には違和感があります。

例えば、2023年9月にナスダックへ上場を果たして話題になったアームは英国企業です。トヨタ自動車はニューヨーク証券取引所にも上場しています。これらは「米国株」でしょうか？　こうして具体例をあげるとわかりやすいと思います。

疑問5　投資からの「定期収入」がゼロでもいい？

投資信託でもETFでも個別株でも、キャピタルゲイン（売買によって上げる利益）以

外のリターンが無い（またはあまり無い）ものが少なくありません。

成長期にある企業は、事業から得た利益を事業への再投資に使うことが多いです。結果、株主への配当が無いというケースは少なからずあります。たとえば、アマゾンやテスラは配当を出しません。

また、投資信託は分配金を出さない商品が多いです。それらへの投資を否定するわけではありませんが、ちょっと考えてみてください。

投資信託のプライスが上昇して、資産が増えている状態ならば、分配がなくても気にならないでしょう。しかし、マーケットは常に右肩上がりではありません。必ず芳《かんば》しくない局面があります。そのような時は、毎日のように資産が減ります。

そんな日々は辛くないですか？

それでも、現役世代であり、定期的にそれなりの収入があるならば、ドンマイと思えるかもしれません。強気に追加投資される方もおられるでしょう。

しかし、マーケットが芳しくない局面は、老後でも容赦なくやってきます。そんな時、運用している資産が生んでくれる現金（＝配当金）はとてもありがたく感じるものです（老後は、金融資産が生んでくれた配当金・分配金を生活費に充てるといいと考えます）。

公的年金のルールは自分たちだけではどうにもなりませんが、自分の金融資産から受け取れるキャッシュ・フローは自分で制御することができます。

現役世代であっても、給与以外に、配当金・分配金という不労所得は魅力的だと思います。その資金でFIREすることだって視野に入ってくるでしょう。

投資信託の取り崩しがメンタル的に難しいことは前章で解説した通りです。やるべきことは、シンプルです、現役世代で投資信託に投資している人も、ある程度まとまった資産が形成できたら、もしくは引退（定年やＦＩＲＥ）の数年前から、個別株やＥＴＦを持ち不労所得を得ることです。

何度言っても言い足りないくらいですが、「定期収入」ほど有難いものはありません。

不労所得を得るメリットはこんなにある！

ここで、個別株に投資して不労所得を得ることの意義・メリットを確認しましょう。

不労所得の理解を深めることこそ、世界の高配当株・増配株に分散投資を実践するためのマインドセットにつながるからです。

メリット1 個別株を持てば、下落相場で配当金が心の支えとなる

繰り返しになりますが、マーケットが芳しくない状況で、資産の目減りに耐え続けるのはメンタルがキツイです。これはその相場を迎えて、初めて実感すると思います。

私はリーマン・ショック、近年ではコロナ・ショックなどを経験してきました。連日のように大幅に株価が下落する怖さたるものや……。

そのときに、**配当金が心の支えとなります。現金が入ってくるからです。**

子どものころ、正月にお年玉をもらったらうれしかったですよね？ それと同じような感覚です。ですから、マーケットが軟調な時でも現金を得ることができる、配当金を出す個別株を持っていただきたいのです。

メリット2 「配当収入∨生活費」の体制が実現する

あなたは、年間の生活費を把握していらっしゃいますか？ 仮に、1ケ月平均20万円であれば、年間２４０万円。これを上回る収入が必要になります。

「配当収入∨生活費」の体制を構築しておけば、老後やFIRE後に「配当金生活」が実現します。65歳以降なら、「公的年金＋配当収入∨生活費」でもいいでしょう（年金の予想

額は、「ねんきんネット」で試算できます）。

公的年金は今後、制度変更で受給額が減るとか支給開始年齢が後ろ倒しになる可能性が否めないので、受給額を少なめに見積もっておいたほうがいいとは思います。

このように生活費よりインカムが多い体制をいったん作れば、資産の目減りを防ぎ、メンタルも穏やかに過ごせます。資産を取り崩す機会があるとしたら、大きな買い物をするときだけでしょう。

とはいえ、「配当収入>生活費」の不等式を成立させることは、一朝一夕にできることではありません。どうしてもコツコツと資産を積み重ねるための時間がかかります。

ゆくゆくの目標として掲げ、ぜひ長期目線で配当収入を増やされてはいかがでしょうか。本書では、そのために我慢を強《し》いられるのではなく、がんばり続ける必要もなく、「ぐうたら」で実現できるように導きます。

不労所得を得るための個別株投資——おけいどん式・投資メソッド10

続いて、不労所得を得るための個別株投資のポイントを確認します。どこにどのように投資するのか、おけいどん式の基本メソッド10をお伝えします。

基本メソッド1　増配株を狙って「2度おいしい」

増配株とは前会計年度と比較して配当の金額を増やしている銘柄のことを言います。

増配株は、売上高が成長して、営業利益も成長している増収増益が理由で実現されることが多いです。ですから増配に加えて、業績の向上による株価の上昇も期待できて「2度おいしい」銘柄になります。

基本メソッド2　「新NISA」がゲームチェンジャーに

前章で説明した通り2024年から「新NISA」がスタートしています。2024年からNISA口座で買った資産より得られる配当金・分配金（譲渡益）への課税が「永久に」ありません。高配当株、増配株、ETF、リートから配当金・分配金を得られれば、ずっと非課税の「永久機関」が完成します。使わない手はないと思います。

基本メソッド3　投資効率を上げる or 配当金を得る

投資信託でもETFでもなく個別株を選ぶにはわけがあります。それはお金が増えるスピードを加速させたいから、もしくは高い配当金が目当てです。

個別株はETFや投資信託よりリスクが上がりますが、同時により高いリターンを狙え

たり、より多い配当金が期待できます。

「リスク」は価値の目減りのことだと理解されていらっしゃるかもしれませんが、実は違います。**値動きの大きさのことを「リスク」と言います。**ですから、価値が上昇することも「リスク」です。「リスク」が高いものは、リターンも高くなる可能性が高いということです。

基本メソッド4　銘柄分散

個別株に投資するならば、保有銘柄の株価が10％程度の下落をすることは想定に入れておかねばなりません。さらには、投資においては最悪の想定（覚悟）も必要です。株価が買った株価の半分になることも想定しておいたほうがいいです。

株価が半分になるなど、そうそう頻繁に起こることではありませんので、怖がらないでもらいたいのですが、1つだけ避けたほうがいいことがあります。

それは、1銘柄に集中投資すること。その銘柄の株価が資産額に直撃しますから、非常にリスクが高いです。ですから集中投資はやめましょう。

10～20銘柄への分散投資、さらに資産が増えれば25銘柄に分散投資がいいと思います。もっとも、投資を始めてからすぐに25銘柄も持つ必要はありません。投資額が増えるとともに銘柄数も増やしていけばいいのです。逆に、25銘柄で怖いなら、もっと増やしても構いません。

私はもっと分散していて現在100銘柄くらい持っています。多く分散することで、1銘柄で何か起こっても、ポートフォリオ全体へのダメージは小さくなります。

仮に15銘柄に均等に分散投資していたら、1つの銘柄が10%下落したとしても、ポートフォリオ全体への影響はたったの0・7%未満です。これが25銘柄に均等分散なら0・4%に過ぎません。

最悪の想定もしてみましょう。仮に1社が不祥事を起こして株価が暴落し、半分になったとしても、15銘柄に均等分散していれば、ポートフォリオ全体への影響は3・3%程度に過ぎません。これが25銘柄だと、たったの2%です。

さらには、**配当金が減配（配当金が前年比で減ること）や無配（配当金が無くなること）になった場合にも、銘柄分散しておくと、配当金減少のダメージが小さくなります。**

「1銘柄集中投資がダメなら、2銘柄にすればいいんじゃないの？」と思われるかもしれません。ただ、この場合、どちらか1銘柄の株価が半分となった場合にポートフォリオ全体へのダメージは25%にも及びますし、配当金が無配になった場合にも受け取れる額が大きく減ります。

「ぐうたら投資」のキーワードは「銘柄分散」です。どうです？「ぐうたら投資」が見えてきましたか？

基本メソッド5 セクター分散

なるほど、銘柄数を適度に増やしたほうがいいんだと、ご理解いただけたでしょうか。

「OK、OK。今や何でも半導体が無いと動かないから、半導体関連がいいよね。日本株だったら信越化学工業かな。米国株なら今はやりのエヌビディアか」


ちょーっと待ってくださいね。銘柄分散は大事です。ですが、ただ複数の銘柄を持てばいいわけではありません。**セクター分散もしましょう。**[*4]

基本メソッド6で語りますが、国分散も加えることで、それぞれの値動きが異なるため、よりリスク分散ができます。

セクター分散に話を戻します。

いくら銘柄分散していたとしても、**同じセクターで銘柄を持ってしまったら、なんらかの事情でそのセクターが全面安になると、大きなダメージが出ます。**

たとえば、先ほどの例は半導体関連でした。信越化学工業、エヌビディア、TSMC

図2-3　主なセクター

セクター	英語表記	該当企業のビジネスなど
情報技術	Information Technology	半導体、ソフトウェア、ハードウェアなどのいわゆるIT関連企業
金融	Financials	個人と企業に金融サービスを提供する企業
コミュニケーション・サービス	Communication Services	音声、文字、画像、動画などのデータを世界中に伝送する企業
ヘルスケア	Health Care	医療サービスや医療保険を提供する企業、医療機器や医薬品を製造する企業
一般消費財・サービス	Consumer Discretionary	自動車、家庭用耐久財、レジャー用品、アパレルメーカーなど、ホテル、レストランも
生活必需品	Consumer Staples	食品、飲料、生活雑貨、タバコなど
資本財・サービス	Industrials	建設関連製品、電気設備・機械および航空宇宙・防衛などの企業
不動産	Real Estate	不動産売買や不動産を保有して収入を得る企業
エネルギー	Energy	石油・ガス、石炭の探査・開発、精製・販売、貯蔵・輸送に従事する企業
公益事業	Utilities	ガス、上下水道、電気などの基本的な設備を提供する企業
素材	Materials	化学品、建設資材、ガラス容器、紙製品、林産品などの企業、金属・鉱業企業も

参考：世界産業分類基準（GICS）

（台湾）、ＡＳＭＬホールディング（オランダ）等はすべて半導体関連銘柄です。それぞれが世界トップクラスの企業ですが、それでもこれらの銘柄は半導体市場が低迷すると、同じ時期に下落する傾向があります。

「なるほど、だったら、全部のセクターの銘柄を持てばいいんだね」と思われがちですが、無理に全セクターを持つ必要もありません。ご自身の肌に合わないセクターもあると思います。**図2ー3**を参考にしてバランスよく、複数のセクターに分けてください。

基本メソッド6 国分散

国分散もセクター分散と同じような考え方です。国によって株価の動きが異なることがあり、そこに分散する意味があります。２０２２年から２０２３年は米国株が難しい展開であったのに対して、日本株は違う動きを見せました（次ページ**図2ー4**）。

２０２２年の日本株はディフェンシブな動きをして、高配当株を中心に堅調でした。２０２３年は日経平均株価がバブル期以降の高値を更新、２０２４年は34年ぶりに史上最高値を更新しました。また、ＴＯＰＩＸ（東証株価指数）も２０２４年に史上最高値を更新しています。

図2-4　TOPIX(東証株価指数)とS&P500の比較

(2022年1月〜2024年5月)

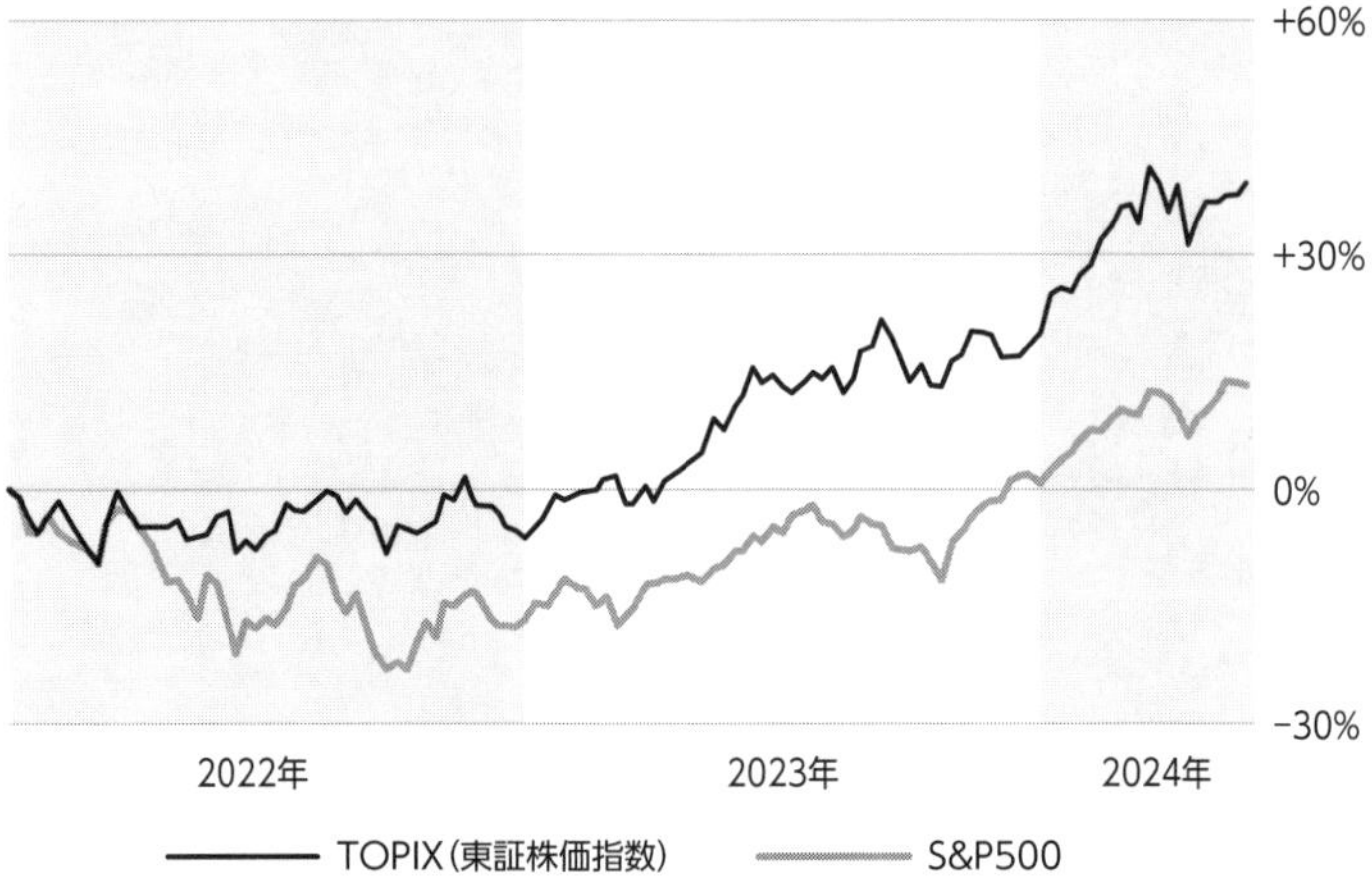

※S&P500は円換算していない原指数です。　出典:Yahoo!ファイナンス

逆に、それより前は、おおむね米国株の方が好調でした(第5章で解説)。

参考までに、私の投資先地域別シェアをご紹介します(**図2―5**)。

2022年以降、保有する日本株が株価を上げたため日本の比率が高くなっていますが、今後、米国および先進国(日米以外)のシェアを上げたいと思っています。先進国(日米以外)には、英国やカナダ、オランダなど、新興国にはインドや台湾、ブラジルなどが含まれます。

私のように数十の多国籍分散は必要ありませんが、まずは日米への国分散から始められてはいかがでしょうか。

図2-5 桶井 道のポートフォリオ

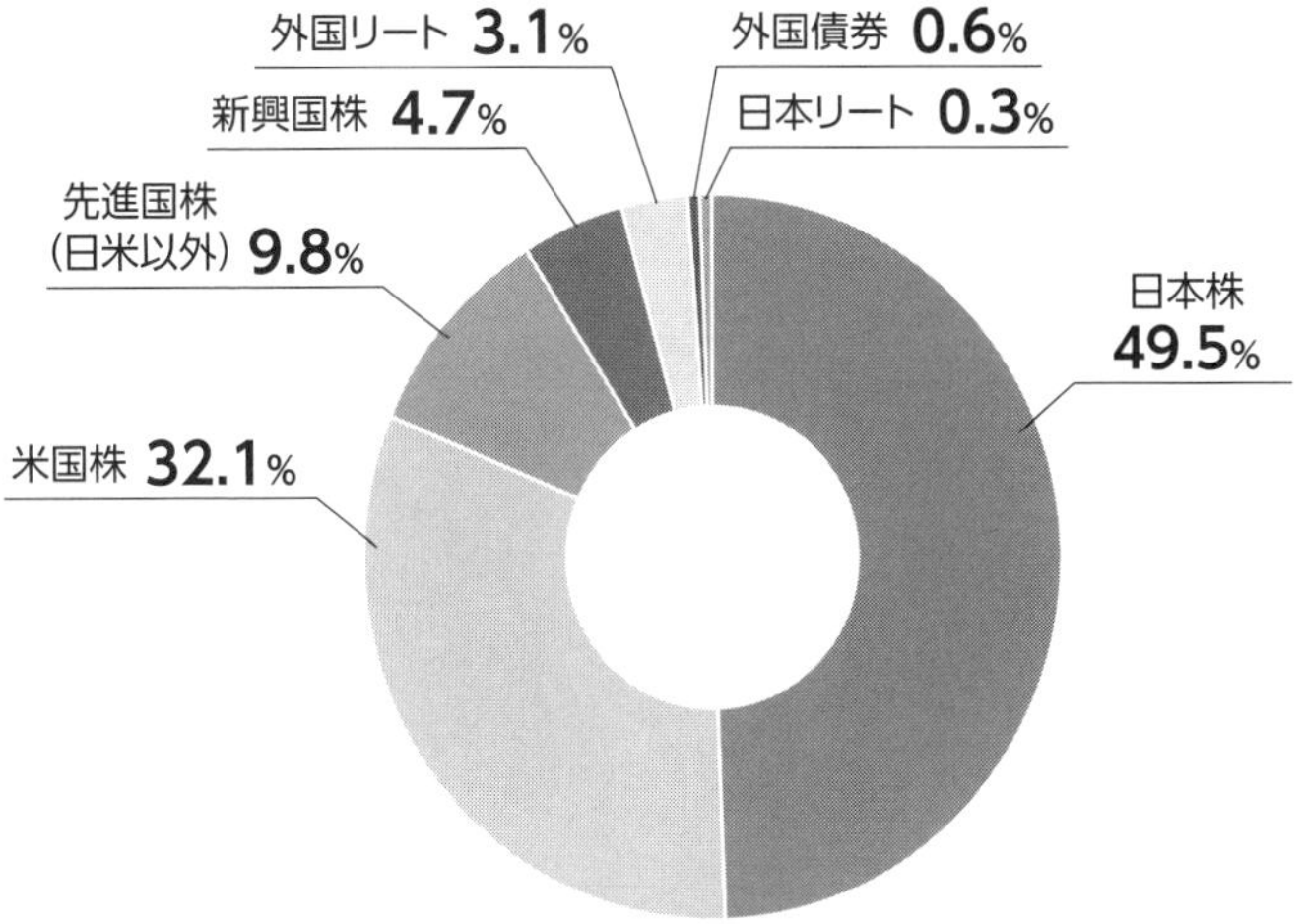

キーワードは、「国分散」「セクター分散」です。

どうです？「ぐうたら投資」の全体像が見えてきましたか？

基本メソッド7 アセット分散、資産三分法

資産を「現金（預金）」「株式」「不動産（本書ではリートを選択）」に分けてアセット分散することで、それぞれが異なる動きをすることから全体のボラティリティ[*5]を抑えることが期待できます。

リート（REIT）とは、不動産投資信託のことです。株式と同様に証券口座で売買できる金融商品で、分配金利回りが高いものが多いです。ただし、資産額が少ないうちは、リートには投資せず、現金および

図2-6　資産三分法

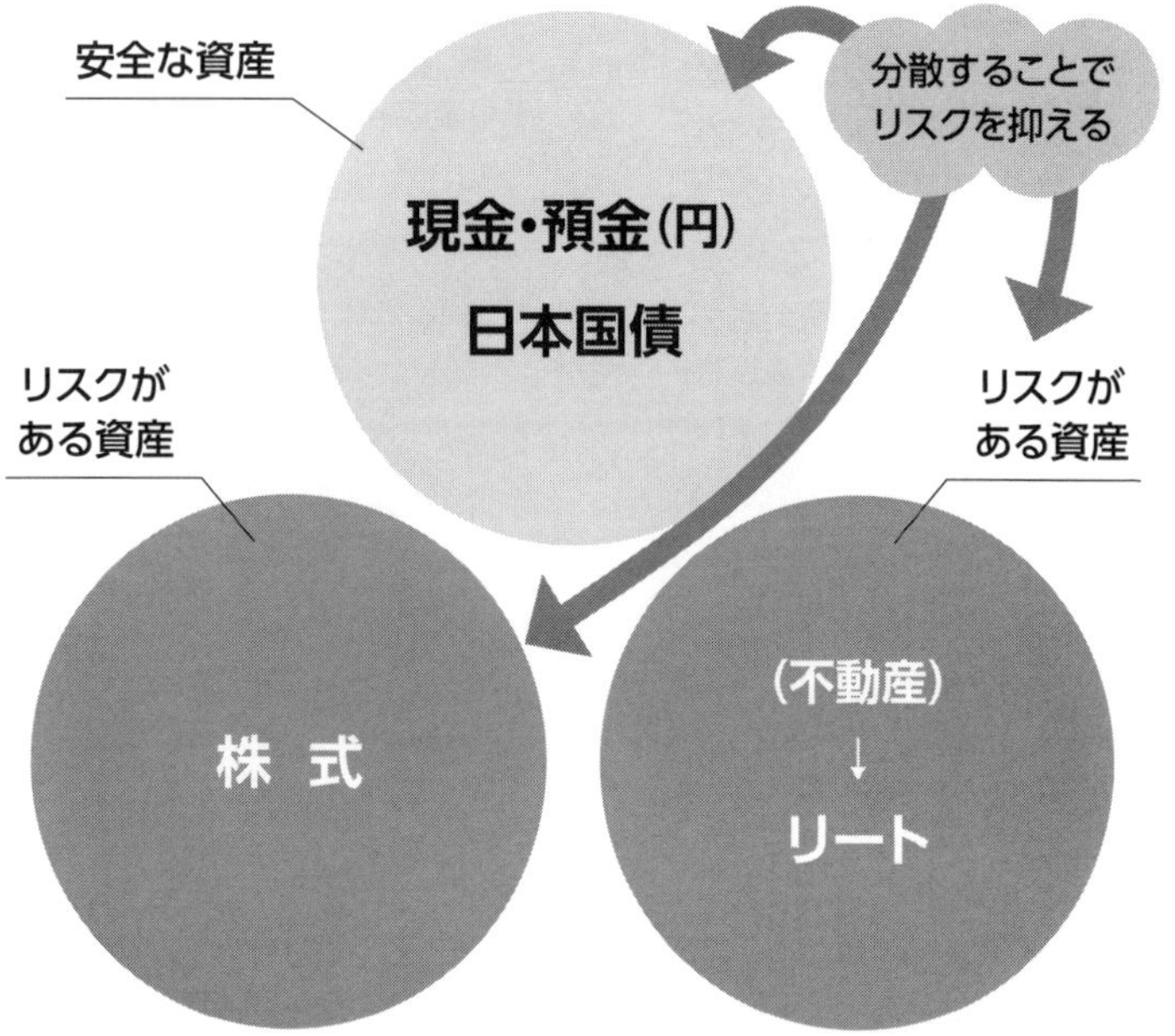

株式への分散で構わないでしょう。

現金は日本のほぼゼロ金利下ではインフレに負けて「価値」が減りますが、「額」が減ることはありません。日本国債も現金の部類と考えていいでしょう。これらは元本保証の観点でみれば、安全な資産です。

株やリートにはリスクがあります。リスクは日本語では「危険」と訳されますが、投資の世界では意味が少し異なることはお伝えしたとおり。値動きの幅のことです。

ですから、プライスが上昇す

ることも「リスク」です。

キーワードは、安全な資産とリスクがある資産をあわせもつ「アセット分散」です。「ぐうたら投資」のポイントは、投資対象の分散だとわかってもらえたと思います。

ミニコラム

リスクとリターンは同等

資産運用は、ローリスク・ローリターン、ミドルリスク・ミドルリターン、ハイリスク・ハイリターンと、**常にリスクとリターンが同等**です（ほぼゼロ金利下で日本円を銀行預金していると、ノーリスク・ノーリターンどころか、インフレでマイナスリターンになるでしょう）。

したがって、**ロー（ノー）リスク・ハイリターンのような投資法を紹介されたら、詐欺と疑うべきです。**投資で、100％元本保証や月利5％（1ヶ月で資産が5％増えること）といった高利回りなどあり得ません。

「あなただけ特別」「早い者勝ちなので誰にも言わないでください」といったフレーズには気を付けましょう。大原則として、投資は、証券会社（もしくは銀行）など金融機関を必ず通して行なうようにしてください。

基本メソッド8 時間分散

もう一つ分散したほうがいいものがあります。

時間です。

手元にある資金を一度にまとめて投資せず、1ヶ月に1度、2ヶ月に1度といったように分けて投資することです。

特に、初心者の方は小さく投資して、成功体験、失敗体験それぞれを経てください。「失敗」はそれほど投資額が大きくないうちに体験してほしいと思います。大きな投資額になってから失敗すると金額が膨れて、取り返すのに時間を要するからです。

経験を積むと、自信がついてきます。その自信とともに投資額を増やしていけば、失敗も減らせるでしょう。年間で投資する額を決めておいて、それを12ヶ月で等分し、毎月決まった額を投資していく。あるいは、2ヶ月毎、3ヶ月毎など、自分の資産やペースに合わせてすればいいでしょう。

毎日分散するなど、そこまで極端な時間分散は必要ありません。それは、タスクが増えて、むしろ精神的な負担になり「ぐうたら投資」ではなくなってしまいます。

キーワードは「時間分散」です。「ぐうたら投資」では、時間軸も分散していきます。

基本メソッド9　意識分散

投資をしていると、必ずマーケットの下落局面に遭遇します。

私は暴落相場では数日間ポートフォリオを一切見ません。日経平均株価やNYダウ（ニューヨーク・ダウ）、S&P500など指数すら見ないこともあります。

下落局面でそのような値を見たらガッカリするとわかっていながら、わざわざポートフォリオ、指数、株価を見に行く必要などないのです。そして、投資以外に意識を向けます。

普通に生活していると投資以外にもやらなければいけないことがたくさんありますね。それを普通にこなすのです。これが「意識分散」です。

下げている値を見ないので怖さが和《やわ》らぎます。怖くなって狼狽売りする機会もなくなります。どんなときも、できるだけ「ぐうたら」でいるためには、平常心を保つことが大切です。ですから、必要ない情報を視界に入れない方がいいのです。

長期投資なのですから、目先のマーケット全体の動きなど気にせず、都合の悪いことには蓋をするくらいの意識で大丈夫です。

ただし、マーケットの下落局面をチャンスと捉えて、追加投資を考えている場合は、この限りではありません。

個別株のみの投資ではリスクを取り過ぎていると感じる人もおられるでしょう。ごもっともです。

基本メソッド10　コア・サテライト戦略

そう感じる方はコア・サテライト戦略をとりましょう。

コア・サテライト戦略とは、投資先をコア（中核）とサテライト（衛星）に分けた投資戦略のことです。コアは「守りの資産」で、長期で安定的に運用が期待できる投資先を選びます。対して、サテライトは「攻めの資産」で、コアよりリスクを取ることで高いリターンを求める投資先を選びます。

具体的には、コアを投資信託やETF、サテライトを個別株にするのです。（実際には、人によって、コアおよびサテライトの投資先は異なります。老後資産が充分にできたら、コアを日本の個人向け国債や金／ゴールドとする方もおられます。本書は、これから資産形成をする方に向けて書いていきます）。

ETFなら、個別株に配当金があるのと同様に分配金がありますので、投資信託よりETFのほうが私は好きです。コアとして投資信託もしくはETFで市場平均を得て、サテライトとして個別株で＋αを狙います。そうすることでポートフォリオ全体では市場平均の上を取りに行くのです。

図2-7　コア・サテライト戦略

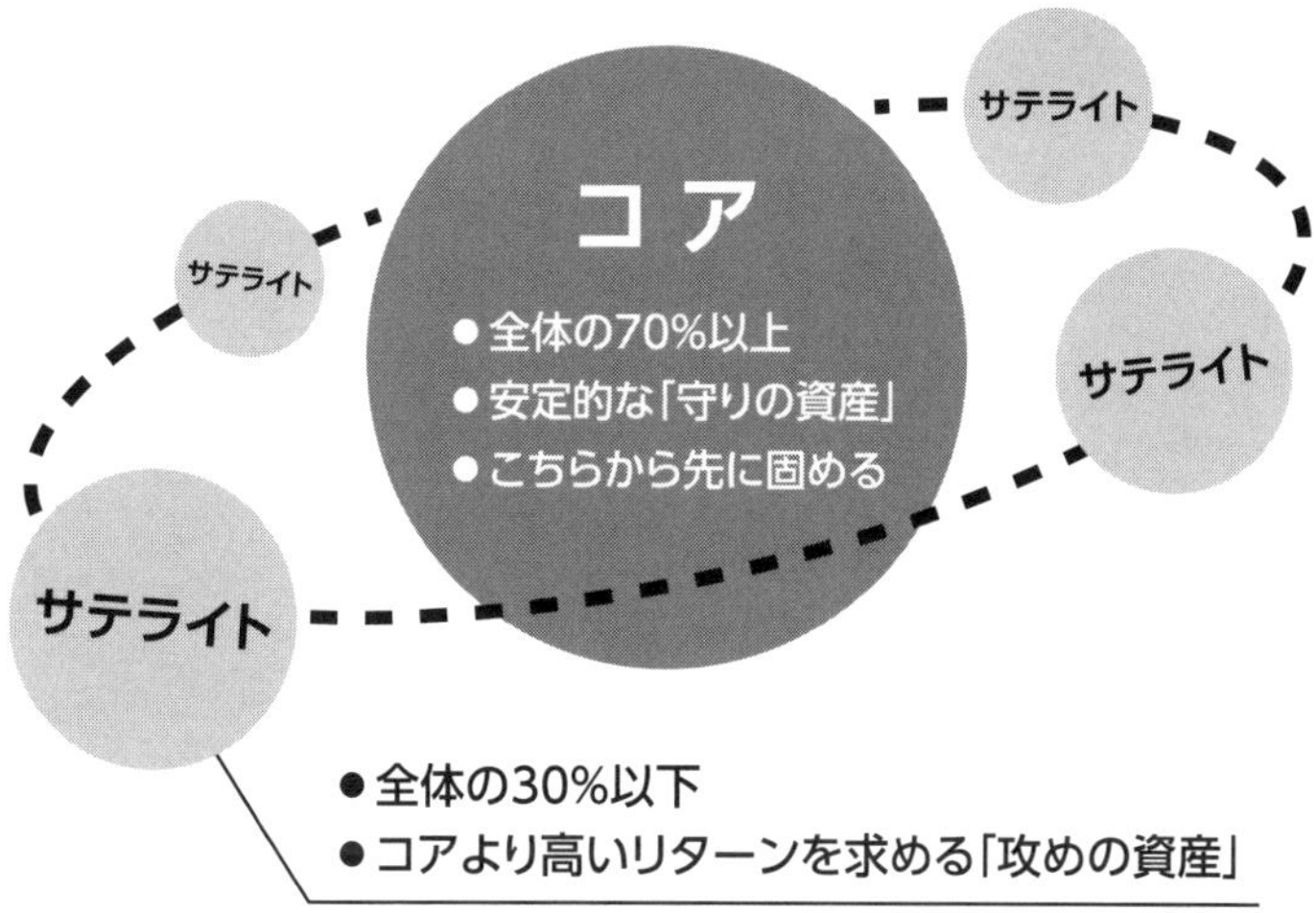

キーワードは「コア・サテライト戦略」です。

「ぐうたら投資」では、投資先をコアとサテライトに分散します。こうして、いろんな切り口で分散を行って、リスクをコントロールし、あなたが「ぐうたら」できるようにします。

サテライトで個別株に投資して、経験を積み、成果が上がって自分に向いていると思えば、個別株を主体（コア）にしても構いません。

するべきことをたくさん上げましたが、徐々に慣れてくださればいいのです。

「分散」だけでも切り口が多すぎるよう

に感じられるかもしれませんが、投資を始めると意外に馴染んでくるものなのでご安心を！

ここまで記述した内容には、必ずしもしなくていいことも含まれており、その都度その旨を記述しておきました。できることから少しずつ始めればいいのです。焦る必要はありません。ぐうたらでいいんです。

第2章　用語解説

＊1 インフレヘッジ

物価の上昇によって通貨の価値が相対的に減少するリスクを回避すること。

＊2 株主還元

会社が営業活動によって獲得した利益を株主に還元すること。具体的には配当を増やす、自社株買いを実施するという方法があります。

＊3 カントリーリスク

当該国の政治・経済の状況の変化によって証券市場や為替市場に混乱が生じた場合、当該国に投資した資産の価値が変動する可能性のことをいいます。

＊4 セクター

銘柄を産業等の単位で区分したグループのこと。日本株であれば、「東証33業種」と呼ばれるものを使うのが一般的です。米国株は、世界産業分類基準（GICS）にもとづいて11に分類されたセクターを使うのが一般的です。

*5 **ボラティリティ**

価格変動の度合いを示す言葉です。「ボラティリティが大きい」という場合は、その商品の価格変動が大きいことを意味し、「ボラティリティが小さい」という場合は、その商品の価格変動が小さいことを意味します。

ボラティリティはポートフォリオの価値の変化の標準偏差で表し、それをそのポートフォリオのリスクの度合いとして捉えることが一般的です。

第3章

億り人が実践する銘柄分析パーフェクトガイド

本章では、高配当株、増配株の銘柄分析法を解説します。これまでの章よりレベル感が上がりますが、心配しないで読み進めてください。少し読んでみて、あまりに辛いなら、斜め読みでも、パラパラ読みでも構いません。それこそ本章は飛ばして、先に第4章以降を読んでから戻ってきてくださっても結構です。

斜め読みでも読み飛ばしてもいいと申し上げるのは、第4章以降で、あなたのことをちゃんとフォローするからです。

本章で銘柄分析法を読み、「楽しそう」「やってみたい」と感じた方は、個別株を扱う素質があると思います。しかし、「投資は初めてで不安」とか「投資信託しか取引したことがないんです」という方が少なくないと思います。やはり、「いや、とても無理」「難しい」と感じられる。それが普通の感覚です。

でも、安心してください。私があなたを「ぐうたら投資」の方向にちゃんと導きます(しつこくて、スミマセン!)。

最初に用意するモノ、見るべきサイト

第4章以降で、世界の優良銘柄を100銘柄紹介しますが、本書以外で参考になる「ツール」を挙げておきます。いずれも投資をやるには有用なものばかりです。

ツール1　証券会社から提供される情報

初めに挙げるのは、**各証券会社が出すレポートです。ウェブ上で公開している証券会社もあります。**各証券会社がオンラインで行うセミナー「ウェビナー」も役に立ちます。ともに、証券口座を開設していなくても、利用できる証券会社もあります。

銘柄分析には、マネックス証券が提供している**「銘柄スカウター」**が秀逸です。過去10年（または、それ以上）に遡って業績推移や配当履歴を見ることができ、チャート、時価総額、ROE、PER推移など様々な項目がカバーされています。日本企業はもちろん外国企業のデータもすべて日本語で確認できます。

私は、マネックス証券に口座を開設することで、面倒な業績確認作業から解放されました。実は、本書の第4章以降の「カタログページ」は、マネックス証券から許可をいただき、多くを「銘柄スカウター」のデータを引用して作成しています（第4章以降をご覧いただければ、「銘柄スカウター」の良さを実感していただけると思います）。

「カタログページ」で興味のある銘柄を見つけた後は、マネックス証券の「銘柄スカウター」でいろいろな情報を表示して、本章を見ながら分析いただくのがベターでしょう。

ツール2 メディア媒体

ニュースを読むなら、「日経新聞電子版」「ロイター」「ブルームバーグ」が良いと思います。「AERAドット」も、投資に関する優良記事を出すことがよくあり、私は好きです。日本株なら『会社四季報』、米国株なら『米国会社四季報』も有力な情報源になります。

ツール3 その他

運用成績が優秀な投資信託やETFの組み入れ銘柄を参考にする方法もあります。

運用成績だけではなく、どのような投資信託・ETFなのか（たとえば、「高配当株に投資するタイプ」「ヘルスケアセクターに特化したタイプ」「どこどこの国の企業に特化したタイプ」など）も確認しましょう。納得できれば、組み入れ銘柄のうち、上位にあるものに注目すると発見があるかもしれません。

＊

それでは、この先、本章に限って難易度がやや上がりますが、今はわからなくて当たり前です。「全然ぐうたらじゃない！」と決して諦《あきら》めないでください。第4章以降は、再び読みやすくしています。

本章を飛ばして最後まで読み終わってから、こちらに戻ってきてくださるのも大いに歓迎します。

おけいどん式・銘柄分析法

ここからは、銘柄分析法をご紹介します。ただし、必ずしも本書記載の順番で分析する必要はありません。お好みに合わせて、順番はご自身でアレンジしてください。たとえば、連続増配年数から絞り込んでもいいですし、時価総額でもかまいません。ビジネス分析から入っても構いません。決まったルールはありません。

1点だけ大事なことをお伝えします。

「ぐうたら投資」では、買ったり売ったりを繰り返すことを前提にしていませんので、10年以上、またはそれ以上で長期保有できる銘柄を探す視点を持つようにしてください。

「高配当株・増配株」を見つけ出す大事なステップなので、ゆっくり読み進めてくださいね。

メソッド1　配当分析

ステップ1　「配当利回り」を確認する

「配当利回り」から見ていきましょう。

証券会社のサイトにあるスクリーニング機能を使って「配当利回り」で検索すれば、高配当株が見つかります。

「配当利回り」は1株あたり配当予想÷株価×100で算出します。

言うまでもなく**「配当利回り」は高いことが理想です。**しかし、1株あたり配当予想に変化がなくても、株価が下がれば上昇する値です。ここに注意しましょう（ステップ5で詳しく解説）。

高配当の定義はいろいろあると思いますが、私は配当利回り2・8％以上を目安にしています。とはいえ、セクターによって高い・低いの傾向は変わりますし、連続増配株なら長期保有で投資額（簿価）に対する配当利回りが上がっていきますので、配当利回り1％台でも投資することもあります。

逆に高すぎる場合（7％以上など）は、なにか理由を抱えている場合があるので要注意です（ステップ3と5で詳しく解説）。

ステップ2 「増配率」「連続増配年数」などを確認する

「配当利回り」に続いて、「増配率」「連続増配年数」「減配履歴の有無」を確認します。過去5～10年の推移を確認しましょう。それぞれについて説明します。

「増配率」とは、前年の配当金に対して、本年の配当金の増え方を％で示す指標です。これが高いほど良いわけです。たとえば、本年の配当予想が120円、前年実績が100円であれば、増配率は20％となります。

「連続増配年数」とは、増配（配当金を前年より増やすこと）を何年連続で行ってきたかを示すものです。もちろん、長いほど優良です。

増配が止まっても減配（配当金を前年より減らすこと）していなければ良しとするので、あわせて、過去10年間の減配の有無も調べます。コロナ禍など社会全体に影響があるような特殊要因であれば減配も仕方なしですが、それ以外のシーンで減配していないかを確認しましょう（逆に、コロナ禍でも増配しているような企業は評価できます）。

また、「業績連動型配当」（ステップ4で解説）の企業であれば、減配は仕方がありません。

現在の配当利回りが低くとも、連続増配株であれば、長期保有によって、投資額に対する配当利回りは上がり、高配当化する可能性を持っています（長期保有によって、投資額に対する配当利回りが高くなっていく銘柄が、私は好きです）。

増配株は、増収増益（売上高も営業利益も増えていること）によって増配しているのが基本で、増収増益していると株価の上昇も狙えます。よって、長期保有により、高配当化して、含み益たっぷりとなり、「2度おいしい」と言えます。

もちろん、現行の配当利回りが高く、かつ連続増配で、かつ増配率が高ければそれに越したことはありません。

参考までに、「2度おいしい」具体例をご紹介します。

日本株の例

三菱商事（8058）に10年前に投資していたとします。

2014年5月の終値は669・67円です。

本書の執筆段階2024年5月の終値は3303円です。2024年度の配当予想は1

00円です。株価は約4・9倍になりました。

投資額に対する配当利回りは、14・93％（1000円÷669・67円×100）です。


外国株でも例をあげます。

米国株の例

アップル（AAPL）に10年前に投資していたとします。

2014年5月の終値は22・61ドルです。

本書の執筆段階2024年5月の終値は192・25ドルです。2023年度の配当実績は0・94ドルです。株価は約8・5倍になりました。投資額に対する配当利回りは4・16％（0・94ドル÷22・61ドル×100）です。

このように、増配株は長期保有することで株を取得したときの株価と比較して高配当化が進み、さらに株価上昇で含み益もたっぷりとなり、「2度おいしい」のです。

ステップ3　「配当性向」を確認する

次に、「配当性向」を確認します。

配当性向とは、純利益のうち配当金にどれだけ充てているかを％で示す指標です。

図3-1　おけいどん式・配当分析チェックポイント

配当利回り	2.8%以上。ただし連続増配株であれば、1%台でも可。7%以上など高すぎる場合は要注意。
増配率	高いほど優秀（過去5〜10年見る）
連続増配年数	長いほど優秀（長い企業は年数をアピールしていることが多い）
減配履歴の有無	コロナ禍など特殊要因以外での減配を確認。ただし、業績連動型配当であれば減配は仕方がない。（過去10年くらい見る）
配当性向	日本株なら30〜50%が適正範囲。米国株はこれより高くても許容できる場合もある。その他外国株でも30〜50%を目安とする。コロナ禍など特殊要因を除き100%以上が続くのは×（過去5〜10年見る）。

配当性向＝1株あたり配当÷1株あたり利益（EPS）×100で計算できます。

これが高いと無理な配当をしていることになり、増配が止まったり、減配するリスクさえあります。

配当性向はおおむね50％以下が安全圏です。逆に、低すぎると株主還元が充分ではないと判断します。よって、30％以上はほしいところです。

日本株では、配当性向30～50％が適正範囲だと考えます。米国企業は株主還元に熱心であることから、これより高くても許容できる場合もあります。その他外国株も30～50％を目安としま

す。成長株では、配当を絞って、もしくは無配（配当金を出さないこと）で、事業投資に使いますので、配当性向が低いのは当たり前です。

ちなみに、**配当性向が100％を超えているケースは、稼いだ以上に配当していることを意味しており、無理をしています。**「タコ足配当」とも呼びます。ただし、コロナ・ショックなどの緊急事態のときに、配当を維持するために一時的に配当性向が高くなっている場合は、株主還元への高い意識の表れなので、むしろ評価しても良いでしょう。

「配当利回り」「連続増配年数」「減配履歴の有無」「配当性向」は、証券会社のサイトである程度確認できるでしょう。「増配率」については、自力で計算することになります。

ステップ4 「配当方針」を確認する

次に、中期経営計画や企業の公式サイトを見て「配当方針」を確認します。「株主還元方針」と書かれている場合もあります。そこに、**「累進配当」**[*1] **や「業績成長とともに増配していく」等の記述があれば、これから先の持続的な増配が期待できます。**

「業績連動型配当」というものもあります。文字通り、業績により配当金が左右されるという意味です。業績が良ければ増配、悪ければ減配を覚悟して投資しましょう。

「配当の下限」を設定する企業もあります。業績が悪くなったとしても、配当金がある程度読めるのは有難いですね。

ステップ5 「良い高配当」と「悪い高配当」を見分ける

実は、「高配当」といっても、良い高配当と悪い高配当があります。見分け方を説明しておきます。

①増配による高配当 ◎
②株価低迷による高配当 ×
③特別配当や記念配当による高配当 △

配当利回りは、「1株あたり配当予想÷株価×100」で計算されます。よって、分子にあたる1株あたり配当予想が増えて、配当利回りが高くなることが理想的なのは言うまでもありません。これが①のパターンで、良い高配当です。増配による高配当は、新規投資でも、保有銘柄でも、ウェルカムなことです。

しかし、分母にあたる株価が下がると、配当金が前年同額でも配当利回りが高くなってしまう「罠」があります。これは②のパターンに該当する「悪い高配当」です。

①と②を見分けるには、株価をチャートで確認することが必要です。当該銘柄の5年チャートや10年チャートが右肩下がりなら、高配当利回りであっても投資すべきではありません。株価が下落し続けるには、それなりに理由があります。業績悪化で減配、無配になりかねません。

もう1つのパターンがあります。

企業は、特別な利益があがったときに「特別配当」を出したり、創業20周年などで「記念配当」を出したりすることがあります。

保有銘柄がこれに該当したら喜ばしいことですが、新規投資する際には注意が必要です。これは③のパターンに該当するイレギュラーな高配当です。一時的に高配当になっているだけかもしれず、「落とし穴」にハマらないようにしましょう。

「A社が高配当！」というニュースにイージーに飛びついてはいけません。高配当の中身を確認するようにしてください。

メソッド2 時価総額

私は、時価総額を重視しています。日本株では、大型株（TOPIX構成銘柄で時価総額と流動性が高い上位100位以内）もしくは中型株（同101～500位）でも大型株寄りの銘柄、時価総額で区分すればおおむね1兆円以上から選択します。

時価総額が大きな企業は、経営が安定していることが多く、株価の値動きが穏やかで、株の売買量もしっかりとあり、売買しやすいからです。

時価総額が小さな企業は、この特徴が真逆になる傾向があるので好ましくありません。

時価総額が小さくなる程、株価の値動きが激しく（「ボラティリティが大きい」と言います）なるからです。下落率が大きくなるとメンタルにも良くありません。

ちなみに、時価総額が小さな企業を好まないのは、外国株も同じです。

また、時価総額が小さな企業は、わずかな事故が起きただけでも株価に大きく影響します。時価総額も証券会社のサイトで確認できます。

メソッド3 長期トレンド確認（チャート分析）

株価の長期的なトレンドを調べるために、私は、5～10年チャートを使います。それ

図3-2　長期トレンドの基本4パターン

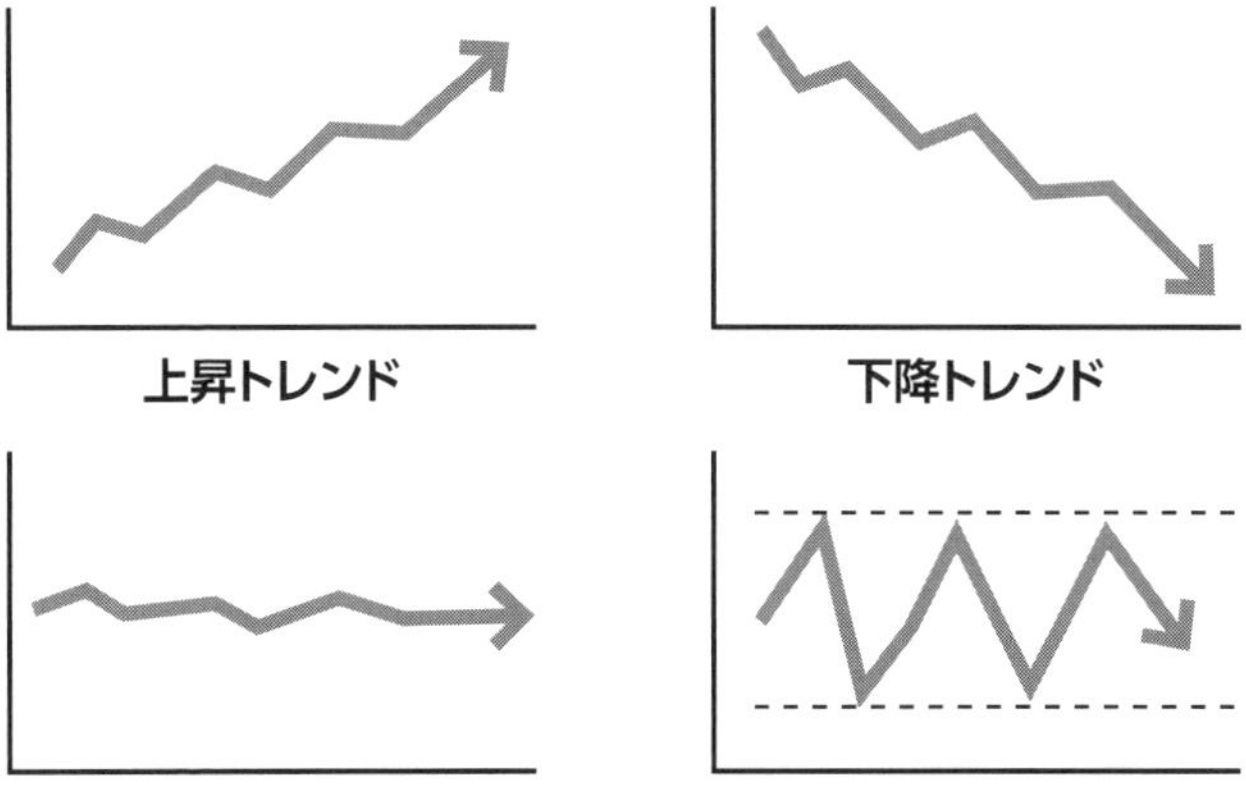

が、下降トレンドを示しているなら投資を見送ります。

下降トレンドが簡単に上昇トレンドに切り替わることはないからです。チャートは上昇トレンドが理想です。高配当株であれば、チャートが横ばいでも構わないでしょう。

それとは別に、**決まったレンジ（範囲）で株価が上下する銘柄があり、これを「ボックス相場」といいます。**その場合は、レンジのなかで安い株価となる付近で買付すればいいでしょう。

チャート分析はメソッド3だけでOKです。投資前も投資後も、常にチャートに張り付く必要はありません。チャート分析の難しい手法を勉強する必要もありません。エスカレーターに乗るかのように、「上に行くのか」「下に行くのか」だけを確認してください。

なおチャートは、証券会社のサイトでも、その他各種サイトでも簡単に確認が可能です。

メソッド4 市場分析

その企業の事業分野で市場が拡大しているのかを確認します。

市場規模の拡大は商機そのものです。そこで大事になるのが、未来投資思考です。**将来の地球、世界、日本、私たちの生活などがどうなっているのかを想像するのです。**

具体的には、世界の人口が増加するので、ヘルスケア、日用品、農業、食料品関連などは市場拡大していくと考えられます。


技術革新による市場拡大もあります。

たとえば、家電製品、車、スマホやＰＣ、これからは人工知能（ＡＩ）、ＥＶ、自動運転など多岐にわたって使われる半導体の市場も拡大するでしょう。これらは、通信でつながることで付加価値が生まれますから、通信量の増加も考えられます。新興国の発展とともに、資源需要が増すことも考えられます。

また、**世界の問題＝世界的需要と捉えることができます。**

その需要に応えて供給することは、企業の利益になります。こういう企業への投資は、自分の利益になると同時に社会貢献にもなると思います。SDGsといった地球規模のトピックスも敏感に感じ取る目を持ちましょう。

逆に、市場が縮小する分野は商機がなくなっていきます。市場規模が限られる分野では需要が増えず、対して供給する企業が多いと価格競争が起き、利益が出なくなります。利益が出ないと株価は上がりませんし、配当も出せなくなります。需要と供給のバランスも投資のヒントです。

市場動向については、ニュースサイト、ビジネス誌、マネー（投資）誌、単行本などから学びましょう。

メソッド5　ビジネス分析

市場分析とともに大切になるのが、「その企業が持続的に儲かる事業をしているのか？」という確認です。株価は、企業価値で決まるからです。

企業価値とは、簡単に言えば「儲かる企業かどうか」ということ。儲からない企業に投資しても株価は上昇しません。

最低限、投資先企業がどんな商品で、もしくはどんなサービスで儲けているのかを把握しましょう。「今」だけ見ずに、持続可能かどうかの視点が大事です。

もう少しわかりやすく説明しましょう。

その企業が提供する商品やサービスが、世界で（その国で）、不可欠なものか？　需要（必要とされる量）が増え、供給（製造）を増やせるか？　ということです。

日本株の場合、海外比率も重要です。売上高や利益のうち、どのくらいを海外で稼いでいるかを調べましょう。内需（国内の需要のこと）だけに頼ると、人口減であり、かつ商品が高い値段で売れない日本では厳しいと考えているからです。ただし、たとえば、インバウンド関連は国内だけでも成長の可能性はありますし、データ使用量が増えるので通信も生き残るでしょう。これらのように、国内にも成長分野はあります。

大事なのは、業界内で上位（売上高が1位、2位まで）の企業を選ぶこと。もしくはこれを時価総額で評価しても良いでしょう。

たとえば、熊本に進出することで日本でも有名になった台湾の半導体受託製造企業のT

ＳＭＣは、世界シェアの過半数を有しており、価格決定権を握ると言われています。

そのＴＳＭＣに半導体製造装置を提供するオランダのＡＳＭＬホールディングは、半導体の微細化に必須とされる「ＥＵＶ露光装置」で世界市場を独占しています。

もしくは、**ニッチに稼ぐオンリーワン企業も良いでしょう。**たとえば、日産化学はニッチな市場に照準を合わせて研究開発を行い、代替が利かない製品を作っています。

このように、ナンバーワンやオンリーワンで、価格決定権を握り、価格競争と無縁の企業は強いです。

ビジネス分析は、当該企業の公式サイト、ビジネス誌、単行本などから情報を集めて行いましょう。うち、海外比率については、マネックス証券の「銘柄スカウター」で見るのが最も簡単だと思います。

ミニコラム　誰にもできるビジネスは、マネされやすく儲からない

ビジネスを見るうえで、**参入障壁の高い事業が理想です。他社が容易に同じ分野に入ってこれないからです。**

たとえば、世界中でクレジットカードの決済網を持つビザ（ＶＩＳＡ）カー

ド。これから、新たにVISAと同じ決済網をワールドワイドに築くのは容易ではありません（とはいえ、フィンテックという敵が現れることも確かで、その動向を確認することは必要ではあります）。

もしくは世界的なブランド力のある事業も理想です。たとえば、P&G、マクドナルド、コカ・コーラ、スターバックスなどは世界的に有名ですね。コカ・コーラに変わるだけの、世界的に好まれる飲料は現れません。

信用力も、ものを言います。その例は、格付け会社のS&Pグローバルです。格付け会社は新規参入が難しい業種で、「今日から格付けを始めることになりましたA社です」と新規参入しても、誰も見向きもしてくれません。

スイッチングコストも参入障壁に該当します。スイッチングコストとは、他のモノやサービスに切り替えるために必要な費用のことです。

たとえば、マイクロソフトのWindowsやWord、Excelは、世界中で使われてインフラ化しています。ここに新たなOSやアプリで挑んでも、まず勝算はありません。ユーザーがイチから操作を習得せねばならず、かつ互換性の問題もあります。

逆にいえば、誰にでもできるビジネス、真似されやすいビジネス、参入企業が多いビジネス、代替商品が多くあるビジネスは、価格競争が起こって、企業の利益率が下がりやすいです。結果、業績不振となり、株価下落、減配になる運命でしょう。

メソッド6 ファンダメンタルズ分析

「売上高」「営業利益」「営業利益率」「増収率」「増益率」「1株あたり利益（EPS）」「キャッシュ・フロー」「ROE」を確認します。**過去5年から10年間を対比しましょう。**

過去の推移を確認するだけではなく、「中期経営計画」を読み、数年先の売上高、営業利益、営業利益率など将来像まで確認すると完璧です。

ステップ1 「売上高」と「営業利益」を見る

確認する際のポイントは、**「売上高」が成長しているかどうか。**

会社の成長は売上高が伸びることが基本です。売上高が利益の源泉です。そして、「営業利益」が成長していることも必須です。

「利益」にはいろいろありますが、**本業での儲けにあたる「営業利益」を見てください。**

本業で儲かってないと話になりません。つまり、売上高が成長し、営業利益も成長していることが必須です。

売上高が成長して、営業利益も成長することを、「**増収増益**」といいます。この言葉はキーワードになりますので、ぜひとも覚えておいてください。

増収増益の企業を探すことが投資の基本のひとつになります。成長しない企業に未来はなく、株価の上昇も期待できません。高配当株であるなら、業績が横ばいであっても合格ラインではありますが（ただし、株価の上昇はあまり期待できない）、高配当株ではないなら業績横ばいの企業には手出し無用です。

言うまでもなく、売上高が減っている、営業利益が減っている企業への投資は避けましょう。

ステップ2 営業利益率を確認する

「営業利益率」＝営業利益÷売上高×１００で計算します。

営業利益率が高いほど優良で、業界によりますが20％以上あれば、おおむね優良企業です。日本企業なら、10％あれば合格ラインです。業界ごとに営業利益率は異なりますので、業界平均や同業他社、ライバル企業と対比してください。

ステップ3 増収率、増益率を確認する

「増収率」は、前年に対して、売上高がどれだけ伸びたかを表す数値です。「増益率」は、前年に対して、利益がどれだけ伸びたかを表す数値で、私は主に営業利益で確認します。ともに、数字が大きいほど優秀です。1年くらいなら仕方がないとは思いますが、**あまりに前年割れが続くなら、経営不振の可能性が高くなります。**直近では、コロナ禍では前年割れも仕方がないでしょう。逆に、コロナ禍でも伸びている企業は強いといえます。

ステップ4　「1株あたり利益（EPS）」を確認する

「1株あたり利益（EPS）」の確認は大切です。**長期的には、1株あたり利益が成長していると、正比例して株価も上がることが期待できる**からです。

逆に、1株あたり利益が安定しない、たびたび赤字になるような企業は敬遠します。株価も安定しないことが多いからです。私は1株あたり利益の推移に強くこだわります。

ステップ5　「キャッシュ・フロー」を確認する

「営業キャッシュ・フロー」および「フリー・キャッシュ・フロー」を確認します。キャッシュ・フローとはその名の通り、現金の動きです。

営業利益は会計上の概念で、必ずしも現金の動きとは一致しません。利益がたくさんあっても、現金が手元にそれほどないケースは決して珍しくありません。ですから、営業利益が成長していることだけではなく、キャッシュ・フローの変化にも目を配ることが大事です。

私が特に重視しているのは、営業キャッシュ・フローおよびフリー・キャッシュ・フローの2つが伸びているかどうかです。

営業キャッシュ・フローとは、企業が儲けて実際に入ってくるお金のことです。フリー・キャッシュ・フローとは、営業キャッシュ・フローから投資キャッシュ・フローを差し引いた数字です。

投資キャッシュ・フローは、土地や建物、設備などの固定資産の購入・売却、有価証券や投資有価証券の取得・売却など、将来に向けた投資などのためにキャッシュがどれくらい増減したかを示すものです。投資を行うとマイナスに、所有する資産を売却するとプラスになります。しかし、企業が成長するには設備投資が必須なので、マイナスが悪いわけではありません。

つまり、フリー・キャッシュ・フローは、「企業が自由に使えるお金」なのです。お金があれば、従業員の採用や昇給、他社の買収など、更なる業績成長を視野に入れた使い方ができるということです。

ステップ6 「ROE」を確認する

ＲＯＥ（自己資本利益率）とは、株主が投じた資本をもとに、企業がどれだけの利益を稼いでいるかを示したもの。一言でいうなら、経営効率です。**日本企業なら理想は2桁、低くとも8％はほしいところです。米国企業なら2桁必須です。その他外国企業でも2桁を目安にしましょう。**

ただし、見せかけだけのＲＯＥに騙《だま》されないように注意が必要です。

ＲＯＥを算出する式は、ＲＯＥ＝当期純利益（「当期利益」ともいいます）÷自己資本（企業が集めた資金のうち、返済が不要なもの）×１００です。ＲＯＥを上げるには２つのアプローチがあります。簡単な算数ですので難しく考えないでください。

①当期純利益を増やすこと。これが理想です。②自己資本を減らすこと＝借金を増やすことです。ですから、急激に借金を増やした結果、ＲＯＥが改善した「かのように見える」ことがあります。

＊

これら過去の推移については、当該企業のサイトだけではなく、証券会社のサイトや会社四季報などなら、比較的簡単に確認できます。ここでも、やはりマネックス証券の「銘柄スカウター」が使いやすいと思います。

また、将来像については、企業の公式サイトで発表されている「中期経営計画」にて確認しましょう。

メソッド7　負債の確認

この項目は「自己資本比率」、または「有利子負債と『現金および現金同等物』」「有利子負債と当期純利益」「有利子負債とフリー・キャッシュ・フロー」各々のバランスで確認します。

自己資本比率は、一言でいえば、数字が高いほど借入金が少ないことを意味します。**日本企業では60％あれば優秀、最低でも40％はほしいところです。対して、米国企業への投資では自己資本比率をそこまで重視しませんが、高いに越したことはありません。**その他外国企業でも40％が最低ラインの目安になるでしょう。

自己資本比率は、業界によって著しく低いことがあります。たとえば、鉄道会社はコンスタントに運賃収入が入ってくるので、借入をしやすい業界です。ですから、鉄道会社の自己資本比率は相対的には低めです。

さらには、有利子負債と「現金および現金同等物」、有利子負債と当期純利益、有利子負債とフリー・キャッシュ・フローのバランスを確認してください。

有利子負債とは、金融機関からの借入金や社債など、利息の支払いが発生し、決められた期日までに返済を要するものを言います。

たとえ有利子負債が多くとも、「現金および現金同等物」をそれ以上に保有しているならば、実質的に無借金経営と取れます。

または、「現金および現金同等物」がそこまで無くとも、当期純利益およびフリー・キャッシュ・フローがしっかりとあれば問題ありません。

具体的には、営業利益が持続して出ていて（つまり本業で稼いでいて）、当期純利益およびフリー・キャッシュ・フローが豊富にあり、有利子負債が当期純利益やフリー・キャッシュ・フローの数年分（5年以下までが理想でしょう）でカバーできる範囲なら、それほど問題ありません。

有利子負債と当期純利益で確認するほうが簡単ですが（と私は思います）、当期純利益はあくまでも「会計上の利益」で「現金」ではありません。

有利子負債は「現金」でしか返済できないので、当期純利益と合わせて、フリー・キャッシュ・フローでも確認しましょう。

これら負債に関する各種データについても、証券会社のサイトや当該企業のサイトで確認できます。そして、私は、やはりマネックス証券の「銘柄スカウター」を使います。

メソッド8　自社株買いの確認

「自社株買い」とは、企業が自社の株を買うことを意味します。**自社株買いによって、市場に流通する株式数が減るので、1株あたりの価値が上がり（1株あたり利益＝EPSが上昇する）、株価も上がります。**

また、「株式を発行している企業自身が買うくらい、株価は安いですよ」というアナウンスにもなります。

自社株買いは、配当と並ぶ、株主還元策となります。証券会社のサイトで「適時開示情報」をクリックし、過去に、自社株買いをしている企業かどうかを確認しましょう。

メソッド9　リスク確認

銘柄分析するときには、投資することを前提にバイアスを持って分析してはいけません。バイアスとは思考の偏りを意味する言葉です。

投資することを前提とせずに、投資の「是非」を意識しながら分析しましょう。そのためには良い点ばかりに目をやらずに悪い点も理解することです。

悪い点の例は以下の通りです。

リスクチェック1　不祥事の有無

過去に不祥事を起こしていないかは確認しておくこと。私は過去に不祥事を起こした銘柄には近づきません。不祥事は続けて起こる傾向があるからです。不祥事は、ニュースサイトで検索して確認しましょう。

リスクチェック2　増資の有無

増資は株価が下落する原因となり、株主にとってデメリットとなります。必ず過去を確認することです。

増資とは、資本金を増やすことです。上場企業の場合、新たに株式を発行するのが一般的です。新たに株式が発行されると、その企業の発行済株式数が増えます。

しかし、株式数が増えても、利益がすぐに増えるわけではありません。利益が増えないのであれば、当期純利益÷発行済株式数で算出する1株あたり利益は減少します。1株あたり利益が減少すると、株価にはマイナスに寄与することが多いのです。

増資の有無の確認は、手っ取り早い方法として次のようにしてください。

長期チャートで当該銘柄だけ単独で株価が急落していることがあれば、そのときに増資している可能性があります。その日付を確認しましょう。

そして、企業の公式サイトにアクセスして、ＩＲリリースでその日付付近で増資の発表がないかを探してください。あるいは会社四季報には「資本異動」という項目があり、近年に増資があれば掲載されています。

リスクチェック3　後継者問題の有無

特に、日本企業では、カリスマ経営者の後継者問題がないか確認しましょう。後継者問題を確認するには、ニュース検索が手っ取り早いと思います。

リスクチェック4　上場からの年数

上場後、間もない銘柄への投資は、リスクが高いと、私は思います。初めて市場に株式を公開するＩＰＯ（Initial Public Offering）も同様です。

大きく儲かる可能性がある一方で、大きく損をする危険性も併せ持っています。株価がどういう動きをするか、まったく予想が付きません。もちろん、どんな銘柄も予想などできませんが、より難しいと考えています。

私は、上場してから数年の銘柄には近寄りません。これは、個別株だけではなく、投資信託やETF、リートにもいえることです。個別株も、投資信託も、ETFも、リートも、どのようなパフォーマンスになるのか見極めてからが良いでしょう。

上場日は5年ないし10年チャートを見れば、おおよそ確認できます。チャートが短ければ、上場から年数が浅いということです。

リスクチェック5　カントリーリスクの有無

その企業が本社を置く国にカントリーリスクがないか確認しましょう。カントリーリスクとは、政情不安や国債の利払いがきちんとなされていないといったことです。

本社所在地だけではなく、カントリーリスクが高い国での売上シェアが高い場合も注意が必要です。カントリーリスク意識は、日ごろからニュースを見ていれば身に付くでしょう。ビジネス誌などを見て学ぶこともできます。

メソッド10　バリュエーション分析

バリュエーション分析によって、投資しようと考えている銘柄の株価が、適正水準かどうかを確認します。優良銘柄であっても、高値掴《づか》みしないように株価が適正かを見るわけです。

株価＝1株あたり利益（EPS）×PER

株価はこのようにして決まります。

株価は企業価値にリンクすることは既述のとおりです。**企業価値を評価する一番簡単な方法として、私は、1株あたり利益（EPS）およびその推移を見ます。**株価は半年から1年先を見て動きますので、1株あたり利益の「実績値」だけではなく、決算短信などで公表されている、1株あたり利益の「予想値」も見ましょう。

PERは「株価が1株あたり利益の何倍まで買われているか」を表します。簡単に言えば「期待値」「人気度」です。PERは、業種によって、また、その銘柄ごとにも適正水準があります。その銘柄のPERが過去どう推移していたかを確認することで、現在の株価が高騰していないかを計ることが可能です。

PERについて、より詳しく説明しましょう。

1株あたり利益の実績値に対するPERを「実績PER」、1株あたり利益の予想値に対するPERを「予想PER」と言います。通常、PERとだけ記されて、ことわりが無い場合は、予想ＰＥＲのことを指すことが多いです。

ＰＥＲは米国の成長株では３桁のことがあります。ＰＥＲが１２０倍であれば、１２０年分の利益まで評価され、高水準で売買されている証です。

対して、高配当株であれば、30倍でも高いと言えます。増配株では、それが成長株寄りであるならば30倍でも妥当であり、高配当株寄りであるならば30倍では高いでしょう。

日本株の場合、ＰＥＲはだいたい15倍が目安になり、それが高いか低いかの分岐点になります。

日米ともに、ＰＥＲは業界により高い・低いがありますので、同業他社との比較が必要です。また、当該銘柄のＰＥＲ推移との比較も重要です。

つまり、Ａ社の株価が5年前に１０００円であり、現在は３０００円であっても、ＰＥＲがともに10倍であれば、株価は高騰しているわけではなく妥当だということです。先ほどの式にあてはめるとわかりやすいでしょう。

5年前　株価１０００円＝１株あたり利益１００円×**ＰＥＲ10倍**⇧

現　在　株価３０００円＝１株あたり利益３００円×**ＰＥＲ10倍**⇧

PERは変わらない

つまり、株価は3倍になっても、ＰＥＲ10倍のままであれば株価が高すぎる水準ではなく妥当なのです。１株あたり利益が3倍に成長して、株価も3倍になっているので理想の推移です。

株価は企業価値（＝１株あたり利益）にリンクしていることがわかりますね。こういう株価の上がり方が美しいと言えます。

「過去に比べて株価が3倍も高いからといってバブルとは限らない」という意味がわかっていただけたでしょうか。１株あたり利益も3倍になっていれば心配はないでしょう。

逆に次のケースなら、株価は高騰していると判断します。

5年前 株価１０００円＝１株あたり利益１００円×**PER10倍** ⇧
現 在 株価３０００円＝１株あたり利益１００円×**PER30倍** ⇧ **PERが3倍に**

１株あたり利益は5年前と変わっていないのに、ＰＥＲが3倍になっています。これはバブルの可能性が高いと言えます。何かの拍子に、一気に株価が下落するリスクがあります。

企業は株価を上昇させるために、1株あたり利益を上げる努力をします。1株あたり利益を上げるには2つの方法があります。①増収増益によって儲ける。②自社株買いによって市場に流通する株式数を減らす。ここに注目しましょう。

さらに、PERの推移の確認もお忘れなく。PERの推移は、マネックス証券の「銘柄スカウター」で確認できます。

企業や証券会社のホームページを見るとわかること

以上、10の視点から銘柄分析法を解説しましたが、すべてを満たす100点満点の銘柄はありません。総合的に判断してください。

これらを確認するためには、企業のホームページを訪れることです。**日本企業なら「投資家情報」「投資家の皆さまへ」「IR情報」（IR＝Investor Relations）、外国企業なら「Investor Relations」というページが必ずあります。**中期経営計画、より長期の事業計画があれば、それも含めて読みましょう。事業計画や業績目標、株主還元方針などが記載されています。

業績推移や配当履歴・予想、PER推移など各種データは、マネックス証券の「銘柄スカウター」なら簡単に確認できます。それぞれ5年から10年、または10年以上遡《さかのぼ》って見ることができるので便利です。

企業が発表する決算資料でも見れますが、ややハードルが上がります。より詳しく知るためには、これは日本株に限りますが（英語が堪能なら外国株でも）、企業のIR担当に電話して質問できます。ただし、中期経営計画や決算資料などで基本を理解してからにしましょう。

また、投資先は、ナンバーワン（または2位）を探す、もしくはオンリーワンを探すことは既述のとおりです。このとき、**「自国（日本株）バイアス」や「米国株信仰」は排除してください。**

つまり、日本企業で良い銘柄を見つけたときは、より良い銘柄が外国にないか、米国はもちろん、それ以外の諸外国にも目を向けるのです。つまり、花王よりP&G、日本のマクドナルドより米国のマクドナルド……と私なら判断します。

日本株ならバフェット氏が投資して評価が高まっている商社が株価を上げています。半導体関連株では、素材なら日本の信越化学工業、製造なら台湾のTSMC（ただし、地政学リスクあり）、製造装置ならオランダのASMLホールディングとなります。資源関連株

図3-3 近づくべきではない銘柄の特徴17

ここまで説明したことを簡単にまとめます。近づくべきではない銘柄の特徴をあげますのでチェックリストとして使ってください。

① 時価総額が小さい
② 5年チャート、10年チャートが右肩下がり
③ 市場規模が縮小する業界
④ 真似されやすいビジネス、参入企業が多いビジネス、代替商品が多くあるビジネス(つまり、競争相手が多い)
⑤ 業界3位以下(わざわざ下位企業を選ぶ必要はない。他社が参入しない分野でニッチに稼ぐオンリーワン企業なら業界3位以下でも問題なし)
⑥ 減収減益(売上高が下がり、営業利益も下がっている状態)が続く、もしくは売上高・営業利益が安定しない
⑦ EPS(1株あたり利益)が下がり続けている、もしくはEPSが安定せず度々赤字になる
⑧ 営業利益率が低い
⑨ ずっとPERが低い(万年割安株の可能性あり。株価が上昇しているなら問題なし)
⑩ PERが異常に高い
⑪ ROEが低い
⑫ 減配実績が多いorタコ足配当(稼いだ額以上に配当を出している)
⑬ 有利子負債が多い(自己資本比率が低い。または、負債の「額」と、「現金および現金同等物」や当期純利益などを比較)
⑭ 不祥事の過去がある(1度起こすと繰り返しがち)
⑮ 増資の過去がある
⑯ カリスマ経営者の後継者問題
⑰ カントリーリスクがある国の企業

図3-4　投資で意識するべき10のキーワード

① **長期**　10年以上付き合える銘柄。

② **分散**　アセット(資産の種類のこと。例、株式、債券、リートなど)、国、セクター、銘柄、時間、意識。

③ **複利**　配当金再投資。複利とは、利息が利息を生みだすこと。

④ **再現性**　一発当てようとしない。何度同じ方法で投資しても、毎度同じような成果が得られることを重視する。

⑤ **メンタル**　感情で判断しない。平常心を保つ。「不安だから売る」は最悪。

⑥ **同じ失敗を繰り返さない**　失敗は付き物。失敗と向き合い、同じ失敗をしない。次に生かせば、良い経験に化ける。

⑦ **ゴールベース思考は○、マーケットベース思考は×**
「現在」と、未来に設定した「目標」のギャップをいかに埋めるのかに集中する。マーケット全体の暴落時に、ゴールベース思考なら「株が安く買える」、マーケットベース思考なら「怖いから売りたい」となる。

⑧ **目先の数値に踊らされない**　インフレ率、雇用統計、GDP、利上げなどの各種経済指標、FOMC声明、四半期決算など短期的な動きに合わせて売買しない。

⑨ **新しい投資は少額から**　初めての投資、新しい分野への投資など、初めの一歩は少額から。経験を積んで金額を上げていく。

⑩ **体調不良時に判断しない**　体調不良時は不安になりがちで判断を誤る可能性がある。またお酒に酔っての売買は禁止。
※緊急時をのぞく

なら英国のリオ・ティントやオーストラリアのBHP、ブラジルのヴァーレとなります。

いずれも他国にはない、その国ナンバーワンや世界ナンバーワンの企業ですね。

《保有後のメンテナンス

最後に、保有後（投資後）のメンテナンスについて説明します。もう少しで終わりますよ！

メンテナンス1　決算確認

「ぐうたら投資」では、必ずしも、3ヶ月毎に四半期決算を見る必要はありません。

もちろん見るに越したことはないので、好きなら、楽しいなら見れば良いです。が、**「ぐうたら投資」では、決算チェックは年に1度の期末決算のみ（もしくは苦にならないなら、せいぜい＋1回）で良しとします。**


売上高、営業利益、当期純利益、1株あたり利益（EPS）などについて、前年実績や期首で提示した今期目標との対比、中期経営計画との乖離《かいり》を確認してください。中期経営計画とずれが広がり続けると、成長懸念が生じて、株価が萎《しぼ》み、長期チャートのトレンドが変わる可能性があります。増配が止まったり、減配の恐れすらも出てきます。

その他、営業利益率、増収率、ＲＯＥなど本章で記述した項目も、前年対比をするなど推移を確認しましょう。

繰り返しになりますが、年に1回程度の確認でＯＫです。

……と言いながら、私はポートフォリオ上位銘柄のみしか確認しません。逆に、そこまでしたくないので、１００銘柄にも分散しています。

これだけ分散すれば、個々の銘柄の決算が多少悪かろうと、全体へ及ぼす影響は軽微です。あまりに株価が下落するようなことがあっても、それから原因を分析しても遅くはありません。まさに「ぐうたら」しています。

メンテナンス2　中期経営計画の確認

3年毎くらいに発表される中期経営計画にも目を通しましょう。会社が自らの理想とする近い将来像が見えてきます。目標とする売上高、営業利益、営業利益率、株主還元方針などがわかります。

メンテナンス3　株価下落の原因調査

四半期決算は見なくてもいいとは書きました。ただし、**四半期決算の発表やその他のタ**

イミングで、保有銘柄が、単独で、それなりに株価下落した場合は、その理由を調べてください。

「それなり」の基準は人によりますし、セクターや銘柄にもよりますが、おおむね1日で4～5％以上、もしくは3％程度でも2日間以上、下落が続く場合が目安になります。

または、銘柄ごとの常日頃の株価の動きがだんだんとわかるようになりますので、いつもと違う下げ方だという違和感を覚えたら、詳しく調べれば良いと思います。

原因を調べるためには、四半期決算、ＩＲリリース、報道などをチェックする必要があります。その原因が一時的なものであれば、そのまま保有してきっと問題ありません。逆に、株価が過剰反応しているのなら、追加投資のチャンスかもしれません。

しかし、不祥事を起こした場合は、繰り返されることがあります。もしくは、ライバル企業が素晴らしい製品を開発した場合は、競争力を失いますので、投資時とは評価が変わってきます。売却判断を下さねばならない可能性が高いです。

対して、**日経平均株価やＮＹダウが暴落したときに、投資している銘柄が連れ安するのは仕方がありませんので、このときはスルーしてください。**長期で投資していると、年に1度は大きく下落したり、数年ごとにさらに大きく下落したりするケースがあるので、常に儲けようと思わないことも大切です。

この場合、下落原因の調査は不要ですが、逆に、もしその気があるなら、それは追加投資（保有銘柄への追加の投資）や新規投資（新しい銘柄への投資）のチャンスかもしれません。市場全体が乱れたときは、優良銘柄ですら大げさに反応することがあります。その隙をつくのです。

「株価を見て一喜一憂するな！」とはよく言われますが、株価が上がったら一喜して、下がったら一憂せずスルーする、もしくは下がっても一喜して優良銘柄を安く買う……そんな「一喜専門家」になるのが「ぐうたら投資」のコツです。

メンテナンス4 損切りルール

すべての銘柄で儲けることなど不可能と思ってください。損する銘柄は必ず出てくるものです。だから分散投資するのです。

どのタイミングで損切りするか、撤退するか？ **投資を検討したときに（銘柄分析したときに）、投資する決め手となった理由が、覆されたなら撤退しましょう。もしくは、企業が不祥事を起こしたときです。**

そのときは変なプライドを持たず、サンクコスト（すでに支払ってしまい、取り返すことのできない金銭的・時間的・労力的なコストのこと）を気にせず、負けを認めるのです。ここで、その銘柄を保有し続けるための新しい理由を無理やり探すのは悪手です。

たとえば、銘柄分析時は「売上シェア世界1位」だった。しかし現状は、その事業の地位が入れ替わるようなゲームチェンジャーが出現して、世界シェアが3位に後退。1位と大きな差が開き、価格決定権を失った。このような場合は潔《いさぎよ》く撤退しましょう。

気を付けたいのは、株価下落→不安→売却、と感情で判断しないことです。不安だから売る、売ればそれ以上損をしないから安心という感情に騙されない。事実を確認してから売りましょう。

銘柄探しはメンドウ？　でも大丈夫！

本章を読み終わったところで、気持ちが萎《な》えたのではないでしょうか。けど、安心してください！　初心者なら、それが普通です。

いちから銘柄を探さなくてもいいように、第4章以降で、具体的な銘柄を紹介していますので大丈夫です。私があなたに代わって、世界から優良銘柄をリストアップしています。

銘柄分析をして、データも揃えておきました。日本株、米国株、外国株（米国以外）、ETF、リートの優良銘柄100銘柄がカタログ形式で見られるようにしておきました。ちゃんと「ぐうたら投資」の方向に導きます！（ただし、推奨ではなく紹介ですので、カタログを見ながら、マネックス証券の「銘柄スカウター」や本章と見比べるなど、皆さん自身でもチェックしてください）。次章からいよいよ銘柄紹介に入ります。

投資は
人生を豊かにする手段。
ぐうたらするのは
もちろんOK、ときには
休んでください〜

＊1 累進配当
字が示す通りで、「配当」が「累進」していく状態、つまりは長年にわたって配当金の水準を増額、または維持していくことです。

第4章

日本株から高配当・連続増配株をさがせ！

見逃し厳禁の
銘柄28選

本章から、いよいよ銘柄紹介に入ります。世界には数えきれない数の上場企業が存在します。個別株に投資するには、そのなかから優良企業を探す必要があります。

ただし本書ではその手間が省けるよう、世界から100銘柄をチョイスしました。優良銘柄に出合い、そしてご自身でも研究し、納得してから投資していただけると幸いです。

それでは、日本株から銘柄紹介を始めます。

日経平均好調！　バブル期と今では何が違うか

日経平均株価は、東京証券取引所のプライム市場に上場している225銘柄で構成された、日本株を代表する株価指数です。日本経済新聞社が業種等のバランスを考慮したうえで225銘柄を選出しています。「日経平均」や「日経225」と呼ばれることもあり、株式市場全体のおおよその値動きを見ることができます。

日経平均株価が2024年2月22日に史上最高値を更新したことは、投資家でなくとも多くの方がご存知でしょう。それを喜ばしく思う方がいる一方で、バブル時の株価を超えるのに34年もの年月を要したことをネガティブに感じる方もいるでしょう。

日本の「バブル」は、1986年から1991年までの株式や不動産を中心にした資産の驚異的な高騰、経済の拡大期間を指します。

バブル期の日本株のPERは過熱状態でした。当時の東証1部（現在のプライム市場と理解してください）の予想PERは60倍にも達しており、非常に高かったのです。

ここで、第3章で示した「株価＝1株あたり利益（EPS）×PER」の式を思い出してください。

バブル期は、株高ではありましたが、それは高PERによってもたらされたもので、1株あたり利益が上がっていませんでした。

つまり**企業業績は向上していないのに、PER主導で株高になっていた。**もっと簡単に言えば、「企業はそれほど儲かっていないのに、株価が勝手に高騰していた」ということです。

こうなってしまった背景には金融緩和があります。金融緩和によって莫大なお金が株式や不動産に流入し、それらの価格が上昇したのです。

現在の日本も、諸外国と比較すれば緩和的な金融環境下ではあります。しかし、企業が稼ぐ利益に沿って株価上昇しています。**東証プライム市場の予想PERは16・3倍（2024年5月末）です。バブル期とは諸条件が異なりますので単純比較はできないものの、企業の実力にあった株価になっていると言えるでしょう**（円安で下駄を履かされている企業があることも確かですが）。従いまして、日経平均株価がバブル期と同等の株価であっても、中身が違う、意味が異なるのです。

要因は「国」「東証」「企業」「日銀」「バフェット氏」

2023年以降、日本株には追い風が吹いています。

国は、2024年に新NISAを創設しました。これはすでに第1章で解説した通りですね。

東京証券取引所は、2022年に市場区分を再編して新たに3市場を設置しました。さらに、2023年には企業にPBR[*1]1倍超えを要請しました。

企業は、増収増益を果たして、増配や自社株買いなど株主還元を意識しています。日銀の植田和男総裁は、就任時には金融緩和の継続を打ち出し、2024年3月には2016年から続いたマイナス金利を解除したものの「緩和的な金融環境」は継続しました。また、投資の神様といわれるウォーレン・バフェット氏が日本株に投資しました。

このように日本株への追い風は1つ2つではなく、「国」「東証」「企業」「日銀」「バフェット氏」と多数重なっているのです。その結果、日経平均株価、TOPIXともに史上最高値を更新しました。

もし10年前に三菱商事の株を買っていたら……

日本はすでに人口減少フェーズに入っています。それを引き合いに経済が縮小すると唱える方がいますが、**悲観する必要はありません。**

世界で稼ぐ企業、国内でもインバウンドで稼ぐ企業があります。世界シェアトップの企業だってあるのです。国内の需要（内需と呼びます）だけでも需要が増える分野がありま す。

たとえば、これからもデータ通信量は増えるので通信業を営む企業には、投資の活路があります。それらの企業は増収増益を果たして、株価が上昇しているのです。高配当だったり、増配もしています。

増配株には魅力があります。もしも、10年前に、三菱商事、東京海上ＨＤ、ＮＴＴに投資していたら、投資額（簿価）に対する配当利回りは何％になっているでしょうか？　株価はどれだけ上がっているでしょうか？

次ページの**図4－1**をご覧ください。これで増配株の魅力が伝わると思います。

このように、中小型株から探さなくとも大型株[*2]で結果は残せるのです。もしくは、中型株[*2]でも大型株に近いものから探しましょう。

増配によって配当金が増えていく、株価上昇によって含み益が増えていく。しつこくて

図4-1　株価上昇&配当成長企業

		株価			配当金				
	銘柄名	10年前(円)	現在(円)	上昇程度(倍)	10年前の配当金(円)	10年前の配当利回り	最新の配当予想(円)	投資額に対する配当利回り※	成長程度(倍)
1	三菱商事	669.67	3303	4.93	23.33	3.48%	100	14.93%	4.29
2	東京海上HD	1072	5429	5.06	31.67	2.95%	159	14.83%	5.02
3	住友林業	1096	5426	4.95	21.5	1.96%	130	11.86%	6.05
4	ヤマハ発動機	533.33	1532.5	2.87	13.33	2.50%	50	9.38%	3.75
5	NTT	60.42	154.3	2.55	1.8	2.98%	5.2	8.61%	2.89
6	信越化学工業	1209.8	5855	4.84	20	1.65%	100	8.27%	5.00
7	小松製作所	2217	4597	2.07	58	2.62%	167	7.53%	2.88
8	KDDI	2017.66	4337	2.15	56.67	2.81%	145	7.19%	2.56
9	オリックス	1614	3419	2.12	36	2.23%	98.6	6.11%	2.74
10	栗田工業	2208	6720	3.04	46	2.08%	92	4.17%	2.00

2024年5月末日現在の情報です

※最新の配当予想÷10年前の株価×100で算出

図4-2 大型株・中型株・小型株の区分

<table>
<tr><td>東証規模別株価指数</td><td colspan="4">TOPIXニューインデックスシリーズ</td></tr>
<tr><td rowspan="2">大型</td><td>Core30</td><td rowspan="2">TOPIX 100</td><td rowspan="3">TOPIX 500</td><td rowspan="4">TOPIX 1000</td></tr>
<tr><td>Large70</td></tr>
<tr><td>中型</td><td>Mid400</td><td rowspan="2"></td></tr>
<tr><td>小型</td><td>Small</td><td>TOPIX Small500</td></tr>
</table>

出典：JPX website

恐縮ですが、増配株は「2度おいしい」のです。

一方、小型株は、リスクが大きいです。たとえば、工場一つが火災になっただけで、業績へのダメージが大きく、株価が半分になることすらあります。

また、大型株と比べると小型株は、株式を売買する人が少ないです。株式は買ってくれる人がいて初めて売り取引が成立します。

つまり、小型株の場合、いざという時に株式を買ってくれる人が少ないのです。

買ってくれる人が少ないということは、売りづらいということです。その結果、株価が大きく下がることが少なくないので、株価の変動が大型株に比べて大きいです。

新たに市場に株式を上場するIPO（Initial Public Offering）投資は、簡単に儲かることもありますが、その後すぐに損失を出すこともありますのでお勧めしません。上場してから期間が浅い銘柄も、株価が安定しないことがあるので避けましょう。

ミニコラム 株式投資と税金の関係

ここで、株式投資に関する税金に触れておきます。

税金は譲渡益（株式、ETF、リート、投資信託を売って儲けたお金）と配当金（分配金）に発生します。**配当金への課税は、日本株なら20・315％です。**

外国株の配当金の場合、国によりますがその国での課税もあります。たとえば、米国株は、先に米国で10％課税されたのちに、さらに日本で20・315％課税されます。つまり、日米で合計すると約28％もの課税があります。ですから、日本株は税制面で有利です。

具体的な金額で計算してみましょう。日本株から100万円の配当金があれば、税金は100万円×約20％＝約20万円です。よって手取り額は約80万円。ところが、米国株から100万円の配当金があれば、税金は100万円×約28%＝約28万円です。よって手取り額は約72万円です。8万円の差は大きいですね。

なお、外国株の配当金は、租税条約により定められた源泉徴収税率にて源泉徴収され、さらに日本においても20・315%が源泉徴収されます。この国際的な二重課税を調整するために、一定額を所得税から差し引くことができる外国税額控除を受けることができます。確定申告が必要ですが、還付を受ける制度が設けられています。

米国株がダメと申しているわけではありません。このあとメリットをたくさんご紹介します。本書は、良いことだけを強調したくないと思い、事実を書いています。

譲渡益への課税は、日本株も米国株も、日本で20・315%の課税があるのみです。米国で課税はありません。

NISA口座を使う場合、日本の税金は非課税ですが、外国の税金は課税されます。

株主優待は日本独自の制度だが……

日本株のいいところは、ほかにもあります。

たとえば、株主優待は日本独自の制度です。これは賛否両論ありますが、クオカードやカタログギフト、自社製品の詰め合わせなどを楽しみにされている投資家も一定数おられます。

ただし私は、**株主優待目的の投資に反対する立場を取っています。**

理由は、次の3つです。

①優待廃止で株価暴落のリスクがあります。
優待目当てだった株主が一斉に売るからです。

②株主優待で儲けたつもりが、株価が下落していたら投資は本末転倒です。

③株主優待は減る傾向にあります。

近年、以下の企業が廃止しています。

・JT（2914　2022年12月期で廃止）
・みずほリース（8425　2023年3月期で廃止）
・オリックス（8591　2024年3月期で廃止）

株主優待はあくまでも、おまけに過ぎません。銘柄分析をおこなって、投資するに値するとの評価を下した銘柄に、株主優待があればラッキーくらいの気持ちでいることが望ましいと思います。

お待たせしました。それでは、桶井道が選ぶ日本株25選を見ていきましょう。

01

INPEX

日本最大の石油と天然ガス開発企業

背景・トピックス

オーストラリアで進捗中のイクシスLNGプロジェクトは、日本企業が初めてオペレーターとして推進する大型LNG（液化天然ガス）プロジェクトである。

このプロジェクトをはじめとして、LNGへの投資を増やす。

事業ポートフォリオにおける天然ガスの割合を大きくすることで、日本の資源自主開発比率の向上に貢献する長期計画を掲げている。

国内では、新潟県直江津のLNG基地から自社パイプライン網を通じて関東甲信越地域にLNGを供給している。

INPEXがなければ、電力会社もガス会社も事業に困る存在である。

業績や株価は原油価格に正相関する傾向があるため、原油価格が大きく下落したときがINPEX株の買い時と言えよう。

2021年12月期から連続増配中だが、配当性向は30％程度と無理がない。

銘柄コード	1605
国名	日本
証券取引所	東証プライム

銘柄概略

2008年国際石油開発帝石HD、国際石油開発、帝国石油が合併して国際石油開発帝石㈱が誕生。2021年現社名に変更。日本最大の石油・天然ガス開発企業に。探鉱・開発・生産プロジェクトを世界約20カ国で展開。

株価

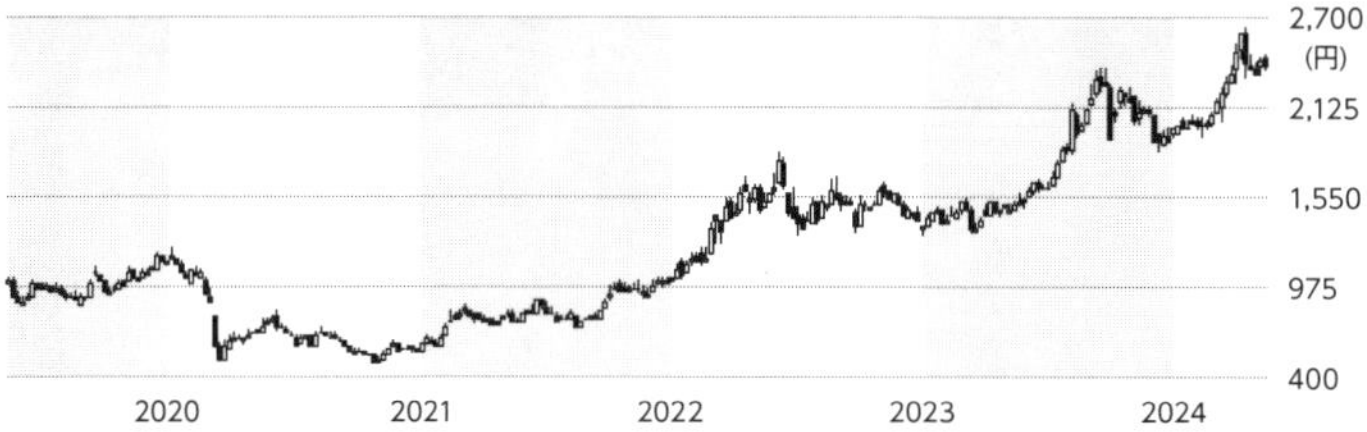

決算期	売上高	営業利益	当期純利益	EPS (1株あたり利益)	配当金
2019年12月	1,000,005	498,641	123,550	98.2	30
2020年12月	771,046	248,471	-111,699	---	24
2021年12月	1,244,369	590,657	223,048	177.3	48
2022年12月	2,316,086	1,503,667	498,452	396.2	62
2023年12月	2,164,516	1,114,189	321,708	255.7	74

※売上高、営業利益および当期純利益は百万円、EPSおよび配当金は円

平均成長率	売上高	営業利益	当期純利益
3年間	41.1%	64.9%	---
5年間	18.4%	19.7%	29.0%
10年間	5.1%	4.4%	5.9%

平均利益率	営業利益	当期純利益
3年間	54.6%	18.1%
5年間	49.2%	10.4%
10年間	45.6%	8.0%

時価総額	3,051,516	自己資本比率	62.5%	有利子負債	1,145,446
実績ROE	8.03%	予想配当利回り	3.20%	フリーCF	468,014

※時価総額、有利子負債およびフリーCFは百万円

桶井道の着眼点

中期経営計画で「配当下限を30円」と言及、業績悪化でも配当が読めるのは有難い。

❗ 2019年12月期は9か月変則決算

02 住友林業

海外建築・不動産事業、住宅事業、木材・建材事業が3本柱

》銘柄コード
1911

》国名
日本

》証券取引所
東証プライム

背景・トピックス

60年以上にわたり国内外で木材・建材の流通事業に携わり構築したグローバルネットワークによって、取扱高国内No.1の木材・建材商社である。

直近決算期で、売上高が最も大きいセグメントは、50%以上を占める「海外建築・不動産事業」である。米国で2003年から、豪州で2008年から分譲住宅事業を営み、タイ・ベトナム・インドネシア・香港でマンション開発等をしている。

日本では、児童施設、福祉施設、飲食店舗、低層ビルなど、非住宅分野における木造・木質化を進める木化事業の拡大に注力。

世界的に森林面積が減少するなか、森を守る・育てることは重要なテーマであり、そこで事業する当社を評価したい。地球の問題を解決しながら利益が出せるのは理想的。

2021年12月期から配当を大きく増やしたが、配当性向は25%程度とまだ余力を感じる。

銘柄概略

1691 年、住友家による愛媛県新居浜市の別子銅山の開坑とともに、製錬のための燃料や坑木に使う木材の調達を担った「銅山備林」の経営が祖業。森林経営から木材・建材流通、住宅建築など、木でビジネスを営む。

株　価

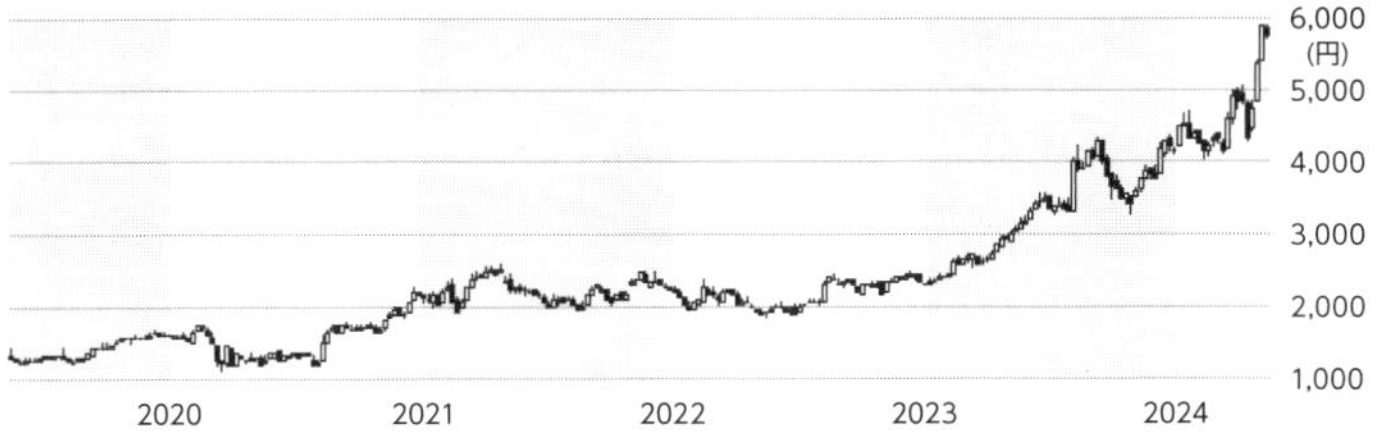

決算期	売上高	営業利益	当期純利益	EPS (1株あたり利益)	配当金
2020年3月	1,104,094	51,377	27,853	136.1	40
2020年12月	839,881	47,462	30,398	148.5	35
2021年12月	1,385,930	113,651	87,175	426.0	80
2022年12月	1,669,707	158,253	108,672	531.0	125
2023年12月	1,733,169	146,755	102,479	500.8	125

※売上高、営業利益および当期純利益は百万円、EPSおよび配当金は円

平均成長率	売上高	営業利益	当期純利益
3年間	---	---	---
5年間	6.1%	25.8%	30.3%
10年間	6.1%	16.4%	16.8%

平均利益率	営業利益	当期純利益
3年間	8.7%	6.2%
5年間	7.3%	5.0%
10年間	5.6%	3.5%

時価総額	1,091,794	自己資本比率	41.6%	有利子負債	423,871
実績ROE	14.83%	予想配当利回り	2.45%	フリーCF	12,803

※時価総額、有利子負債およびフリーCFは百万円

桶井道の着眼点

国内No.1企業への投資となる。内需だけに頼らず海外比率が高いことを評価したい。

! 2020年12月期は9か月変則決算

03

積水ハウス

世界一の累積建築戸数を誇る住まいと環境づくり企業

背景・トピックス

国内の「安定成長」と海外の「積極的成長」を掲げる。

売上高の8割を占める国内事業は、3つに分類される。

高付加価値の住宅・建物を提供し、強固な顧客基盤を構築する「請負型ビジネス」。顧客基盤を活かしてリフォームや賃貸住宅管理などを展開する「ストック型ビジネス」。良質な都市再開発や美しく住み心地の良いまちづくりを行う「開発型ビジネス」。

国内は人口減少で住宅市場は縮小と考えがちだが、建設済みの住宅の建替えやリフォーム需要が今後の事業戦略の柱となろう。

2020年からマリオット・インターナショナルとともに、道の駅を拠点に地方創生事業「Trip Base 道の駅プロジェクト」を展開、成長戦略のひとつ。

海外事業では、2024年度上期に米国MDC社を買収した。

13期連続増配を予定。

銘柄コード

1928

国名

日本

証券取引所

東証プライム

銘柄概略

1960年に創業後、戸建住宅事業を出発点に賃貸住宅、分譲地の開発、リフォーム、国際事業など、次の時代の豊かさを追求する住まいと環境づくりにかかわる広範囲な事業を営む。「住」に特化した成長戦略を展開。

株価

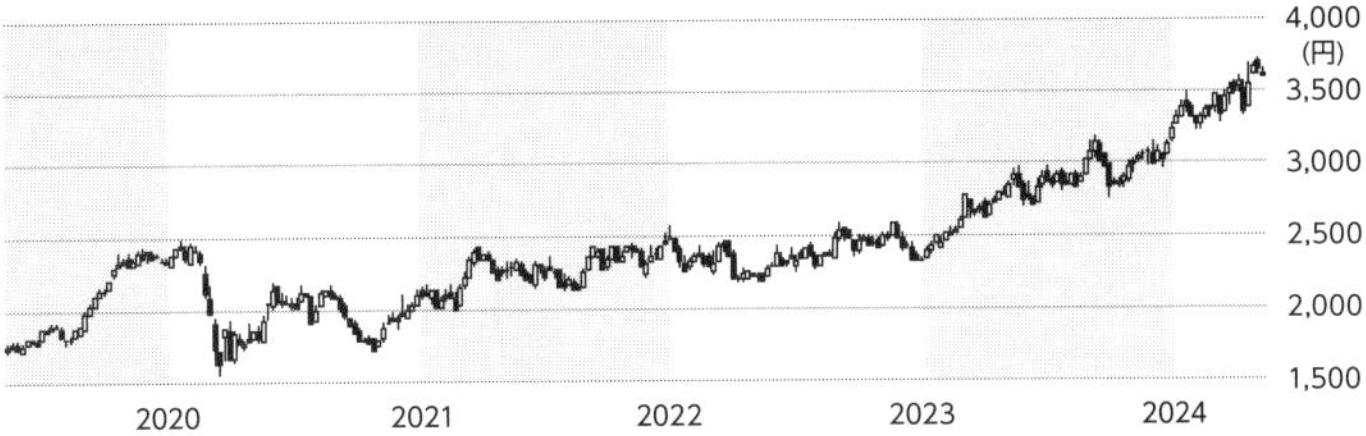

決算期	売上高	営業利益	当期純利益	EPS (1株あたり利益)	配当金
2020年1月	2,415,186	205,256	141,256	218.0	81
2021年1月	2,446,904	186,519	123,542	190.7	84
2022年1月	2,589,579	230,160	153,905	237.5	90
2023年1月	2,928,835	261,489	184,520	284.8	110
2024年1月	3,107,242	270,956	202,325	312.3	123

※売上高、営業利益および当期純利益は百万円、EPSおよび配当金は円

平均成長率	売上高	営業利益	当期純利益
3年間	8.3%	13.3%	17.9%
5年間	7.5%	7.4%	9.5%
10年間	5.6%	7.5%	9.8%

平均利益率	営業利益	当期純利益
3年間	8.9%	6.3%
5年間	8.5%	5.9%
10年間	8.5%	5.7%

時価総額	2,341,231	自己資本比率	52.3%	有利子負債	774,962
実績ROE	11.95%	予想配当利回り	3.57%	フリーCF	-53,441

※時価総額、有利子負債およびフリーCFは百万円

桶井道の着眼点

配当金の下限値を110円と設定しており、業績悪化でも配当が読めるのは有難い。

04

》みんな知ってる「チキンラーメン」「カップヌードル」

日清食品ホールディングス

》銘柄コード
2897

》国名
日本

》証券取引所
東証プライム

背景・トピックス

2030年に向けた戦略目標として、海外事業と非即席めん事業の成長をさらに加速させ、現在6：4となっている国内即席めん事業とそれ以外の事業の利益ポートフォリオを転換させていくことを掲げている。

当社は、インドを除くアジア地域や中国地域では即席めんを日常的に食べる文化が根付いている一方、北中南米や欧州は一人当たりの年間即席めん消費量はまだ低く、今後も市場の拡大が見込めると考えている。

また、米国ではCOVID-19による内食需要の高まりで、22年の総需要は50億食まで成長、19年比で約11%成長、今後も年2%成長が見込まれるとのこと。

製品の値上げを世界各地で適宜行ってきたことが業績にプラスの寄与をしている。M&Aも適宜実施しており、古いところでは明星食品、新しいところではスナック菓子の湖池屋を連結子会社化した。累進的配当政策を掲げている。

銘柄概略

「チキンラーメン」「カップヌードル」をはじめとした即席めん中心のインスタント食品、チルド・冷凍食品、飲料、菓子、シリアル食品の製造・販売を営む。2020年に時価総額1兆円超企業となった。

株価

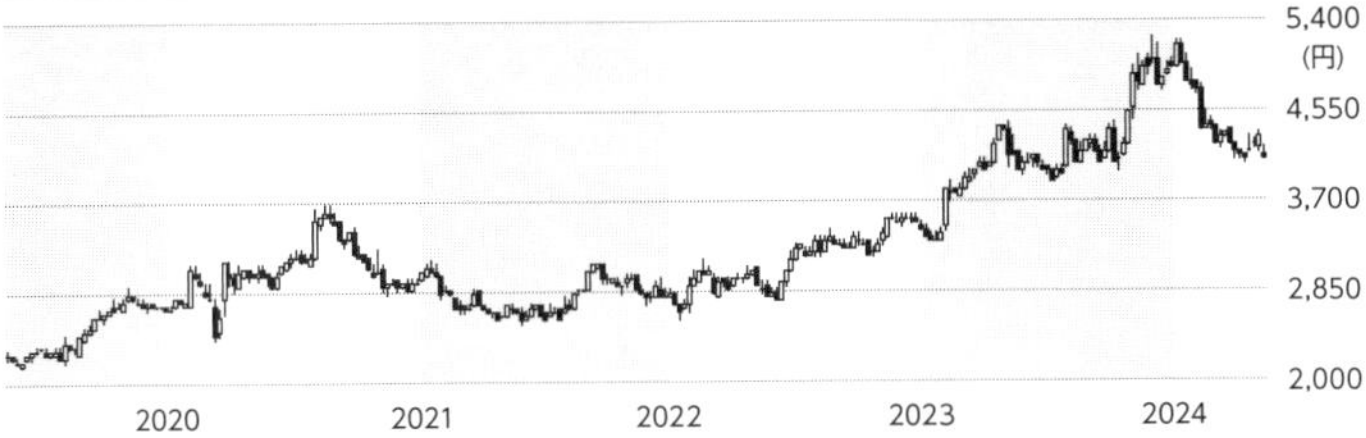

決算期	売上高	営業利益	当期純利益	EPS (1株あたり利益)	配当金
2020年3月	468,879	41,252	29,316	96.4	36.67
2021年3月	506,107	55,532	40,828	134.3	40.00
2022年3月	569,722	46,614	35,412	116.5	43.33
2023年3月	669,248	55,636	44,760	147.2	46.67
2024年3月	732,933	73,361	54,170	178.2	66.67

※売上高、営業利益および当期純利益は百万円、EPSおよび配当金は円

平均成長率	売上高	営業利益	当期純利益
3年間	13.1%	9.7%	9.9%
5年間	10.2%	20.4%	22.9%
10年間	5.8%	10.2%	10.9%

平均利益率	営業利益	当期純利益
3年間	8.8%	6.8%
5年間	9.3%	6.9%
10年間	7.8%	6.0%

時価総額	1,221,377	自己資本比率	60.7%	有利子負債	34,852
実績ROE	11.73%	予想配当利回り	1.77%	フリーCF	32,211

※時価総額、有利子負債およびフリーCFは百万円

桶井道の着眼点

しっかりと成長している売上高と営業利益を背景とした累進的配当を評価したい。

05 日産化学

農業分野に強みを持つ化学メーカー

背景・トピックス

事業は5セグメントで構成。うち半導体関連等の機能性材料事業で営業利益の47%を、農業化学品事業で49%を稼ぐ(23年度実績)。

極めて高い純度が要求される半導体の洗浄剤用薬品類として、高純度の硫酸、硝酸、アンモニアを供給、半導体リソグラフィー用に開発された反射防止コーティング材を製造するなど、半導体関連製品が多いため、半導体市況に業績が左右されがち。他方、農業化学品事業は景気に左右されにくい。

スマートフォンや3Dテレビなどのディスプレイ材料「サンエバー」は世界シェア50%、半導体材料「ARC®」はアジアシェア70%など、世界で高いシェアを持つ製品を有する。農薬は国内首位。

また、研究開発費率が、大手総合化学6社平均よりはるかに高いことも特徴といえよう。

株主還元に積極的で自社株買いを合わせた総還元性向は近年75~85%である。自己資本比率が70%と非常に高い水準である。

» 銘柄コード
4021

» 国名
日本

» 証券取引所
東証プライム

銘柄概略

1887年（明治20年）、日本初の化学肥料製造会社である東京人造肥料会社として創業。以来、農業分野に強みを持ち、農薬の売上高は国内シェアNo.1。他の事業分野では世界的に高シェアである製品を複数持つ。

株価

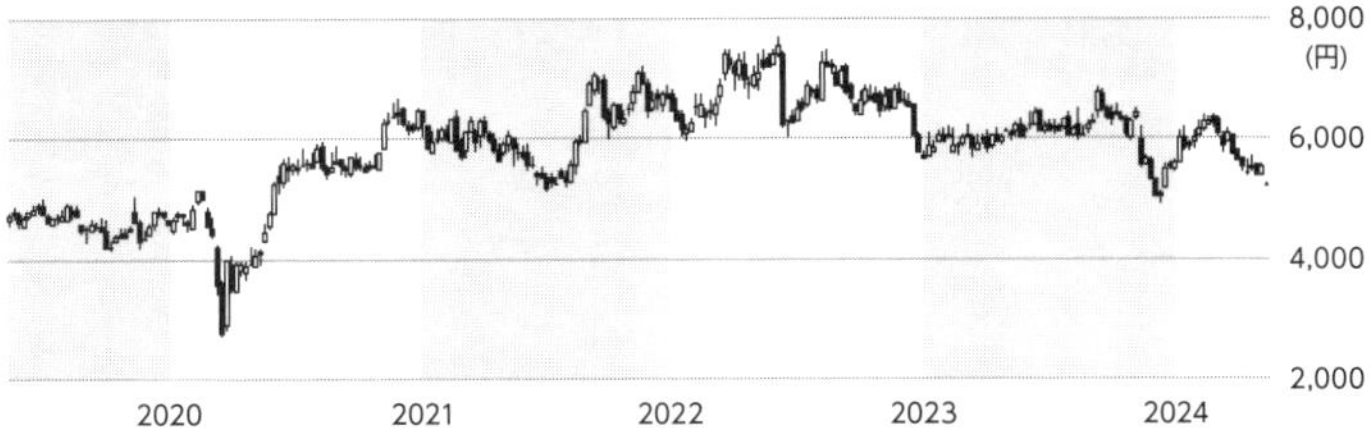

決算期	売上高	営業利益	当期純利益	EPS（1株あたり利益）	配当金
2020年3月	206,837	38,647	30,779	222.1	90
2021年3月	209,121	42,530	33,470	241.5	104
2022年3月	207,972	50,959	38,776	279.7	122
2023年3月	228,065	52,283	41,087	296.4	164
2024年3月	226,705	48,201	38,033	274.4	164

※売上高、営業利益および当期純利益は百万円、EPSおよび配当金は円

平均成長率	売上高	営業利益	当期純利益
3年間	2.7%	4.3%	4.4%
5年間	2.0%	5.4%	5.3%
10年間	3.3%	8.0%	8.6%

平均利益率	営業利益	当期純利益
3年間	22.9%	17.8%
5年間	21.5%	16.9%
10年間	19.2%	14.9%

時価総額	605,029
実績ROE	17.06%

自己資本比率	70.3%
予想配当利回り	3.76%

有利子負債	40,980
フリーCF	14,960

※時価総額、有利子負債およびフリーCFは百万円

桶井道の着眼点

増収増益で、営業利益率も高く、ROEも高く、株主還元も良好と、持ちたい銘柄。

06

信越化学工業

》塩化ビニルと半導体シリコンウエハーで世界No.1シェア企業

背景・トピックス

日本で屈指の「世界で戦える企業」。東証33業種化学で時価総額No.1企業。

建築、土木で使われる塩化ビニル、家電、IT機器、自動車などで使われる半導体の基板材料であるシリコンウエハー、液晶用フォトマスク基板、合成性フェロモンなどで世界No.1シェアを持つ。

IoTやAIを用いることで起こる「第4次産業革命」に欠かせない素材を提供。

1960年代に海外進出を開始し、現在では売上高の8割以上を海外で稼いでいる。

好業績、好財務体質企業として国内外の投資家によく知られ、外国人持ち株比率が45％と高い。

増収増益を果たし、営業利益率は日本で屈指の30％超であり、かつ自己資本比率が8割を超えて財務安全性にも優れる。現預金を多く有しながらも、ROEは12・8％と日本企業としては高い。実質無借金企業である。

》銘柄コード
4063

》国名
日本

》証券取引所
東証プライム

銘柄概略

1926（大正 15）年、肥料メーカー「信越窒素肥料株式会社」として新潟県で発足し、化学肥料である石灰窒素の製造を開始。その後「信越化学工業株式会社」に社名を変更。世界シェア No.1 分野を複数持つ。

株価

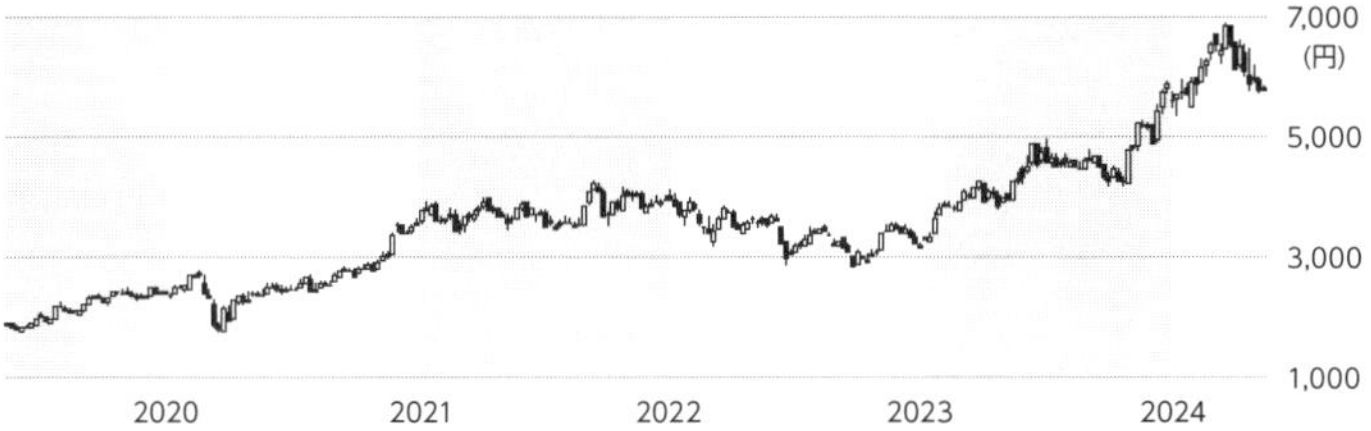

決算期	売上高	営業利益	当期純利益	EPS (1株あたり利益)	配当金
2020年3月	1,543,525	406,041	314,027	157.3	44
2021年3月	1,496,906	392,213	293,732	147.2	50
2022年3月	2,074,428	676,322	500,117	250.6	80
2023年3月	2,808,824	998,202	708,238	354.8	100
2024年3月	2,414,937	701,038	520,140	260.6	100

※売上高、営業利益および当期純利益は百万円、EPSおよび配当金は円

平均成長率	売上高	営業利益	当期純利益
3年間	17.3%	21.4%	21.0%
5年間	8.7%	11.7%	11.0%
10年間	7.6%	15.0%	16.4%

平均利益率	営業利益	当期純利益
3年間	32.4%	23.6%
5年間	29.9%	22.2%
10年間	24.9%	18.5%

時価総額	11,719,905	自己資本比率	82.7%	有利子負債	24,299
実績ROE	12.80%	実績配当利回り	1.71%	フリーCF	-344,025

※時価総額、有利子負債およびフリーCFは百万円

桶井道の着眼点

世界No.1投資といえるキラキラ銘柄。半導体関連株として持っておきたい。

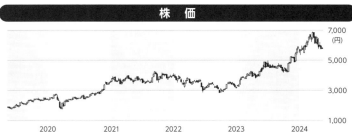

07 テルモ

医療機器メーカーで日本No.1　近年は積極的なM&Aが目立つ

背景・トピックス

日本でNo.1の医療機器メーカーで、売上高の約75%を海外から得ているグローバル企業であり、円安が追い風に。特に心臓外科手術のカテーテルと人工心肺装置で高いシェアを持つ。

従来カテーテル治療は太腿付け根の血管から実施されていたが、手首の動脈からアクセスできる製品を開発し、患者負担の軽減とQOLの改善、医療経済性の向上に貢献。

近年はM&Aに積極的で、直近10年で海外企業を7社買収した。その10年間で売上高は約2倍に、営業利益は2倍以上になり、M&Aの効果が現れている。

2024年4月にCEOに就任した鮫島光氏は海外企業のM&Aでは豊富な経験を持ち、グローバル化をさらに進めて、27年3月期までの5カ年の中期経営計画「GS26」で掲げている売上高1兆円を目指す。

15期連続増配予定。2024年4月に1：2の株式分割を行い買いやすくなった。

銘柄コード
4543

国名
日本

証券取引所
東証プライム

銘柄概略

1921年に体温計の国産化を目的に、北里柴三郎博士を中心として設立した「赤線検温器㈱」が前身。世界一短く細い注射針を開発するなど、患者の負担を軽減する医療機器開発に積極的に取り組んでいる。

株価

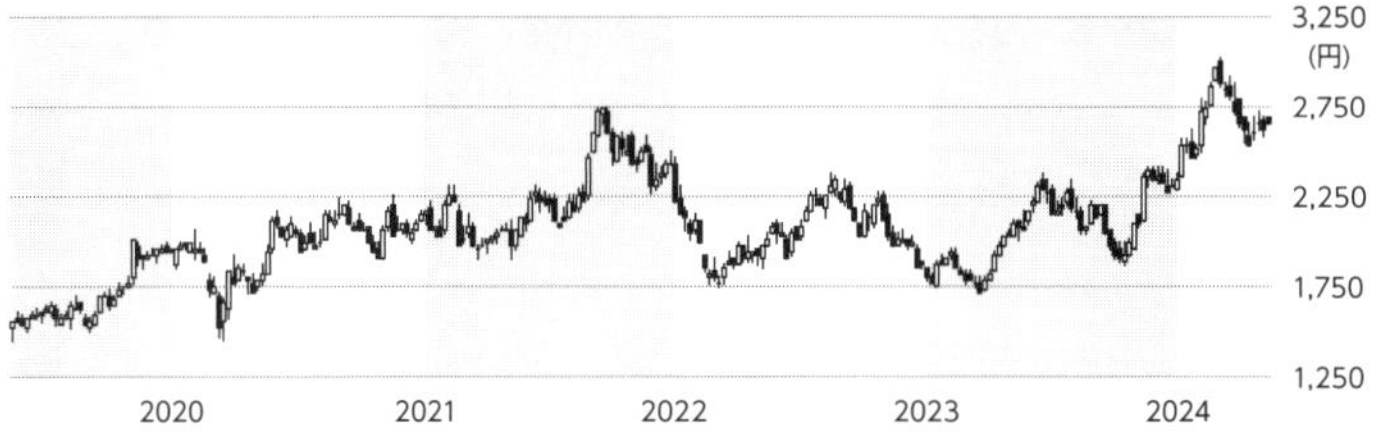

決算期	売上高	営業利益	当期純利益	EPS (1株あたり利益)	配当金
2020年3月	628,897	110,611	85,211	57.4	14
2021年3月	613,842	98,386	77,268	52.0	14.5
2022年3月	703,303	115,960	88,813	59.8	17
2023年3月	820,209	117,332	89,325	60.2	20
2024年3月	921,863	140,096	106,374	71.6	22

※売上高、営業利益および当期純利益は百万円、EPSおよび配当金は円

平均成長率	売上高	営業利益	当期純利益
3年間	14.5%	12.5%	11.2%
5年間	9.0%	5.6%	6.0%
10年間	7.0%	7.9%	12.1%

平均利益率	営業利益	当期純利益
3年間	15.3%	11.7%
5年間	15.9%	12.2%
10年間	16.2%	11.8%

時価総額	3,980,162	自己資本比率	72.5%	有利子負債	231,848
実績ROE	8.73%	予想配当利回り	0.97%	フリーCF	64,858

※時価総額、有利子負債およびフリーCFは百万円

桶井道の着眼点

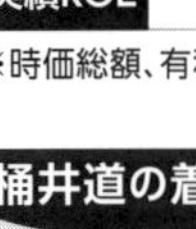

これまでの事業拡大の軌跡に鮫島CEO効果が加わることで、成長加速を期待したい。

08

ブリヂストン

世界No.2のタイヤメーカー

銘柄コード
5108

国名
日本

証券取引所
東証プライム

背景・トピックス

乗用車用、トラック・バス用タイヤをはじめ、航空機用、建設・鉱山車両用、モーターサイクル用、農業車両用など、幅広い種類のタイヤを製造している。

近い将来、電気自動車（ＥＶ）にも、空飛ぶ車にも、電動飛行機にも、タイヤは必要であり続ける。

近年はソリューションビジネスを成長分野と定義し、運送、農機、建築、航空、産業・建機、鉱山の分野で高い付加価値を提供することを目指している。

ソリューション事業は、M&A戦略でもある。２０１９年にオランダの車両運行管理サービス会社を、２０２１年に北米の車両運行管理サービス会社を、２０２４年に北米の油圧ホース・モバイルサービスプロバイダーを買収している。

ＣＯＶＩＤ－19感染拡大で自動車等の生産が芳しくなかった２０２０年12月期を除けば、過去10年はほぼ毎年増配している。

銘柄概略

世界のタイヤ市場で、ミシュランに次ぐシェアを持つ世界屈指のタイヤメーカー。世界 150 カ国以上で事業展開し、海外売上高比率が約 75%である。高付加価値戦略に注力している。

株価

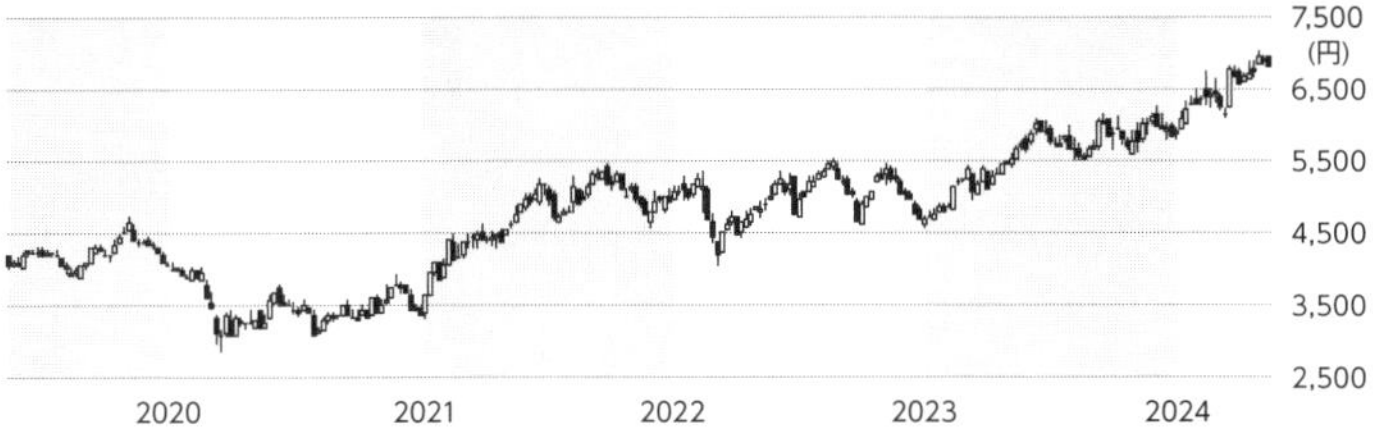

決算期	売上高	営業利益	当期純利益	EPS (1株あたり利益)	配当金
2019年12月	3,507,243	343,122	240,111	350.7	160
2020年12月	2,994,524	222,932	-23,301	---	110
2021年12月	3,246,057	394,340	394,037	575.5	170
2022年12月	4,110,070	482,629	300,367	438.7	175
2023年12月	4,313,800	480,602	331,305	483.9	200

※売上高、営業利益および当期純利益は百万円、EPSおよび配当金は円

平均成長率	売上高	営業利益	当期純利益
3年間	12.9%	29.2%	---
5年間	3.4%	3.6%	2.6%
10年間	1.9%	0.9%	5.1%

平均利益率	営業利益	当期純利益
3年間	11.7%	9.0%
5年間	10.5%	6.6%
10年間	11.5%	7.3%

時価総額	4,881,696	自己資本比率	61.8%	有利子負債	830,161
実績ROE	10.49%	予想配当利回り	3.07%	フリーCF	363,714

※時価総額、有利子負債およびフリーCFは百万円

桶井道の着眼点

営業利益率は約10%と合格点だが、高付加価値戦略による利益率向上に期待したい。

09

建設機械メーカー世界No.2

小松製作所（コマツ）

銘柄コード
6301

国名
日本

証券取引所
東証プライム

背景・トピックス

主力製品は油圧ショベル、ハイブリッドショベル、ブルドーザー、ホイールローダー、ダンプトラック、破砕機など。主要部品を自社生産している。

建機の情報を遠隔で確認するためのシステム「Komtrax」、建設現場ICTソリューション「スマートコンストラクション」など、機械に付加価値をつけるソリューションサービスも提供する。2008年、世界初の無人ダンプトラック運行システムの商用導入に成功。技術力に定評あり。

「誰もが使える機械なら、誰もが働ける現場になる」と考え、ゲーム機のコントローラーのようなデバイスで操作する、フル電動ミニショベルを開発した。建機をリモートでつなぎ、たとえば自宅リビングから南米の建設現場に参加する、そんな働き方も可能になるかもしれない技術である。

業績は、中国の低迷を北米事業が補い、堅調である。

銘柄概略

建設機械メーカーとしては米国のキャタピラー（CAT）に次ぐ、世界第2位。海外売上高比率は90%程。地上での経験を活かし、月面建設機械プロジェクトで月面での工事を担う機械の開発に挑んでいる。

株　価

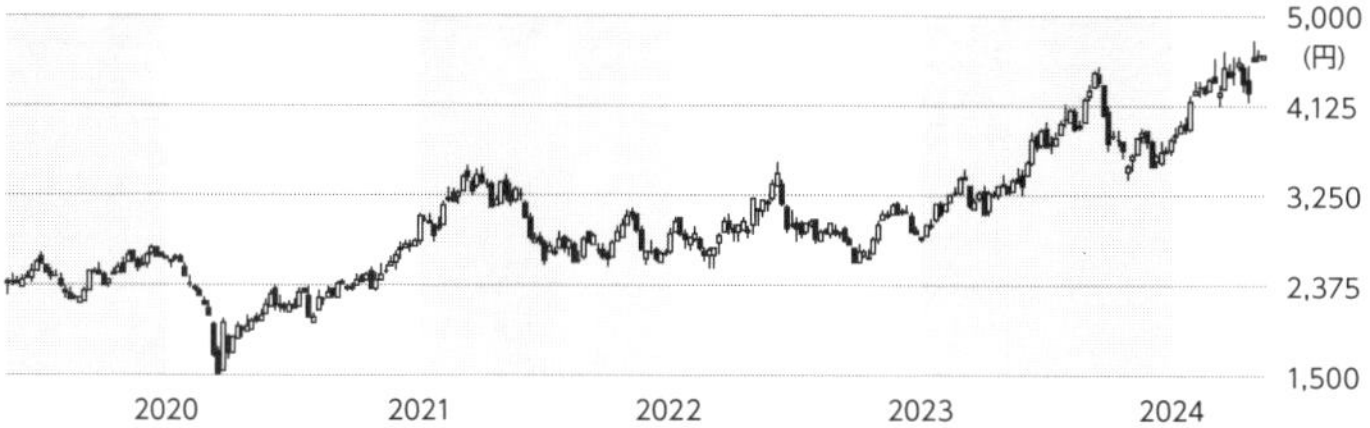

決算期	売上高	営業利益	当期純利益	EPS (1株あたり利益)	配当金
2020年3月	2,444,870	250,707	153,844	162.6	94
2021年3月	2,189,512	167,328	106,237	112.3	55
2022年3月	2,802,323	317,015	224,927	237.8	96
2023年3月	3,543,475	490,685	326,398	345.0	139
2024年3月	3,865,122	607,194	393,426	415.9	167

※売上高、営業利益および当期純利益は百万円、EPSおよび配当金は円

平均成長率	売上高	営業利益	当期純利益
3年間	20.9%	53.7%	54.7%
5年間	7.2%	8.8%	8.9%
10年間	7.1%	9.7%	9.4%

平均利益率	営業利益	当期純利益
3年間	13.6%	9.1%
5年間	11.8%	7.7%
10年間	11.7%	7.7%

時価総額	4,476,607	自己資本比率	53.8%	有利子負債	1,270,414
実績ROE	14.12%	予想配当利回り	3.63%	フリーCF	230,359

※時価総額、有利子負債およびフリーCFは百万円

桶井道の着眼点

3K（きつい、汚い、危険）から脱却、安全安心に働ける時代を創造する建機メーカー。

10

≫ポンプを中心とする産業機械メーカー

荏原製作所

背景・トピックス

「水と空気と環境の分野で、優れた技術と最良のサービスを提供することにより、広く社会に貢献」することが企業理念。

言うまでもなく水と空気と環境は人間の生活と切り離せない。水道設備やごみ処理施設など個人が直接製品を使うことは無くても、生活のどこかでお世話になっている可能性が非常に高い企業である。

海外売上高比率が約60%である一方、日本での売上高も成長している。特に日本の水道インフラは老朽化への対応が大きな課題であり、上水道や下水道設備に不可欠なポンプの需要は今後も底堅いと考える。

稼ぎ頭は、「精密・電子カンパニー」に属する半導体製造装置である。ウエハーを平坦化する装置や製造工程で必要なドライ真空ポンプ、オゾン水を製造する装置は世界2位のシェアを持つ。

2024年7月に1：5の株式分割を実施し、買いやすい株価になった。

≫銘柄コード
6361

≫国名
日本

≫証券取引所
東証プライム

銘柄概略

祖業のポンプ製造から領域を広げ、現在は冷熱機械、送風機、コンプレッサ・タービン、廃棄物処理施設の設計・建設・運営管理、半導体製造装置・機器などを製造している。

株価

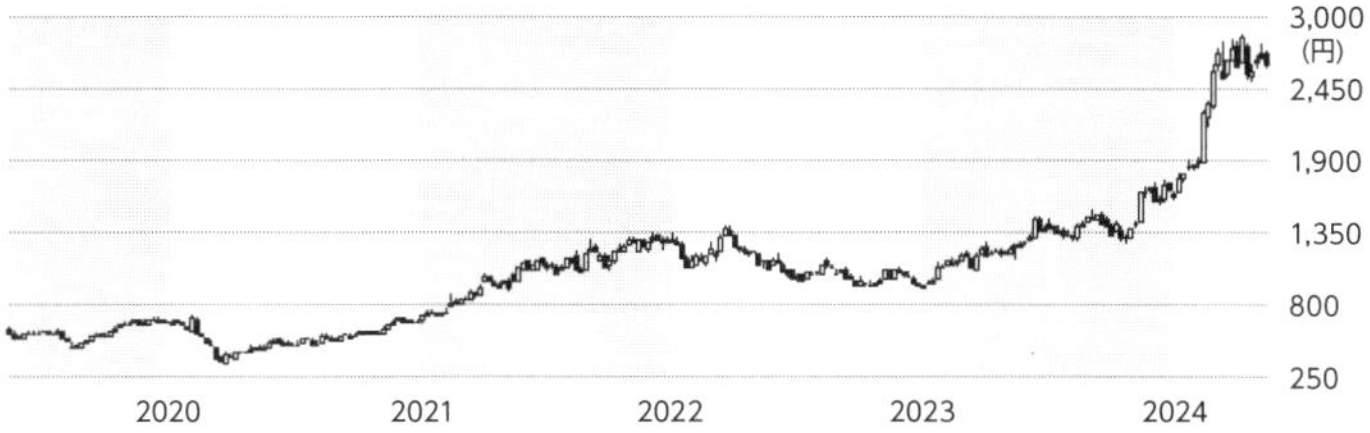

決算期	売上高	営業利益	当期純利益	EPS (1株あたり利益)	配当金
2019年12月	522,424	35,298	23,349	50.6	12.0
2020年12月	522,478	37,566	24,236	52.5	18.0
2021年12月	603,213	61,372	43,616	94.5	32.6
2022年12月	680,870	70,572	50,488	109.4	38.6
2023年12月	759,328	86,025	60,283	130.6	45.8

※売上高、営業利益および当期純利益は百万円、EPSおよび配当金は円

平均成長率	売上高	営業利益	当期純利益
3年間	13.3%	31.8%	35.5%
5年間	8.3%	21.5%	27.0%
10年間	5.5%	10.6%	12.6%

平均利益率	営業利益	当期純利益
3年間	10.6%	7.5%
5年間	9.2%	6.3%
10年間	7.8%	5.1%

時価総額	1,058,672	自己資本比率	44.8%	有利子負債	145,248
実績ROE	15.66%	予想配当利回り	2.01%	フリーCF	34,387

※時価総額、有利子負債およびフリーCFは百万円

桶井道の着眼点

長期ビジョンにて「CO2」「水」「半導体」に関する言及、パワーワードに期待大!

11

栗田工業

≫水処理製品・技術・サービスの日本最大手

≫銘柄コード
6370

≫国名
日本

≫証券取引所
東証プライム

背景・トピックス

「水処理薬品、水処理装置、メンテナンスという業界唯一の事業構成」「高度な研究開発力」「日本全国および世界に広がるネットワーク」が他社と差別化される経営資源である。海外売上高比率は約50％。

モノ作りに水は必須。例えば半導体製造ではシリコンウエハーや電子部品の洗浄で、純水や非常に純度の高い超純水、超純水にガスを溶解させた機能性水などが使用される。飲料工業では、製品の仕込みや冷却、容器の洗浄などに多量のろ過水や純水が使用される。これらに栗田工業がかかわる。

2014年には水処理分野で培ってきた技術を用いてリチウムイオン電池の安全性を向上させる新素材を開発し、商品化した。

近年はM＆Aに注力、2019年同業のUSウォーター・サービシズ、2020年半導体精密洗浄企業のPentagon Technologiesを子会社化した。

21期連続増配を予定。

銘柄概略

1949年にボイラの水処理薬品事業で創立。以来、一貫して「水と環境」に関する事業を営む。現在は水処理薬品、水処理装置、メンテナンスの3事業で技術、商品、サービスを駆使し、総合ソリューションを提供。

株価

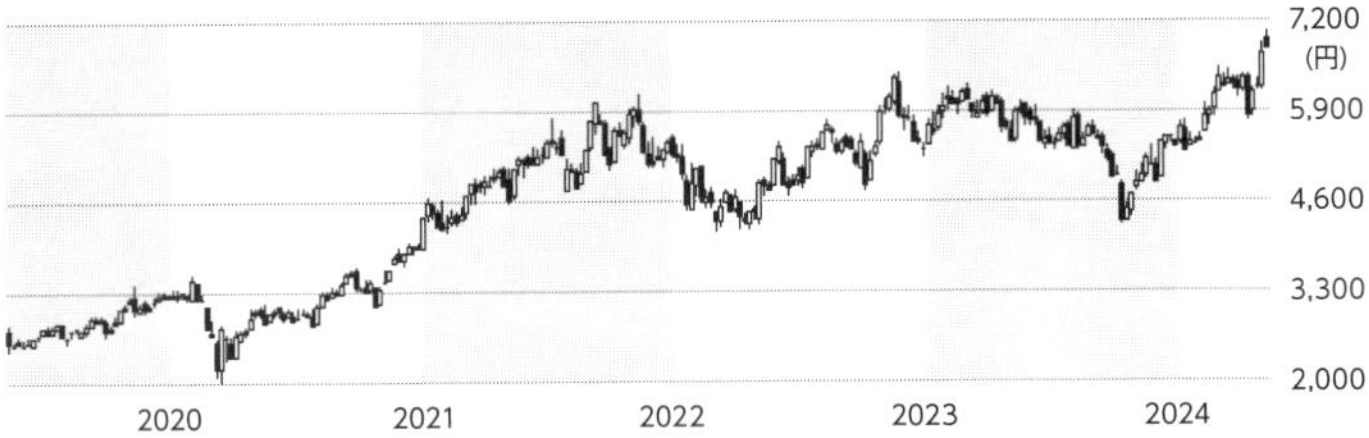

決算期	売上高	営業利益	当期純利益	EPS (1株あたり利益)	配当金
2020年3月	264,807	27,479	18,287	162.7	62
2021年3月	267,749	31,529	19,088	169.9	66
2022年3月	288,207	35,734	18,471	164.4	72
2023年3月	344,608	29,058	20,134	179.2	78
2024年3月	384,825	41,232	29,189	259.7	84

※売上高、営業利益および当期純利益は百万円、EPSおよび配当金は円

平均成長率	売上高	営業利益	当期純利益
3年間	12.9%	9.4%	15.2%
5年間	8.4%	15.7%	19.4%
10年間	8.0%	10.7%	12.1%

平均利益率	営業利益	当期純利益
3年間	10.5%	6.6%
5年間	10.7%	6.8%
10年間	10.0%	6.4%

時価総額	780,869	自己資本比率	59.4%	有利子負債	101,188
実績ROE	9.34%	予想配当利回り	1.37%	フリーCF	15,073

※時価総額、有利子負債およびフリーCFは百万円

桶井道の着眼点

人の生活にも半導体にも水は絶対に欠かすことができない、永久に必要とされる事業。

12

ヤマハ発動機

》二輪車とマリン製品で知られる輸送機器メーカー

》銘柄コード
7272

》国名
日本

》証券取引所
東証プライム

背景・トピックス

180超の国で生産販売を行い、海外売上高比率が94%であるグローバル企業。売上高全体の40%はアジアから得ている。

二輪車、四輪バギー、スノーモビル、電動アシスト自転車などで構成されるランドモビリティ事業と、ボートなどのマリン事業が柱。ランドモビリティ事業が売上高の約65%を占める。二輪車市場では世界の約1割のシェアを持つ。出荷台数の80%がアジア向けである。今後はインド、インドネシア、フィリピンの上位中間層にやや高級なモデルを訴求する戦略を掲げている。

2019年に㈱新川とアピックヤマダ㈱を買収、㈱新川傘下の㈱PFAとともに事業統合し、ヤマハロボティクスホールディングスを誕生させた（傘下に置く）。ロボティクス事業を営んでおり、産業用ロボットや半導体製造装置も製造している。

2024年1月に1：3の株式分割を実施し、買いやすい株価になった。

銘柄概略

現在のヤマハ（株）＜当時の日本楽器製造㈱＞が、1953年にモーターサイクル製造部門として二輪車事業に参入。1955年に分離独立して以来、二輪車製造販売が事業のコア。世界初の電動アシスト自転車を開発販売。

株　価

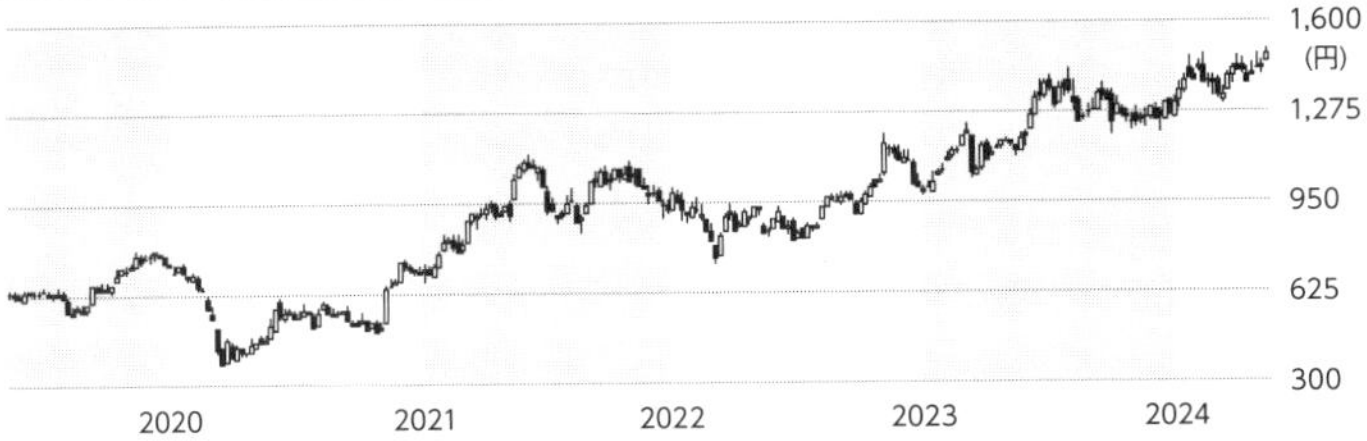

決算期	売上高	営業利益	当期純利益	EPS (1株あたり利益)	配当金
2019年12月	1,664,764	115,364	75,736	76.6	30
2020年12月	1,471,298	81,672	53,072	53.7	20
2021年12月	1,812,496	182,342	155,578	157.3	38.33
2022年12月	2,248,456	224,864	174,439	176.4	41.67
2023年12月	2,414,759	250,655	164,119	166.0	48.33

※売上高、営業利益および当期純利益は百万円、EPSおよび配当金は円

平均成長率	売上高	営業利益	当期純利益
3年間	18.0%	45.3%	45.7%
5年間	7.6%	12.2%	11.9%
10年間	5.5%	16.3%	14.1%

平均利益率	営業利益	当期純利益
3年間	10.2%	7.7%
5年間	8.6%	6.3%
10年間	8.1%	5.5%

時価総額	1,610,125	自己資本比率	43.7%	有利子負債	862,928
実績ROE	15.44%	予想配当利回り	3.26%	フリーCF	-36,822

※時価総額、有利子負債およびフリーCFは百万円

桶井道の着眼点

売上のほとんどを海外で稼ぐグローバル企業、こういう日本企業に投資しておきたい。

13

伊藤忠商事

非資源と中国に強みを持つ5大商社の一角

銘柄コード
8001

国名
日本

証券取引所
東証プライム

背景・トピックス

繊維、機械、金属、エネルギー・化学品、食料、住生活、情報・金融、第8という8つのカンパニー制で事業を営む総合商社。

総合商社と言えば、資源や貿易といった、消費者になじみが薄いビジネスを営んでると考えがちだが、伊藤忠商事はコンビニ「ファミリーマート」やスポーツ用品を扱う「デサント」、輸入車販売「ヤナセ」など消費者に身近なビジネスが多い。1980年代以降からIT事業を積極推進した。

資源価格に左右される資源ビジネスに偏らず、景気変動耐性のある生活消費関連が中心の非資源ビジネスの売上高が約70%。分散が効いた安定的な収益基盤を持つ。

1972年日本企業の先陣を切り中国市場に。2015年中国の国有投資会社CITICと戦略的業務・資本提携契約を締結。W・バフェット氏が率いるバークシャー・ハサウェイが日本の商社に投資している。10期連続増配を予定。

銘柄概略

近江商人だった初代伊藤忠兵衛が始めた麻布の行商が祖業。創業より受け継がれてきた不変の価値観「売り手よし、買い手よし、世間よし」の「三方よし」をグループ企業理念に掲げる。非資源と中国に強い。

株価

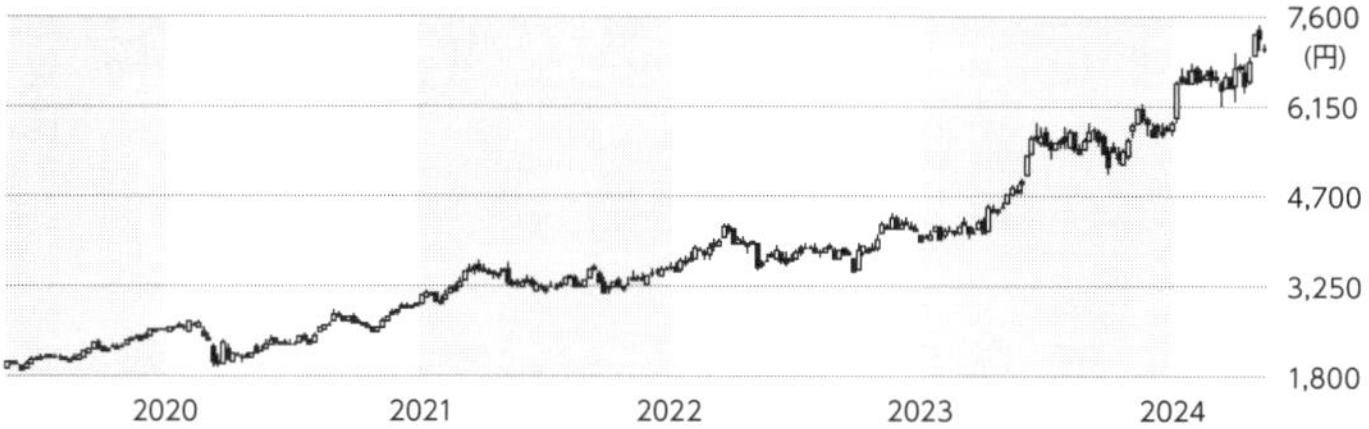

決算期	売上高	営業利益	当期純利益	EPS (1株あたり利益)	配当金
2020年3月	10,982,968	399,438	501,322	348.4	85
2021年3月	10,362,628	403,414	401,433	279.0	88
2022年3月	12,293,348	582,522	820,269	570.1	110
2023年3月	13,945,633	701,913	800,519	556.4	140
2024年3月	14,029,910	702,900	801,770	557.2	160

※売上高、営業利益および当期純利益は百万円、EPSおよび配当金は円

平均成長率	売上高	営業利益	当期純利益
3年間	10.6%	20.3%	25.9%
5年間	3.9%	14.2%	9.9%
10年間	---	9.3%	12.6%

平均利益率	営業利益	当期純利益
3年間	4.9%	6.0%
5年間	4.5%	5.3%
10年間	---	---

時価総額	11,744,031	自己資本比率	37.5%	有利子負債	4,396,183
実績ROE	15.65%	予想配当利回り	2.70%	フリーCF	772,114

※時価総額、有利子負債およびフリーCFは百万円

桶井道の着眼点

商社は世界で多岐にわたる事業分野を保有するのが魅力。当社の特長は非資源への強み。

14

三井物産

金属資源とエネルギーに強みを持つ5大商社の一角

背景・トピックス

金属資源、エネルギー、機械・インフラ、化学品、鉄鋼製品、生活産業、次世代・機能推進の7事業を営む。

金属資源とエネルギーに強みを持ち、この2事業で売上高の約40％を占める。

2003年には世界最大級の鉄鉱石生産・販売会社であるブラジルのヴァーレに出資。また、豪州でのリオ・ティントおよびBHPとの鉄鉱石事業も継続的に拡大中。

LNG事業には1970年代に参入し、豪州、カタール、アブダビ、オマーン、ロシア、インドネシア、米国など世界各地の大規模LNG開発プロジェクトに出資参画。新規開発中のLNGプロジェクトとしては、世界有数の天然ガス資源量を有する「モザンビーク Area1 LNG プロジェクト」ならびにロシア・北極圏でのプロジェクトである「Arctic LNG2 プロジェクト」に参画している。

中期経営計画2026で累進配当を導入。

銘柄コード: 8031

国名: 日本

証券取引所: 東証プライム

銘柄概略

「世界中の未来をつくる」をミッションに掲げる。世界３大資源メジャーへ出資・合弁事業など関係があり、また世界各地でLNG開発へも出資するなど、ワールドワイドに金属資源やエネルギー事業へ関わりを持つ。

株価

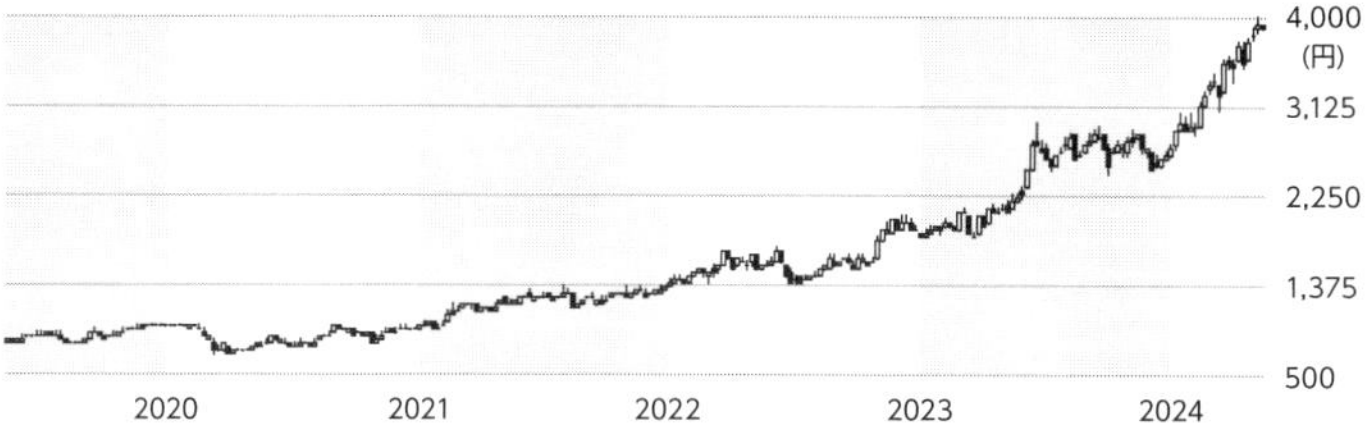

決算期	売上高	営業利益	当期純利益	EPS (1株あたり利益)	配当金
2020年3月	6,885,033	---	391,513	130.8	40
2021年3月	8,010,235	---	335,458	112.0	42.5
2022年3月	11,757,559	---	914,722	305.5	52.5
2023年3月	14,306,402	---	1,130,630	377.6	70
2024年3月	13,324,942	---	1,063,684	355.2	85

※売上高、営業利益および当期純利益は百万円、EPSおよび配当金は円

平均成長率	売上高	営業利益	当期純利益
3年間	18.5%	---	46.9%
5年間	13.9%	---	20.8%
10年間	1.8%	---	11.8%

平均利益率	営業利益	当期純利益
3年間	---	7.9%
5年間	---	6.7%
10年間	---	5.7%

時価総額	12,064,137	自己資本比率	44.6%	有利子負債	4,776,056
実績ROE	15.29%	予想配当利回り	2.51%	フリーCF	436,872

※時価総額、有利子負債およびフリーCFは百万円

桶井道の着眼点

長期的には資源価格は上昇すると予想しており、三井物産への恩恵に期待する。

15

売上高日本No.1総合商社

三菱商事

銘柄コード
8058

国名
日本

証券取引所
東証プライム

背景・トピックス

地球環境エネルギー、マテリアルソリューション、金属資源、社会インフラ、モビリティ、食品産業、S.L.C.、電力ソリューションの8事業から構成される。

原料炭と銅に強みを持つ。また、ロシア事業の歴史が長く、1968年にモスクワに拠点を設置。1992年には資源開発プロジェクト「サハリンⅡ」に参画した。

中期経営戦略2024で、金属資源や天然ガスの「価格要因を除いた利益の着実な成長」を目指す。脱炭素ソリューションの「EX戦略」とリアルとデジタルの融合を図る「DX戦略」を成長戦略に掲げる。

特に、EX関連事業ポートフォリオ（投融資残高内訳）は2024年度末までに4割を目指し、将来的には5割程度に引き上げていくことを目指す。

累進配当を導入、9期連続増配予定。2024年1月に1：3の株式分割を実施し、買いやすい株価になった。

銘柄概略

世界約 90 の国・地域で連結対象会社が 1,800 に及ぶ総合商社。資源と非資源の比率が半々で総合力がある。今では多くの企業が導入する「累進配当」の元祖といえよう。

株価

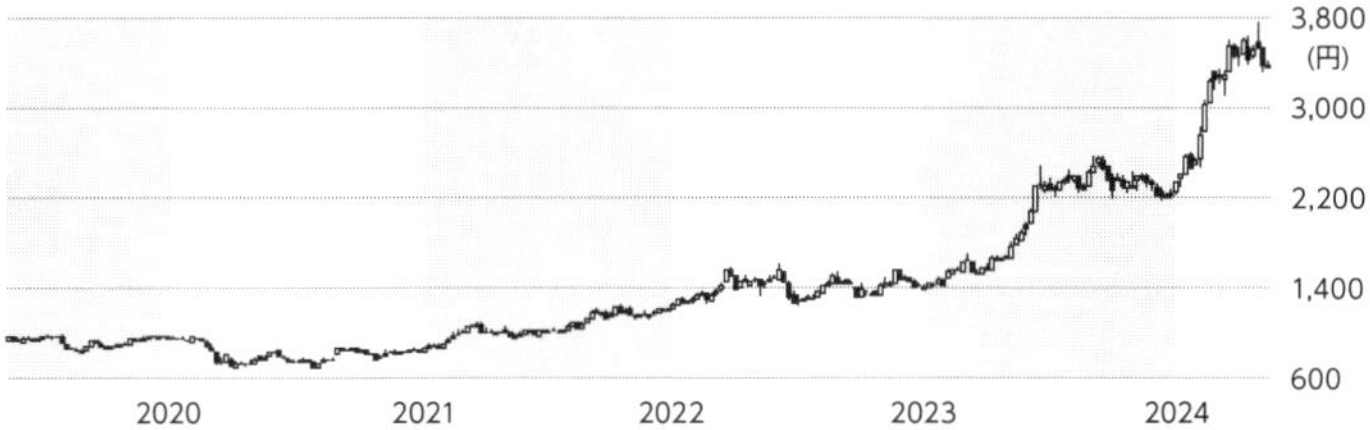

決算期	売上高	営業利益	当期純利益	EPS (1株あたり利益)	配当金
2020年3月	14,779,734	---	535,353	130.6	44
2021年3月	12,884,521	---	172,550	42.1	44.67
2022年3月	17,264,828	---	937,529	228.8	50
2023年3月	21,571,973	---	1,180,694	288.1	60
2024年3月	19,567,601	---	964,034	235.3	70

※売上高、営業利益および当期純利益は百万円、EPSおよび配当金は円

平均成長率	売上高	営業利益	当期純利益
3年間	14.9%	---	77.4%
5年間	4.0%	---	10.3%
10年間	9.9%	---	10.3%

平均利益率	営業利益	当期純利益
3年間	---	5.3%
5年間	---	4.2%
10年間	---	4.2%

時価総額	13,803,297	自己資本比率	38.6%	有利子負債	5,686,591
実績ROE	11.27%	予想配当利回り	3.03%	フリーCF	1,141,619

※時価総額、有利子負債およびフリーCFは百万円

桶井道の着眼点

商社トップ、総合力の三菱商事。株主還元に優れ、増配と含み益とで二度おいしい。

16 ユニ・チャーム

赤ちゃんからお年寄りまで、心と体をやさしくサポートする商品を提供

銘柄コード
8113

国名
日本

証券取引所
東証プライム

背景・トピックス

不織布・吸収体の加工・成形技術を製品にした紙おむつなどのパーソナルケア事業は、アジア市場で№1のポジションにある。海外売上高比率が65％以上で、国内の人口減少による影響を感じさせない。

高い技術力を活かし、赤ちゃんからお年寄り、またペットも含めた幅広い層に対してバランスよく商品を展開することにより、人口動態の影響を受けず、持続的に成長することを可能としている。また、市場ごとの成熟度を見極め、適切な商品をタイムリーに投入することで、商品の普及率の拡大と収益の極大化を目指している。

２０３０年までに「不織布・吸収体ビジネスで市場シェア世界№1を獲得」する目標を掲げる。売上高を２０２３年度比で約1・6倍の1・5兆円に、コア営業利益率とＲＯＥをともに17％にすると公表。

22期連続増配。２０２４年12月期も前年度比で増配予想を出す。

銘柄概略

不織布・吸収体の加工・成形分野で培った技術を活かし、多くの世代に向けた商品やサービスを提供。ベビーケア、高齢者ケア、ホームケアなどの事業を展開、育児や介護、家事など人々の生活をサポートする。

株価

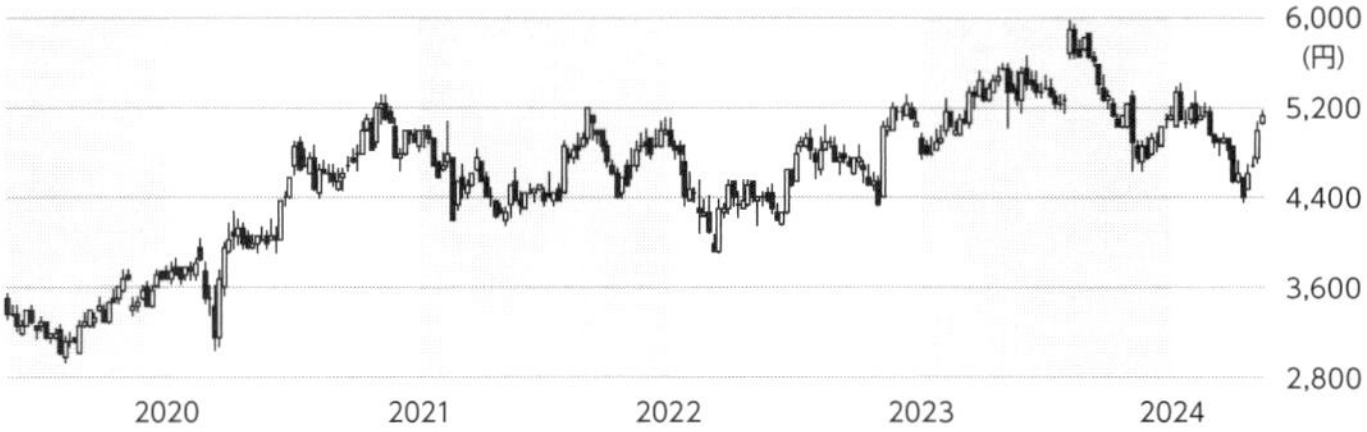

決算期	売上高	営業利益	当期純利益	EPS (1株あたり利益)	配当金
2019年12月	714,233	---	46,116	78.1	28
2020年12月	727,475	---	52,344	88.7	32
2021年12月	782,723	---	72,745	123.3	36
2022年12月	898,022	---	67,608	114.6	38
2023年12月	941,790	---	86,053	145.8	40

※売上高、営業利益および当期純利益は百万円、EPSおよび配当金は円

平均成長率	売上高	営業利益	当期純利益
3年間	9.0%	---	18.0%
5年間	6.5%	---	7.0%
10年間	4.7%	---	8.7%

平均利益率	営業利益	当期純利益
3年間	---	8.7%
5年間	---	7.9%
10年間	---	7.6%

時価総額	3,135,834	自己資本比率	61.4%	有利子負債	58,524
実績ROE	13.09%	予想配当利回り	0.87%	フリーCF	94,888

※時価総額、有利子負債およびフリーCFは百万円

桶井道の着眼点

世界の人口増の恩恵がある。国内も高齢化で大人用おむつ市場が拡大すると考える。

17 三菱UFJフィナンシャル・グループ

三菱UFJ銀行を傘下に持つ、国内最大の総合金融グループ

銘柄コード
8306

国名
日本

証券取引所
東証プライム

背景・トピックス

国内メガバンク最大手の三菱UFJ銀行を傘下に持つ。40カ国以上、約1600拠点と邦銀随一の海外拠点網。国内外の経常収益比率がほぼ1：1で、銀行に偏らない収益源と海外収益比率の高さが特徴。

2008年にモルガン・スタンレーと戦略的資本提携。投資銀行業務を中心に、ウェルスマネジメントや資産運用・資産管理領域にも協働を拡大した。

タイ、インドネシア、ベトナム、フィリピンの商業銀行に出資し、「ASEANの商業銀行プラットフォーム」を構築。2020年のGrabへの出資を皮切りに、デジタル金融プレーヤーにも出資している。

2024年2月、ロボットアドバイザー国内最大手のウェルスナビに約156億円の出資を発表。スマートフォンのアプリなどで最適な金融商品（資産運用、生命保険、年金他）を提案する個人向けサービスを共同開発し、2025年にリリース予定。

銘柄概略

銀行・信託・証券・クレジットカード・コンシューマーファイナンスが連携し、グループ・グローバル一体でサービスを提供している国内最大の総合金融グループ。海外業務に相対的な強みを持つ。

株　価

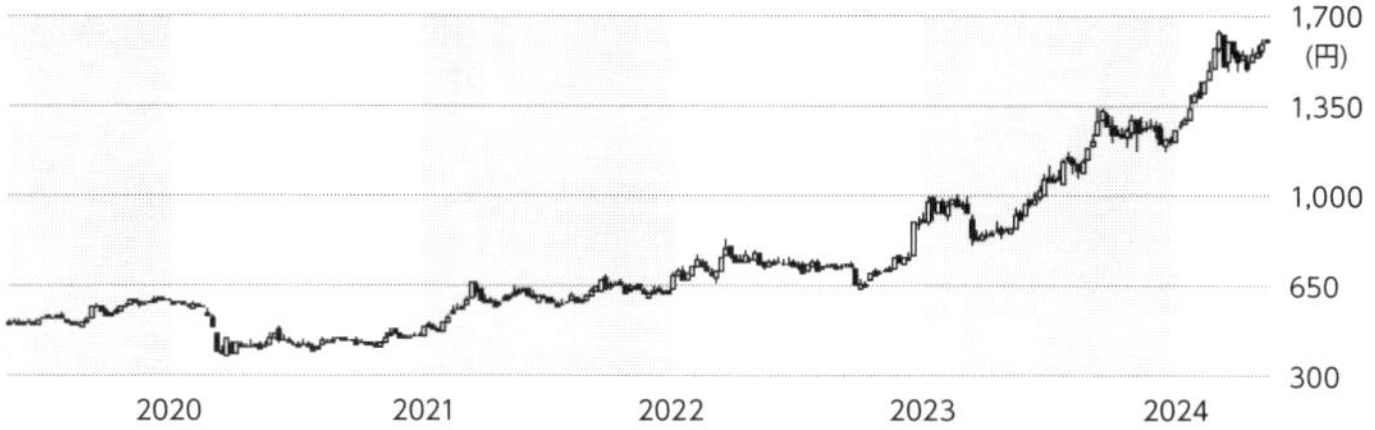

決算期	売上高	営業利益	当期純利益	EPS (1株あたり利益)	配当金
2020年3月	7,299,078	---	528,151	45.0	25
2021年3月	6,025,336	---	777,018	66.3	25
2022年3月	6,075,887	---	1,130,840	96.4	28
2023年3月	9,281,027	---	1,116,496	95.2	32
2024年3月	11,890,350	---	1,490,781	127.1	41

※売上高、営業利益および当期純利益は百万円、EPSおよび配当金は円

平均成長率	売上高	営業利益	当期純利益
3年間	25.4%	---	24.3%
5年間	12.2%	---	11.3%
10年間	8.7%	---	4.2%

平均利益率	営業利益	当期純利益
3年間	---	14.4%
5年間	---	12.7%
10年間	---	14.3%

時価総額	20,455,925	自己資本比率	4.9%	有利子負債	20,620,846
実績ROE	8.10%	予想配当利回り	3.02%	フリーCF	-5,858,445

※時価総額、有利子負債およびフリーCFは百万円

桶井道の着眼点

国内トップの地位と、マイナス金利下で「稼ぐ力」を付けたことを評価したい。

18

三井住友トラスト・ホールディングス

≫三井住友信託銀行を傘下に持つ、日本最大級の信託銀行グループ

≫銘柄コード 8309

≫国名 日本

≫証券取引所 東証プライム

背景・トピックス

信託銀行とは、個人や企業の財産を受託して管理・運用する「信託業務」、預金・貸付・為替業務を行う「銀行業務」、不動産・証券代行・相続関連などの「併営業務」という複数の領域を持つ金融機関である。

三井住友トラスト・HD傘下の三井住友信託銀行は、この信託銀行で日本最大である。例えば株主名簿の管理、配当金の支払い等をする証券代行業務を、上場企業の40%から受託している。投資信託の資産を管理するのも信託銀行の役目である。よって、私たちが投資信託や個別株などの金融商品を保有したら、必ずお世話になる。

信託関連業務による手数料利益は、金利環境に左右されにくい安定した収益構造を支えている点と、低水準の不良債権比率を維持していることが特徴である。

累進配当の実施を掲げ、配当性向は40%を目標としている。2024年1月に1：2の株式分割を行い、買いやすくなった。

銘柄概略

1924年に日本初の信託会社として三井信託㈱が、翌年に住友信託㈱が誕生したのが始まり。銀行、資産運用会社、証券会社、生命保険会社、不動産会社、コンサルティング会社、ITソリューション会社の機能を有する。

株価

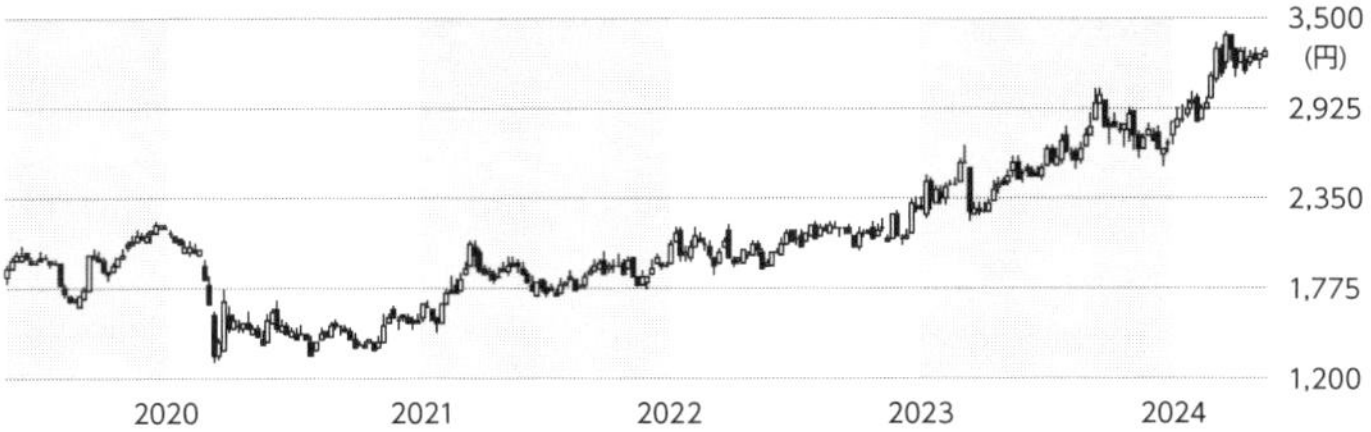

決算期	売上高	営業利益	当期純利益	EPS (1株あたり利益)	配当金
2020年3月	1,535,401	---	163,028	226.6	75
2021年3月	1,380,434	---	142,196	197.6	75
2022年3月	1,401,091	---	169,078	235.0	85
2023年3月	1,819,060	---	191,000	265.4	105
2024年3月	2,475,303	---	79,199	110.1	110

※売上高、営業利益および当期純利益は百万円、EPSおよび配当金は円

平均成長率	売上高	営業利益	当期純利益
3年間	21.5%	---	-17.7%
5年間	11.0%	---	-14.6%
10年間	7.6%	---	-5.4%

平均利益率	営業利益	当期純利益
3年間	---	8.6%
5年間	---	9.3%
10年間	---	10.7%

時価総額	2,627,898	自己資本比率	4.1%	有利子負債	5,694,092
実績ROE	2.69%	予想配当利回り	3.98%	フリーCF	1,710,353

※時価総額、有利子負債およびフリーCFは百万円

桶井道の着眼点

メガバンクの陰に隠れがちだが、累進配当を掲げる高配当株として評価したい。

19

三井住友フィナンシャルグループ

三井住友銀行を傘下に持つ、3大金融グループの一角

背景・トピックス

サービス分野が広いため収益源が多様化している。2002年からの20年で、銀行以外からのグループ会社と銀行の海外ビジネスを合わせた粗利益が、全体の23%から68%になった。また経費率が相対的に低く、経営の効率性に一日の長がある。

2026-28年度の次期中期経営計画にて親会社株主純利益1兆円以上を達成する前提として、現在の中期経営計画(23-25年度)で9000億円を目指す。

海外事業では「アジアに第2、第3のSMBCグループを創る」べく、2013年にインドネシアで現地の銀行BTPNへ出資したことを皮切りに、2021年にインド・ベトナム・フィリピンでも現地金融機関へ出資。米国ではJefferies証券と資本・出資提携。2022年8月に米国のデジタルリテールバンキング事業へ参入。

配当は、累進的配当方針および配当性向40%の維持を掲げる。

銘柄コード
8316

国名
日本

証券取引所
東証プライム

銘柄概略

銀行業務を中心に、リース、証券、コンシューマーファイナンス、資産運用、クレジットカードなどの金融サービスを展開。2023年に開始した個人向け総合金融サービス「Olive」がリテールで好評。

株価

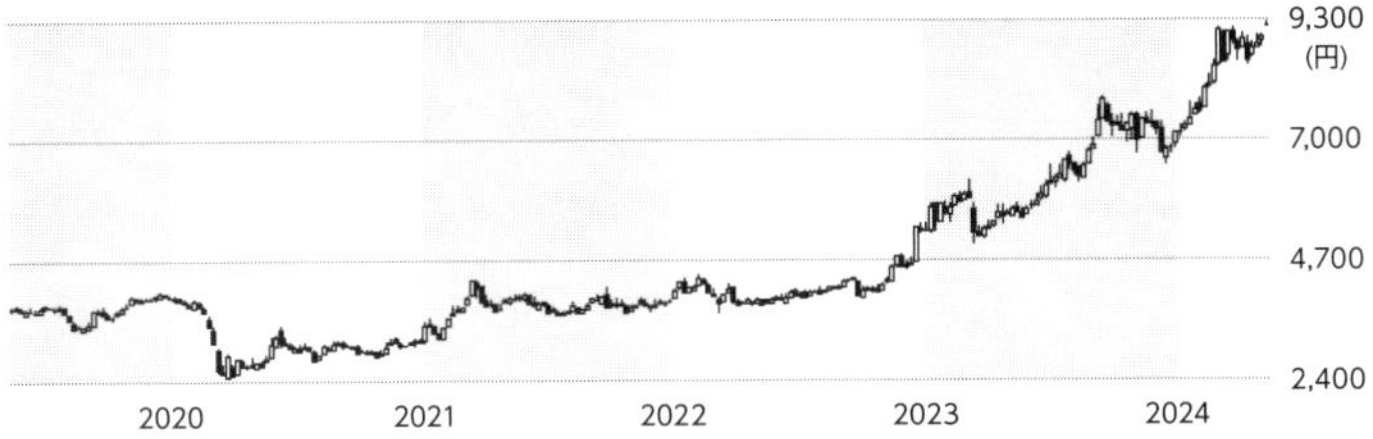

決算期	売上高	営業利益	当期純利益	EPS (1株あたり利益)	配当金
2020年3月	5,314,313	---	703,883	535.7	190
2021年3月	3,902,307	---	512,812	390.3	190
2022年3月	4,111,127	---	706,631	537.8	210
2023年3月	6,142,155	---	805,842	613.3	240
2024年3月	9,353,590	---	962,946	732.9	270

※売上高、営業利益および当期純利益は百万円、EPSおよび配当金は円

平均成長率	売上高	営業利益	当期純利益
3年間	33.8%	---	23.4%
5年間	10.3%	---	5.8%
10年間	7.3%	---	1.4%

平均利益率	営業利益	当期純利益
3年間	---	13.5%
5年間	---	13.4%
10年間	---	13.5%

時価総額	13,556,016	自己資本比率	5.0%	有利子負債	16,412,453
実績ROE	7.04%	予想配当利回り	3.21%	フリーCF	-276,042

※時価総額、有利子負債およびフリーCFは百万円

桶井道の着眼点

新しい銀行に変わろうとする目に見える行動を評価したい。「Olive」はその象徴。

2024年10月1日付で株式分割(1:3)の予定

20 国内最大手リース会社

オリックス

銘柄コード
8591

国名
日本

証券取引所
東証プライム

背景・トピックス

祖業のリース事業は「金融」と「モノ（物件）」の2つの専門性を必要とする。リースを起点とした「金融」の専門性は、現在では融資、事業投資、生命保険、銀行、資産運用事業への拡大に寄与。「モノ」の専門性は、産業／ICT機器、自動車、不動産、環境エネルギー事業へと広がった。

事業の多角化は多数のM&Aも寄与している。目新しいところでは、2005年に資本参加したマンション分譲の大京を2019年に完全子会社化した。2023年には化粧品・健康食品大手のDHCを買収。

金融、不動産、環境エネルギーなど10のセグメントで構成される事業ポートフォリオを持つ。空港運営や再生可能エネルギー、統合型リゾートにも関わり、金融の枠を超えて「総合商社的」な事業構成といえる。セグメント別利益の約40%が海外である。

2024年3月期で株主優待を廃止し、配当等による利益還元に集約する旨を公表。

銘柄概略

「ORIX」は、独創性を意味する「ORIGINAL」と、柔軟性や多様性を表現する「X」を組み合わせて生まれた名前である。1964年にリース事業からスタートして隣接分野に進出し、今では「総合商社的」。

株価

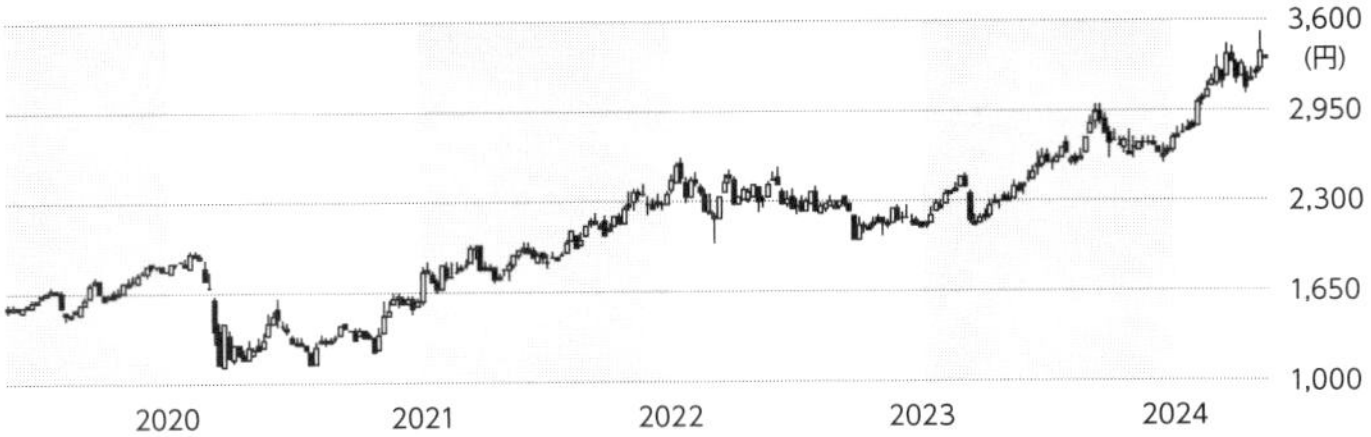

決算期	売上高	営業利益	当期純利益	EPS (1株あたり利益)	配当金
2020年3月	2,280,329	269,681	302,700	262.3	76.0
2021年3月	2,292,708	258,814	192,384	166.7	78.0
2022年3月	2,520,365	302,083	312,135	270.4	85.6
2023年3月	2,666,373	313,988	273,075	236.6	85.6
2024年3月	2,814,361	360,713	346,132	299.9	98.6

※売上高、営業利益および当期純利益は百万円、EPSおよび配当金は円

平均成長率	売上高	営業利益	当期純利益
3年間	7.1%	11.7%	21.6%
5年間	2.9%	1.8%	1.3%
10年間	7.7%	6.0%	6.4%

平均利益率	営業利益	当期純利益
3年間	12.2%	11.6%
5年間	11.9%	11.3%
10年間	12.1%	11.3%

時価総額	4,153,952	自己資本比率	24.1%	有利子負債	6,200,471
実績ROE	9.49%	予想配当利回り	2.88%	フリーCF	-129,401

※時価総額、有利子負債およびフリーCFは百万円

桶井道の着眼点

リースというより「総合商社的」な事業構成を評価。国内でも海外でも稼ぐ力あり。

21

≫ 25期連続増配中の国内リース大手企業

三菱HCキャピタル

≫ 銘柄コード
8593

≫ 国名
日本

≫ 証券取引所
東証プライム

背景・トピックス

国内外にて幅広い分野で金融サービスを提供している。法人や官公庁向けに機械・器具備品のファイナンスリース、割賦販売などを営むカスタマーソリューションの売上高が高い。

他に、再生可能エネルギー等の環境エネルギー、不動産、航空機リース、航空機エンジンリース、ロジスティクス（海上コンテナ保有数世界4位など）、モビリティ、海外での総合ファイナンス事業など。国内における再生可能エネルギー発電事業の運転開始済み持分出力は、トップクラス。社会資本整備（公共施設等の建設・維持管理・運営）に民間の資金・ノウハウを活用する手法であるPFI事業の取扱いに実績あり。

セグメント資産残高における海外比率は、5割を超える水準である。

また、従業員の子育て支援制度が充実、男女共に育休取得率が非常に高い。

経営統合前から連続増配銘柄である。

銘柄概略

2021 年に三菱 UFJ リースと日立キャピタルの経営統合により誕生したリース企業。海外でも広く事業を行う。25 期連続増配（2025 年 3 月期も増配予想を出す）と日本企業で指折りの連続増配株である。

株価

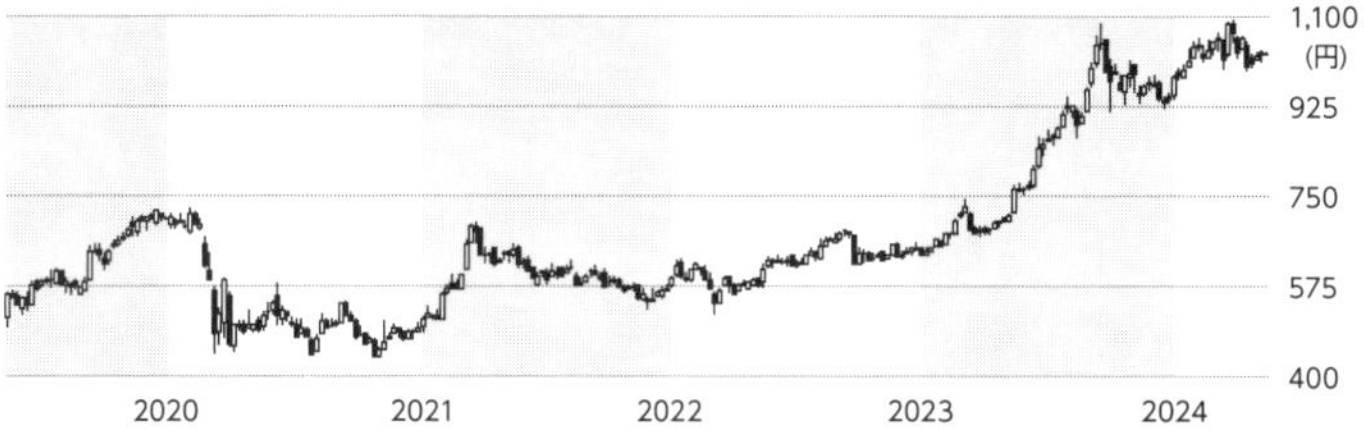

決算期	売上高	営業利益	当期純利益	EPS (1株あたり利益)	配当金
2020年3月	923,768	91,853	70,754	49.3	25
2021年3月	894,342	62,414	55,330	38.6	25.5
2022年3月	1,765,559	114,092	99,401	69.3	28
2023年3月	1,896,231	138,727	116,241	81.0	33
2024年3月	1,950,583	146,176	123,842	86.3	37

※売上高、営業利益および当期純利益は百万円、EPSおよび配当金は円

平均成長率	売上高	営業利益	当期純利益
3年間	29.7%	32.8%	30.8%
5年間	17.7%	12.7%	12.5%
10年間	10.5%	8.4%	12.6%

平均利益率	営業利益	当期純利益
3年間	7.1%	6.0%
5年間	7.6%	6.4%
10年間	8.6%	6.6%

時価総額	1,526,322	自己資本比率	15.1%	有利子負債	8,495,067
実績ROE	7.71%	予想配当利回り	3.84%	フリーCF	94,208

※時価総額、有利子負債およびフリーCFは百万円

桶井道の着眼点

なんといっても25期連続増配という株主還元を評価したい。かつ高配当でもある。

22

日本取引所グループ

» 傘下に東京証券取引所を持つ、日本で唯一の総合取引所グループ

» 銘柄コード

8697

» 国名

日本

» 証券取引所

東証プライム

背景・トピックス

現物取引とETF・REITは東京証券取引所、先物やオプション、貴金属や農産物などのデリバティブ取引は大阪取引所、エネルギー商品は東京商品取引所が担う。

グループ全体で有価証券等の上場、売買、清算から情報配信に至るまで多様なサービスを提供。これらサービスの対価として、取引関連、清算関連、上場関連、情報関連などの収益を得るビジネスモデルである。

現物株式取引の80％以上、日経平均先物取引の世界シェアの80％を占める。当社がなければ日本株投資は不可能だろう。

近年は日本の上場企業のコーポレートガバナンス向上、株主利益の向上を目指して、新たなルールを策定している。いわゆるPBR1倍割れ企業に対して改善を促したのは、東京証券取引所である。

業績はマーケットが活況時と不況時で異なる傾向があり、配当が安定的ではない。株価もぶれやすい。

銘柄概略

渋沢栄一らに創設された「東京株式取引所」が、五代友厚らに創設された「大阪株式取引所」が、それぞれ東京証券取引所と大阪証券取引所になり、2013 年に経営統合。2019 年に東京商品取引所を子会社化。

株　価

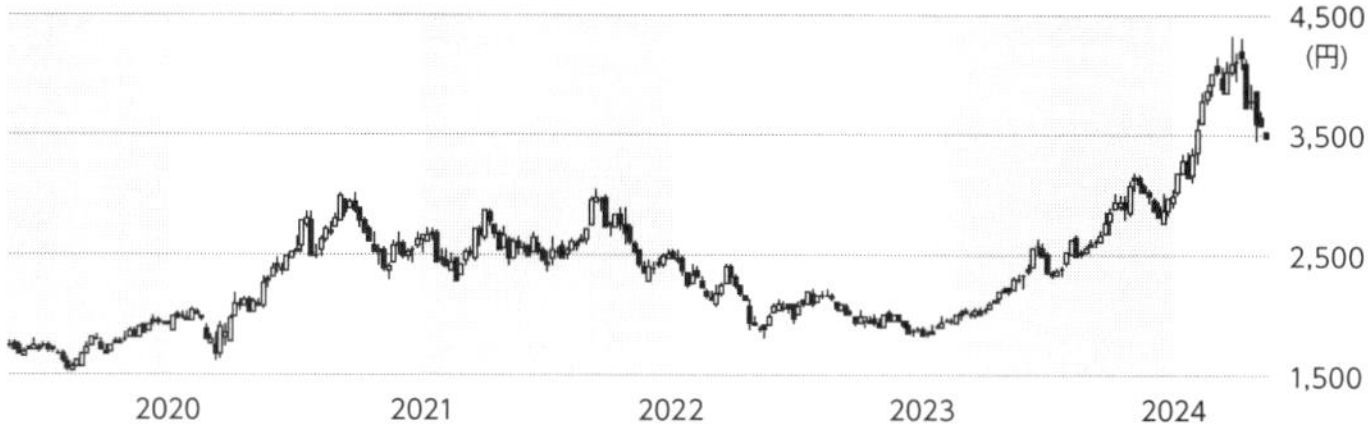

決算期	売上高	営業利益	当期純利益	EPS (1株あたり利益)	配当金
2020年3月	123,688	68,533	47,609	91.5	54
2021年3月	133,343	74,565	51,389	98.8	68
2022年3月	135,432	73,473	49,955	96.0	72
2023年3月	133,991	68,253	46,342	89.1	63
2024年3月	152,871	87,444	60,822	116.9	91

※売上高、営業利益および当期純利益は百万円、EPSおよび配当金は円

平均成長率	売上高	営業利益	当期純利益
3年間	4.7%	5.5%	5.8%
5年間	4.8%	4.7%	4.4%
10年間	3.0%	5.1%	6.2%

平均利益率	営業利益	当期純利益
3年間	54.1%	37.1%
5年間	54.7%	37.7%
10年間	55.4%	38.1%

時価総額	1,925,158	自己資本比率	0.4%	有利子負債	52,480
実績ROE	18.97%	予想配当利回り	1.68%	フリーCF	72,400

※時価総額、有利子負債およびフリーCFは百万円

桶井道の着眼点

日本取引所グループがなければ日本株の売買ができない、唯一無二の存在といえる。

! 2024年10月1日付で株式分割(1:2)の予定

23

東京海上ホールディングス

東京海上日動火災保険を中核とする日本最大手損保グループ

銘柄コード
8766

国名
日本

証券取引所
東証プライム

背景・トピックス

2002年以降は、M&Aで事業を拡大してきた。大型の案件だけでも2012年米デルファイを、2015年米保険会社のHCCを、2020年米富裕層向け保険会社のピュアグループを買収している。

日本No.1損保であるだけではなく、英国では4位、タイでも4位、南アフリカでは2位と、世界で稼げる企業であり、足下では、海外事業からの利益が全体の半分以上を占める。

損害保険料収入に関しては、保険の普及率が低く、人口が増加傾向にある新興市場では、経済成長を上回る成長をしている。先進国では安定的かつ高い収益性を実現。

近年は自然災害や地政学リスクが大きくなってきている。これらに起因して保険金支払が増大する可能性は認識しておきたい。政策保有株式削減で得られる資金をどのように使うか着目したいところ。

13期連続増配を予定（特別配当を除く）。

銘柄概略

1879年、日本初の損害保険会社「東京海上保険会社」を設立。日本初の自動車保険の発売など、日本の損害保険業のパイオニアである。2002年に東京海上と日動火災が共同持株会社を設立。2008年から現商号。

株価

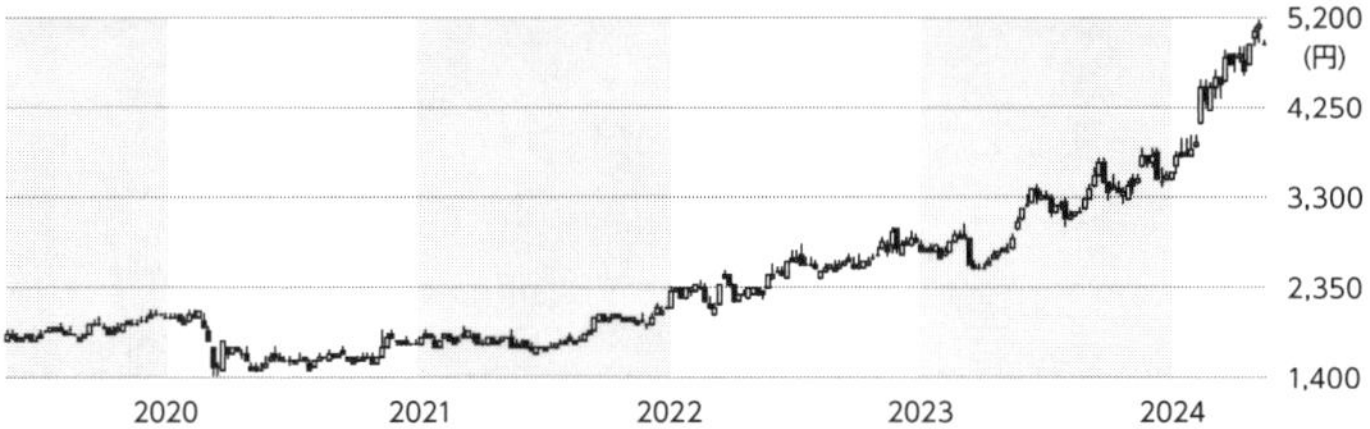

決算期	売上高	営業利益	当期純利益	EPS (1株あたり利益)	配当金
2020年3月	5,465,432	---	259,763	131.7	75
2021年3月	5,461,195	---	161,801	82.0	78.33
2022年3月	5,863,770	---	420,484	213.1	85
2023年3月	6,648,600	---	376,447	190.8	100
2024年3月	7,424,667	---	695,808	352.7	123

※売上高、営業利益および当期純利益は百万円、EPSおよび配当金は円

平均成長率	売上高	営業利益	当期純利益
3年間	10.8%	---	62.6%
5年間	6.3%	---	20.4%
10年間	5.9%	---	14.2%

平均利益率	営業利益	当期純利益
3年間	---	7.4%
5年間	---	6.0%
10年間	---	5.7%

時価総額	10,738,562	自己資本比率	16.9%	有利子負債	224,404
実績ROE	15.80%	予想配当利回り	2.93%	フリーCF	444,477

※時価総額、有利子負債およびフリーCFは百万円

桶井道の着眼点

株主還元策は連続増配だけではなく、近年は毎年、自社株買いと自社株消却も実施。

24

国内最大手の通信事業グループ

日本電信電話（NTT）

銘柄コード
9432

国名
日本

証券取引所
東証プライム

背景・トピックス

ＮＴＴ東日本、ＮＴＴ西日本、ＮＴＴドコモ、ＮＴＴデータ、ＮＴＴコミュニケーションズなどを傘下とする総合ＩＣＴ企業。連結子会社967社のＮＴＴグループを統括する持株会社である。

日本は人口減少も、通信量は年々増加しており、今後も増加が見込まれる。

2023年5月に公表した中期経営戦略では、5年間で成長分野に約8兆円の新規投資を行い、2027年度にＥＢＩＴＤＡ（税引前利益に支払利息、減価償却費を加えて算出される利益）を2022年度比20％増の4兆円に成長させると明言。

その先の成長のキーファクターに挙げるのは高速大容量通信ならびに膨大な計算リソース等を提供可能な、端末を含むネットワーク・情報処理基盤の構想である〝ＩＯＷＮ（Innovative Optical and Wireless Network）〟。2030年の実現を目指す。

14期連続増配を予定。

銘柄概略

前身は国営企業の日本電信電話公社。1985年に民営化して、日本電信電話㈱となった。1999年に持株会社へ移行。幅広い範囲で事業を展開している通信事業のリーディングカンパニー。従業員数は33万人以上。

株　価

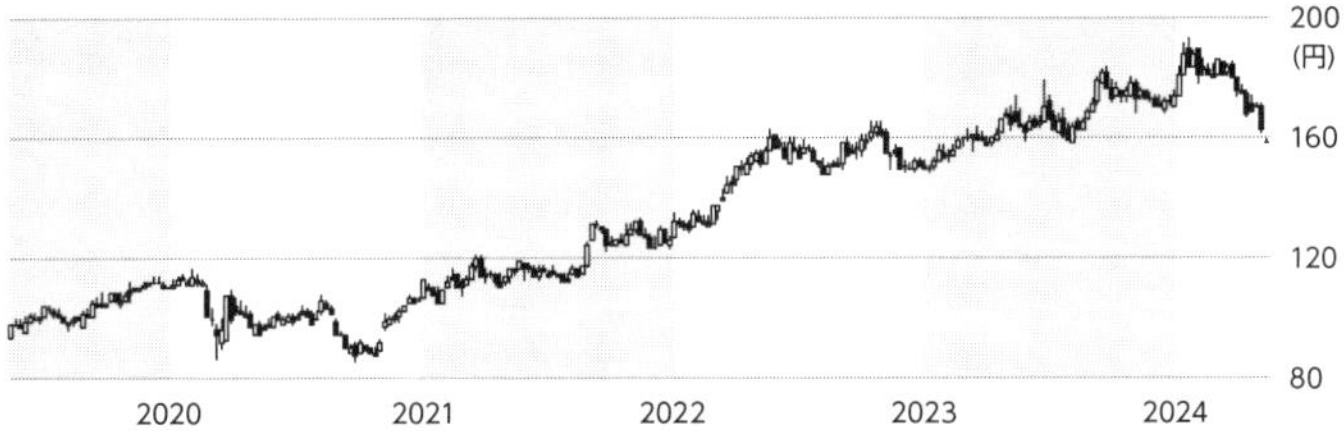

決算期	売上高	営業利益	当期純利益	EPS (1株あたり利益)	配当金
2020年3月	11,899,415	1,562,151	855,306	10.2	3.8
2021年3月	11,943,966	1,671,391	916,181	10.9	4.2
2022年3月	12,156,447	1,768,593	1,181,083	14.1	4.6
2023年3月	13,136,194	1,828,986	1,213,116	14.4	4.8
2024年3月	13,374,569	1,922,910	1,279,521	15.2	5.1

※売上高、営業利益および当期純利益は百万円、EPSおよび配当金は円

平均成長率	売上高	営業利益	当期純利益
3年間	3.8%	4.8%	11.8%
5年間	2.4%	2.6%	8.4%
10年間	2.0%	4.7%	8.1%

平均利益率	営業利益	当期純利益
3年間	14.3%	9.5%
5年間	14.0%	8.7%
10年間	13.3%	7.6%

時価総額	13,971,914	自己資本比率	33.3%	有利子負債	10,714,011
実績ROE	13.90%	予想配当利回り	3.37%	フリーCF	384,924

※時価総額、有利子負債およびフリーCFは百万円

桶井道の着眼点

高配当&増配の手堅い銘柄である。長期目線では「光半導体」開発の成功に期待したい。

25

KDDI

23期連続増配予定の大手通信企業

銘柄コード
9433

国名
日本

証券取引所
東証プライム

背景・トピックス

傘下に沖縄セルラー電話、JCOM、ビッグローブ、エナリス、auカブコム証券、カカクコムなど。事業を「パーソナル」「ビジネス」の2つのセグメントに分ける。

個人の携帯電話サービスを中心に、コマース・金融・エネルギー・エンターテインメント・教育などのライフデザインサービス等が該当する「パーソナル」が、売上高の約80％を占める。

2024年2月にコンビニ「ローソン」への5000億円の出資を発表。目的はKDDIも運営に関与している〝Ponta ポイント〟で消費者を囲い込む「経済圏」の拡大と考えられている。この分野では携帯電話事業を持つ楽天やNTTに劣後しており、強化を図ったものと思われる。「5000億円投資」の行方を見守りたい。

NTTより営業利益率が高い。営業利益は2022年度まで22期連続増益を記録。

株主還元意識も高く、23期連続増配予定。

銘柄概略

前身は国際電気通信・電話事業を独占していた国際電信電話株式会社（KDD）で国際通信のパイオニアである。2000年に第二電電、KDD、日本移動通信の3社が合併してKDDIが誕生した。

株価

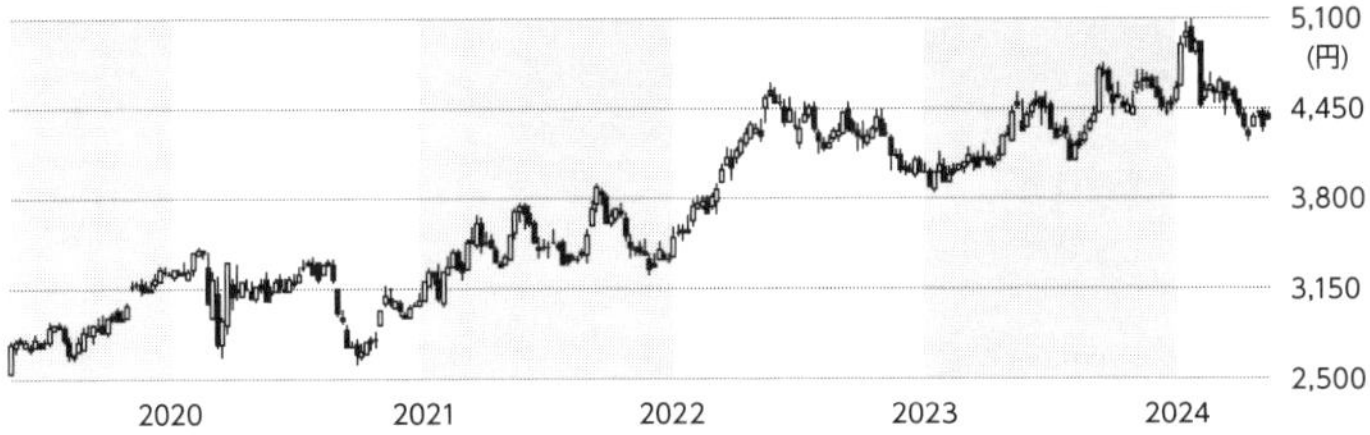

決算期	売上高	営業利益	当期純利益	EPS (1株あたり利益)	配当金
2020年3月	5,237,221	1,025,237	639,767	307.3	115
2021年3月	5,312,599	1,037,395	651,496	312.9	120
2022年3月	5,446,708	1,060,592	672,486	323.0	125
2023年3月	5,671,762	1,075,749	677,469	325.4	135
2024年3月	5,754,047	961,584	637,874	306.3	140

※売上高、営業利益および当期純利益は百万円、EPSおよび配当金は円

平均成長率	売上高	営業利益	当期純利益
3年間	2.7%	-2.5%	-0.7%
5年間	2.5%	-1.1%	0.6%
10年間	2.9%	3.8%	7.1%

平均利益率	営業利益	当期純利益
3年間	18.4%	11.8%
5年間	18.9%	12.0%
10年間	18.7%	11.5%

時価総額	9,506,038
実績ROE	12.30%

自己資本比率	37.1%
予想配当利回り	3.34%

有利子負債	2,432,374
フリーCF	874,065

※時価総額、有利子負債およびフリーCFは百万円

桶井道の着眼点

高い営業利益率と増収増益に支えられた連続増配には安心感と期待感が大きい。

ETFとは「上場している投資信託」

個別株もりだくさんでしたね！

そんなに細かく見てられないよ……という方には、ＥＴＦという手段も有ります。**ＥＴＦを1つ持つだけで分散投資が可能であり、そこは投資信託と同じです。**

もう少しわかりやすく説明します。あなたが、あるＥＴＦを１万円買ったとして、そのＥＴＦには日本株の高配当株が組み入れられているものとします。

仮に、組み入れ銘柄の１位が三菱商事で比率が10％、２位がＮＴＴで７％、３位がオリックスで５％としましょう。あなたは、そのＥＴＦに１万円投資していますので、三菱商事に１０００円、ＮＴＴに７００円、オリックスに５００円……投資したことと同じになります。

端的にいえば、各組み入れ銘柄からはＥＴＦに配当金が支払われ、あなたはＥＴＦから分配金が貰えます。

投資信託とは違い、ＥＴＦには原則として「分配金再投資型」が存在せず、ほぼ必ず分配金が支払われます（金［ゴールド］に投資するＥＴＦ等、分配金が出ないものもあります）。分配金が出るのはＥＴＦのメリットです。

このように1つ持つだけで分散投資ができて、分配金が支払われるという点では、ETFは、投資信託と個別株のいいとこ取りと言えるでしょう。

ETFは「上場している投資信託」です。東京証券取引所に上場しているETFを東証ETFといいます。株式と同じように上場しているのです。

これに関連して、**ETFと投資信託のもうひとつの大きな違いを説明します。それはプライスの決まり方**です。投資信託のプライス「基準価額」は、運用会社が運用資産の時価を計算して、「平日に1日1回だけ」付けられます。

一方、ETFには「市場価格」と「基準価額」という2種類のプライスがあります。

市場価格は、証券取引所において、投資家同士の実際の売買によりリアルタイムでプライスが変わります。

基準価額は為替や運用コストを考慮している点では投資信託と一緒ですが、こちらは証券取引所がクローズした後に更新されます。

ETFには市場価格がある、つまり株式と同じようにリアルタイムで売買が可能です。

その他、ETFと投資信託の違いは、次ページ**図4－3**にまとめましたので確認してください。

図4-3 ETFと投資信託の違い

	ETF（上場投資信託）	投資信託（一般の投資信託）
上場・非上場	証券取引所に上場している	上場していない
売買できる場所	証券会社を通じて	証券会社、銀行などを通じて
種類（銘柄数）	少ない（主要な商品は十分揃っている）	多い
取引価格	市場での時価。売買価格を指定することも可（取引時間内であれば価格がリアルタイムでわかる）	1日1回算出される基準価額（売買注文したあとでしかわからない）
分配金	分配金が支払われるのが原則	分配金を支払わずに再投資されるものが多い
手数料	やや安い傾向にある	ETFよりやや高い傾向にある
出口戦略（桶井道の評価）	使いやすい（分配金を生活費にする）	使いにくい（取り崩す必要がある）

ミニコラム　**ETFと投資信託には「経費がかかる」**

ETFや投資信託を保有している間はコストが掛かります。これを「信託報酬」（海外ETFでは「経費率」）といいます。

もし**同じ投資対象（例えば、S&P500）のETFや投資信託が複数あれば、信託報酬率（経費率）が低いものを選ぶのが合理的でしょう。**

かつ、**ETFや投資信託の規模をあらわす「純資産総額」がより大きなものがいい**でしょう。詳しくはETF関連書籍に譲りますが、小さいものより大きなもののがいいのは簡単に想像がつくと思います。

《「投資はめんどう」と思う人にこそおすすめ

「個別株に投資して配当金を得たいけど、投資に慣れるまでは、仕事や家事・育児が忙しくて」という人には、投資に使う時間が辛いと感じるかもしれません。

そんな方ならば、手始めはETFにするのも一案です。**ETFなら、どのようなETF**

なのかを理解できれば、銘柄分析が不要、決算チェックも不要、損切りも必要ないでしょう。

メンテナンスフリーで、面倒臭いことを何もしなくてもいい、100%ほったらかしでいいのがETF投資です。

まずは、ETFで成功体験を得て、分配金の有難さを感じてから、もしくは投資が楽しくなってから、個別株を始めてもいいと思います。

または、コア・サテライト戦略において（第2章参照）、ETFをコアで持ち、個別株をサテライトで持つことも一案です。

投資信託も素晴らしい金融商品ですが、本書は高配当・増配をコンセプトとしているため、割愛します。

それでは、日本株に投資する東証ETF3選を見ていきましょう。

＊1 PBR
〝Price Book-value Ratio〟のことです。株価が1株あたり純資産（BPS：Book-value Per Share）の何倍まで買われているかを示します。現在の株価が企業の資産価値に対して割高か割安かを判断する指標で、数値が低いほうが割

安と判断されます。PBRが1倍を切る水準はその企業の本来の価値よりも安い値段で株を買えることを意味します。

＊2 **大型株、中型株、小型株**

日本株の場合、時価総額と流動性を基準とした区分のことです。TOPIX（東証株価指数）を構成する銘柄で、時価総額と流動性が高い上位100銘柄（TOPIX100の算出対象）を「大型株」、次いで時価総額と流動性が高い上位400銘柄（TOPIX Mid400の算出対象）を「中型株」、大型株・中型株に含まれない全銘柄（TOPIX Smallの算出対象）を「小型株」と定義しています。

26

》厳しい選定基準をクリアした日本の高配当利回り銘柄に投資

iシェアーズ MSCI ジャパン高配当利回り ETF

》銘柄コード
1478

》国名
日本

》証券取引所
東証

背景・トピックス

配当性向や配当継続性、財務指標（ROE、自己資本比率等）の要件を満たした銘柄の中で、配当利回りが高い銘柄で構成される指数「MSCIジャパン高配当利回り指数（配当込み）」との連動を目指す。

インデックスの銘柄選定時に、配当金下落リスクを低減するために銘柄数ベースで配当性向トップ5％を除外するなど選定条件は厳しい。また、株価の急激な下落により配当利回りが高くなった銘柄も除外する。

配当利回りだけでスクリーニングせず、「質」にもフォーカスしたインデックスと言える。

1口単位で取引できるため4000円程度で買える。分配金支払いは年2回。

銘柄概略

日本の大型、中型株から配当利回りと業績のクオリティの観点で選択した約40銘柄に投資。

27

日経平均高配当株50指数への連動を目指す東証ETF

NEXT FUNDS 日経平均高配当株50指数連動型上場投信

背景・トピックス

「日経平均高配当株50指数」は日経平均構成銘柄のうち配当利回りの高い50銘柄から構成される配当利回りウエート方式の株価指数。

配当利回りに流動性（売買代金）を加味して構成銘柄の指数算出上のウエートを決定するという算出方法を採用する。

東証ETFは純資産や流動性が乏しいものがあるが、この銘柄は純資産が約2600億円、1日の売買高が50万口~100万口程度あり、相対的に流動性に富む。

2024年5月時点では、海運企業がウエート上位を占めている。

1口2400円程度で購入できる。分配金支払いは年4回である。

銘柄概略

日経平均構成銘柄のうち配当利回りの高い50銘柄から構成される「日経平均高配当株50指数」への連動を目指す。

銘柄コード	1489
国名	日本
証券取引所	東証

28

iFreeETF TOPIX高配当40指数

》TOPIX高配当40指数（配当込み）への連動を目指す東証ETF

背景・トピックス

「TOPIX高配当40指数（配当込み）」は、TOPIX100構成銘柄（東証プライム市場に上場する浮動株ベースの時価総額上位100銘柄）のうち、直近1年間の実績配当利回りが相対的に高い40銘柄により構成される配当込みの指数である。

銘柄選定時に直近1年間の実績配当利回りを使うのが目立った特徴である。組入比率は時価総額加重平均にて算出され、単一銘柄の組入上限は5％である。大型株100銘柄の中から選定される安心感にも注目したい。

2024年5月、売買単位を1口単位に変更し、2000円程度で買えるようになった。分配金支払いは年4回。

銘柄概略

TOPIX100 構成銘柄のうち、直近 1 年間の実績配当利回りが相対的に高い 40 銘柄により構成される、配当込みの指数への連動を目指す。

》銘柄コード
1651

》国名
日本

》証券取引所
東証

第5章

全投資家が憧れる米国株を狙え！

じつはあなたの身近にある「米国株」

本章で扱うのは「米国株」です。

「米国株をするにも英語ができないから無理。やっぱり日本株で十分！」

と思われたあなた。

大丈夫ですよ！　問題ありません。私も英語はできません。


英語ができなくても要点を押さえれば、米国株投資でも「ぐうたら投資」は可能です。


そこで、本書を活用してください。「ぐうたら投資」への案内が本書の役目です。

マネックス証券の「銘柄スカウター」も強い味方で、私は初心者が米国株投資をするには必須とさえ思います。業績推移など各種データが日本語で見られて、とても便利です。

企業サイトを閲覧するときは、ブラウザ（ウェブサイトを閲覧するためのソフト）が自動翻訳して日本語で表示してくれます。また、Google 翻訳も使えます。


ところで、あなたは「米国株は危険だ」と根拠なく思っていませんか？

実は、それ、私も通った道です。投資歴は長いのに、米国株投資が有力な資産形成手段であることに気が付くまで、ものすごい年月を要しました。早い段階から気が付いていれば、資産も配当金ももっと増えていたことでしょう。だから、本書に出会ったあなたはラッキーです！

ここで、あなたの生活で、米国企業との接点を探してみましょう。わからないことがあればググりませんか？Gmailも使っていることでしょう。

スマホはアンドロイドOSベースではないですか？これらすべて、グーグルのサービスです。スマホがアンドロイドOSベースでなければ、おそらくiOSベース、つまりiPhoneでしょう。これはアップルの製品です。

仕事では、WindowsやWordを使うことでしょう。これはマイクロソフトの製品です。アマゾンで買物をしますね。その決済に使うクレジットカードはビザカードまたはマスターカードであることが多いと思います。

マクドナルドでハンバーガーを食べて、セットドリンクでコカ・コーラを飲みますね。暑い日にはスターバックスでフラペチーノがおいしいですね。

ナイキの靴やTシャツで出かけませんか。

汚れたTシャツはP&Gの洗濯洗剤で洗っていませんか。

そうです。もうお気づきだと思いますが、これらはすべて米国企業です。つまり、米国企業の製品やサービス抜きの生活などあり得ないのです。

これら米国企業に何か危険な要素があるでしょうか?

むしろ、**日本企業より売上高などが大きい**のです。世界の時価総額ランキングで見ると、トップ50に入る日本企業はトヨタ自動車ぐらいしかありません。

もうおわかりですね。**米国企業に投資することは何も危険なことではありません。**

私たちの生活に当たり前のように存在しているものの多くが、米国企業による製品やサービスなのです。それらは日本だけではなく、世界中で圧倒的な存在感があります。多くの国において、たったの1日でさえ、米国企業の製品やサービスを使わずに生活することは困難でしょう。

まずは、米国株=怖いという先入観を取り除いてください。

米国は国として強い

続いて、米国株投資を勧める理由を申し上げます。

米国株が強いのは、米国という「国」が強いことが背景にあります。そう断言できる理由は、次の4つです。

①覇権国家

通貨・金融（基軸通貨ドル）、軍事（世界最強の米軍）、経済（2023年GDP、米国が1位、日本は4位。米国は日本の6・5倍）、政治の覇権国家です。

②食料もエネルギーもある

米国は実は農業が盛んです。シェールガスやシェールオイルを生産しています。食料やエネルギーは国民の生活に必須なものです。他国に依存する必要が少ないことは強みです。

③移民政策で人口増加

シンプルですが、人口増加国は内需が増えるので経済成長します。また、有能な人材の数も増えます。

④米国政府は経済政策の舵取りがうまい

米国政府の経済政策には、日本より信頼がおけます。少なくとも2000年以降、金融危機や景気後退が起きても、米国政府やFRB（米連邦準備制度理事会。米国の中央銀行）は速やかに対策を実行して、経済を立て直してきました。

米国の企業が強い理由

米国株が強いのは、企業が力を持っているからにほかなりません。その理由をいくつか解説しましょう。

①イノベーションを起こす企業はいつも米国企業である

グーグルやアップルはその典型例ですね。テスラやエヌビディアもそうです。

②世界的規模のブランド力のある企業が多い

世界最大のブランディング専門会社インターブランドは、グローバルのブランド価値評価ランキング「Best Global Brands」を公表しています。2023年の結果によると、1位は11年連続でアップルです。2位はマイクロソフト、3位はアマゾン、4位はグーグルです。

トップ10にはコカ・コーラ、ナイキもランクインしています。

③世界中でビジネスを展開して、世界中で稼ぐ力を持っている

アップルのiPhoneは世界中で買えます。コカ・コーラやナイキの製品も同様ですね。

①②を理由として、世界中でビジネスを展開し、世界中で稼ぐ力を持っています。

④景気に関係なく利益が出る事業を持つ企業が多くある

ユナイテッドヘルス・グループは、米国で医療保険事業を営む企業です。健康保険の役割を担います。不景気でも病院へ行く人はそう減りませんね。

P&Gの洗剤は、不景気でも節約対象にはなりません。洗濯物の量は景気に関係ありませんし、景気が悪いからと洗剤を薄めて使うわけにもいきません。

⑤ガバナンスが整っている

ガバナンスとは、組織の所有者が組織行動を制御するための仕組みです。

組織が目的達成に向けて適切に行動するように誘導し、その長期的な維持・存続・発展を可能にするために、採られるすべての統治・支配行動を指しています。（日本では、企業が不祥事を起こしたことをよく耳にしますが）不祥事を起こす企業は米国の投資家には受け入れられがたいのです。

⑥プロの経営者が多くいる

カリスマ経営者が引退しても、後を継ぐ人材がしっかりしていることが多いです。

2つの例をご紹介します。

アップルの共同創業者であったスティーブ・ジョブズ氏はのちにCEOに就任しました。iPhoneやiPadを世に送り出した後、2011年にティム・クック氏にCEOを引き継ぎました。**図5－1**は、2010年からのアップルの株価チャートです。クック氏がCEOに就任してから、アップルの株価は配当を出しつつ約14倍に成長しました。

マイクロソフトも経営のバトンタッチが上手な企業です。ビル・ゲイツ氏はカリスマ経営者としてあまりに有名ですが、現在のCEOは2014年に就任したサティア・ナデラ氏です。

図5-1　アップルの株価チャート（2010年〜2024年4月3日）

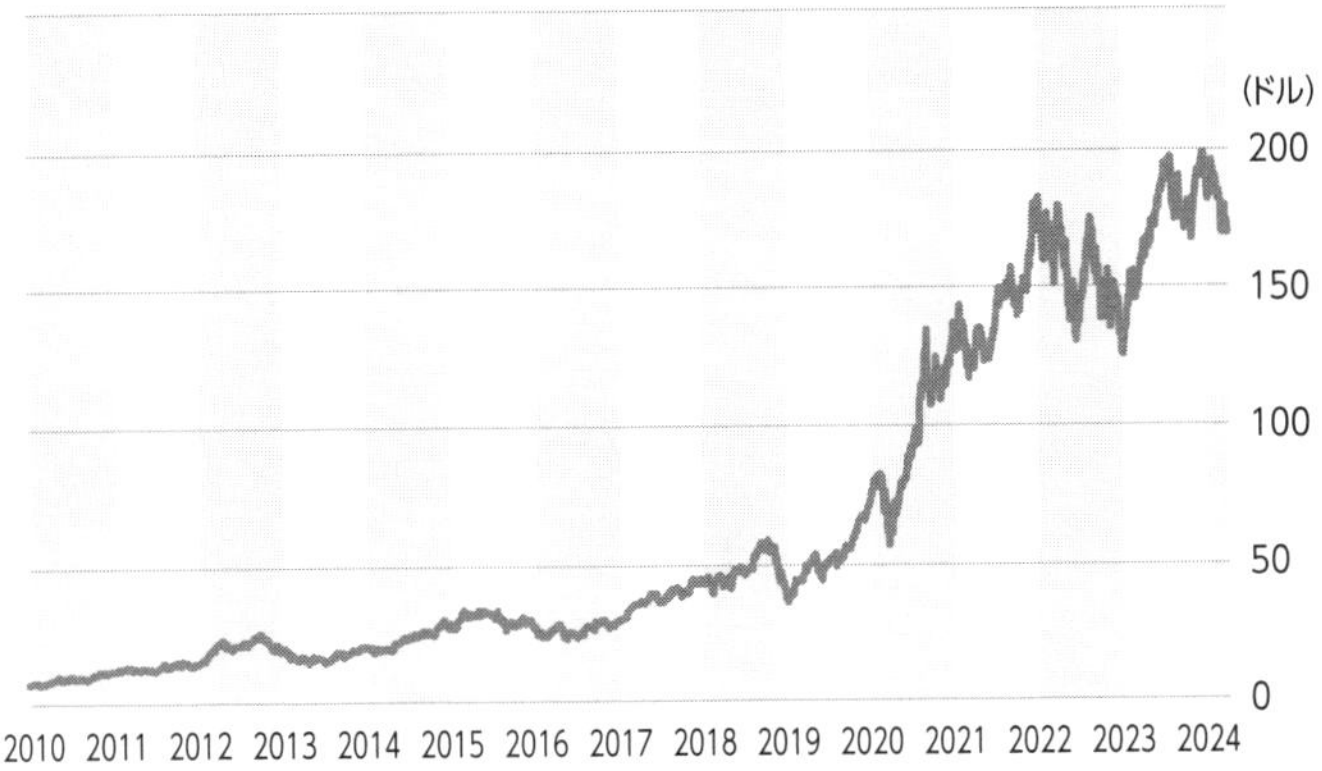

出典：US版 Yahoo Finance

ナデラ氏がＣＥＯに就任してから、マイクロソフトの株価は配当を出しつつ約11倍に成長しています。

人材が豊富なことも米国市場の特徴だと改めて思わされます。

⑦株主還元への意識が強い

株主還元とは、企業がその事業活動によって得た利益を、株主に還元することです。還元方法には、増配や自社株買いなどがあります。

これらは投資家にとって魅力的なので、株価にポジティブに作用します。

米国にはこのように、株価を上げるために努力する企業が多いのです。

増配株はたくさんあります。60年連続増配の企業もあります。その間にリーマン・ショックやコロナ・ショックがあろうと増配している実

図5-2 NYダウの30年チャート

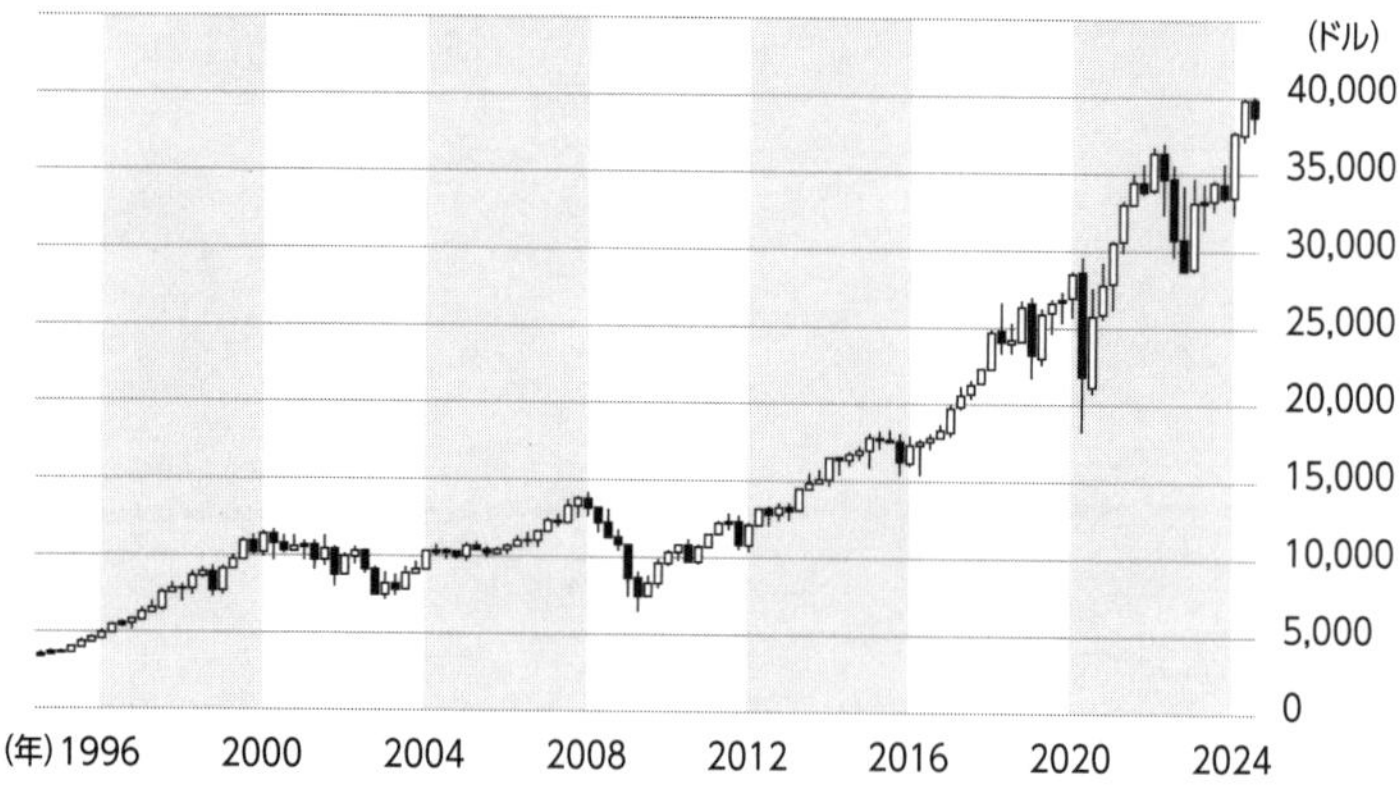

出典：マネックス証券

績を考えれば、本当にすごいですよね。

株価上昇してきた歴史、お金が集まってくる事実

米国株の強さの裏付けは企業の力だけではありません。

米国株は歴史的に成長してきました。２０００年ごろのＩＴバブル崩壊、２００８年からのリーマン・ショック、２０２０年のコロナ・ショックなどで株価が暴落しても、それを乗り越えて高値更新してきています（**図5-2**）。その要因をご説明します。

①大型株でも成長している

大型株とは、時価総額が大きい銘柄のことです。**時価総額とは、株価×発行済株式数で**

図5-3　米国株時価総額トップ10（2024年6月17日現在）

順位	銘柄名	時価総額(百万ドル)	現在値(ドル)
1	マイクロソフト MSFT (NASDAQ)	3,332,422.9489 (6/17)	446.34 (6/18 16:00)
2	アップル AAPL (NASDAQ)	3,322,435.5469 (6/17)	214.29 (6/18 16:00)
3	エヌビディア NVDA (NASDAQ)	3,222,108.0000 (6/17)	135.58 (6/18 16:00)
4	アマゾン・ドット・コム AMZN (NASDAQ)	1,915,443.8420 (6/17)	182.81 (6/18 16:00)
5	メタ・プラットフォームズ A META (NASDAQ)	1,110,252.4050 (6/17)	499.49 (6/18 16:00)
6	アルファベット A GOOGL (NASDAQ)	1,041,107.7600 (6/17)	175.09 (6/18 16:00)
7	アルファベット C GOOG (NASDAQ)	1,006,170.7571 (6/17)	176.45 (6/18 16:00)
8	ブロードコム AVGO (NASDAQ)	851,317.7226 (6/17)	1,802.52 (6/18 16:00)
9	イーライリリー LLY (NYSE)	841,118.2707 (6/17)	891.46 (6/18 16:00)
10	テスラ TSLA (NASDAQ)	597,782.9295 (6/17)	184.86 (6/18 16:00)

出典：日本経済新聞社 website

算出する値です。株式市場における規模を示す値と言ってもいいでしょう。シンプルに言えば、株価が上昇すれば増える値です。

前ページ**図5—3**は2024年6月17日現在の米国株時価総額トップ10です。

アップルについては先ほどチャートで株価が大きく上昇してきたことを確認しましたね。

アップルとマイクロソフトは世界の時価総額1位を競っています（2024年にエヌビディアが上位争いに入ってきましたが、配当金を目当てに投資する対象ではないため、本書では扱いません）。こんなに大きな企業でも株価が上昇しています。

ですから、誰でも知っているような米国企業の株式を買っておくと、知らないうちに資産が増えていることが多いです。そして、このような銘柄が多いのが米国株の特徴です。

②世界最大の時価総額で世界からお金が集まってくる

2024年3月末現在の世界の株式時価総額は、117・3兆ドルでした。そのうち米国が55・3兆ドルで47・1％を占めます。日本は6・7兆ドルで5・7％となり、中国の9・1兆ドルで7・8％に次ぐ、第3位です。

図5-4　S&P500とTOPIXの30年の比較

※S&P500は円換算していない原指数です。　　出典：マネックス証券

米国の株式市場は世界の半分近くを占めるということです。その時価総額の大きさから、世界中からお金が集まっているのが米国市場なのです。

③指数が新陳代謝している

S&P500は米国の代表的な株価指数です。**ニュース等ではNYダウを耳にすることが多いと思いますが、米国株投資に慣れてくるとS&P500を参考にする人が多い**と思います。

S&P500は米国の大型株500社で構成される株価指数です。「赤字企業は採用されない」「それなりの規模の取引がコンスタントにある」など、**採用条件に厳しいルールが設けられていて、結果的に優秀な企業が集められています。**業績が悪化すれば、当然外されます。よって適度な新陳代謝があるといえます。

一方、日本株の代表的株価指数である日経平均株価やTOPIXは赤字企業でもそれだけで除外されたりはしません。

S&P500とTOPIXの30年の推移を比較してみましょう**（前ページ図5−4）**。TOPIXは直近こそ伸びてはいるものの、長期で見るとS&P500のほうがずっと強いですね。

なお、これは原指数での比較です。S&P500はドル建てですので、近年の円安を考慮するとさらにパフォーマンスに差が出ます（円安は、日本円換算のパフォーマンスにはプラスに働きます）。

ほかにもある！　米国株を選ぶメリット

メリット1　1株単位で売買可能で少額から投資できる

米国株は1株単位の売買が可能ですが、日本株は100株単位の売買が基本です。

たとえばトヨタ自動車であれば、最低の単位を取引するために34万円程度必要です。

一方、**米国株は1株単位で取引できるので少ない資金でチャレンジできます。**たとえば、アップルは1株約200ドル（≒3万円程度）で、マイクロソフトは1株約400ドル（6万円程度）で投資が可能です。

たったの1株で儲かるものだろうか？　と思うかもしれませんね。

もちろん多く投資したほうが儲けられる額も大きいです。儲けの額は投資額に比例します（儲けの率は同じ）。

しかし、1株単位という少額から投資できることは、心理的ハードルが低く、トライしやすいです。私が初めて米国株に投資したときも、少額から試しました。経験を積んで、自信が出てきてから投資額を増やしました。

いきなり数十万円を要しないというのは、初めて米国株に投資するときに、日本株と違い、心理的ハードルをぐっと下げてくれました。

ちなみに、日本株も昔に比べると、1株単位の売買のハードルが下がってきてはいます。

メリット2　米ドルベースの資産を持つことはインフレヘッジになる

長期的には、ドル高円安となる可能性がおおいにあります。それは、食料もエネルギーも多くを輸入に頼る日本では物価高に見舞われることを意味します。それをここ数年でリアルに感じている方が大半だと思います。

よって、米ドル資産を持つことはインフレヘッジになります。
たとえば、２０１９年に１ドル１１０円のときに米国株を買い付けていれば、２０２４年に1ドル１５０円まで円安になったときには、仮に株価の動きがなかったとしても（日本円に換算した）評価額は約1・36倍にもなっているからです。

メリット3　米国株は四半期配当が基本

日本株は、多くが中間配当と期末配当と年2度の配当です。期末のみという銘柄もあります。

一方、米国株は基本的に四半期配当ですので、年に4度の配当を支払う企業が多いです。初めて米国株に投資したとき、投資してすぐに配当が貰えたので、嬉しかった記憶があります。今では多くの銘柄を保有していますから、毎月なんらかの配当があるのはかなり嬉しいです。「じぶん年金」を構築している感覚です。

世界最強の米国株は始めるのもカンタン

ここまで見てきてわかるように、米国という国は世界一強いです。

米国企業は、世界的なブランド力を持っています。もしくはイノベーション力があり最先端技術を持っています。よって、世界中で稼ぐ力を有します。

米国株はこれまで株価が持続的に上昇してきた歴史があります。つまり、米国は投資の土壌が整っている世界最強の国と言えます。

また、円の資産が多い日本人にとって、米国株を持つことはインフレヘッジにもなります。近い将来、資産に米国株を持つことが当たり前の時代になっていくと、私は思います。

「米国株を持つことのメリットはわかったけど、米国株へのアクセス（投資）が難しそうに感じる」と不安になっている方、安心してください！

ネット証券が台頭した今は、（極端な表現になりますが、ハードルが低いことをわかっていただくために、あえて次のように書きますと）**ＰＣでマウスをクリックするだけ、スマホでポチるだけで、米国株投資が可能です。**

証券会社への口座開設も、ネットで可能な時代です。米国株投資は難しくなんかありません。

個別株には銘柄分析、決算チェックなどが必要ですが、英語がわからなくても、主要な用語を覚えればＯＫです。ブラウザによる自動翻訳がありますし、Google 翻訳でもある程度理解できます。

マネックス証券のサイトにアクセスして、「銘柄スカウター」を開けば、業績が日本語で10年もさかのぼって確認できます。いえ、その前に、本書のカタログページを参考にしてください。すべて日本語でご案内します。

もしもマクドナルドやマイクロソフト、アップル、ビザに10年前投資していたら、投資額に対する配当利回りは何%か？　株価はどれだけ上昇したか？

気になった人は、**図5―5**を見てください。

米国株投資は、誰も知らないような中小型株から独自に銘柄を発掘するとか、IPOや上場して浅い銘柄に手を出すような無理をしなくとも結果は出ます。これは日本株投資と同じですね。

そして、米国株は大型株でも大きく成長している点、日本株よりパフォーマンスが良い銘柄が多くある点もおわかりいただけたでしょう。

図5-5　株価上昇&配当成長企業

		株価			配当金				
	銘柄名	10年前(ドル)	現在(ドル)	上昇程度(倍)	10年前の配当金(ドル)	10年前の配当利回り	最新の配当実績(ドル)	投資額に対する配当利回り※	成長程度(倍)
1	ホーム・デポ	80.23	334.87	4.17	1.88	2.34%	8.36	10.42%	4.45
2	ユナイテッドヘルス・グループ	79.63	495.37	6.22	1.41	1.77%	7.29	9.15%	5.17
3	マイクロソフト	40.94	415.13	10.14	1.07	2.61%	2.66	6.50%	2.49
4	マクドナルド	101.43	258.89	2.55	3.28	3.23%	6.23	6.14%	1.90
5	ローリンズ	9.09	45.69	5.03	0.15	1.65%	0.54	5.94%	3.60
6	ディア	91.17	374.76	4.11	2.22	2.44%	5.05	5.54%	2.27
7	ユニオン・パシフィック	99.64	232.82	2.34	1.91	1.92%	5.20	5.22%	2.72
8	S&Pグローバル	81.77	427.51	5.23	1.20	1.47%	3.60	4.40%	3.00
9	アップル	22.61	192.25	8.50	0.45	1.99%	0.94	4.16%	2.09
10	ビザ	53.71	272.46	5.07	0.40	0.74%	1.80	3.35%	4.50

2024年5月末日現在の情報です　　※最新の配当実績÷10年前の株価×100で算出

ミニコラム 米国株のデメリット

もちろん、米国株にもデメリットはあります。

米国株は、配当金への税制面で、日本株に比べて不利になります。前章で解説したとおりですが、**米国株は、日本の20・315%に加えて、米国で10%課税されます。**

このデメリットは正直に繰り返しておきます。とはいえ、優秀な株主還元（増配、自社株買い）および株価の上昇がそれをカバーしてくれると、私は評価しています。

また、米国株を勧める理由として、増配している企業が多くあることを書きました。しかし、すべての企業が配当金を出しているわけではありません。配当金を出さない企業もあります。

皆さんがよくご存知の**アマゾンは配当金を出していません（自社株買いは行っています）**。利益は、配当金ではなく事業投資に回して、さらなる企業成長を目指します。つまり、株価を上げることで株主に報いるのです。

ただし、**本書では、高配当株および増配株を取り扱いますので、これら無配の成長株については触れません。**それでは、桶井道が選ぶ米国株41選を見ていきましょう。

29 アップル

≫ 世界屈指のテクノロジー企業、かつ世界屈指の時価総額企業

≫ ティッカー
AAPL

≫ 国名
米国

≫ 証券取引所
ナスダック証券取引所

背景・トピックス

世界屈指のテクノロジー企業。誰もがアップルの製品やサービスの名前を一度は耳にしているだろう。マイクロソフトやエヌビディアと時価総額世界1位を争う。

故スティーブ・ジョブズ氏がPC開発で起業し、Macintoshでユーザーを獲得。ジョブズ氏の退任後はティム・クック氏が継承し、事業をさらに成長させた。

ハードウェアを世に出すが、企画とサービスの提供に集中し、自社では製造しないファブレス企業である。よって、設備投資よりも研究開発費の方がはるかに大きいという特徴を持つ。現在はiPhoneが売上高の半分以上を占める。

近年は教育分野に進出。若い年齢層のユーザー獲得に寄与するものであろう。

売上高の約20％を中華圏から得ており、中国景気の低迷がネガティブに寄与することを気に掛ける必要あり。

10期以上連続増配。

銘柄概略

MacBook、iPhone、iPad、Apple Watchといったハードウェアでよく知られる。そのデバイスを活用するためのコンテンツ配信、決済サービスのApple Pay、iCloudなどのサービス基盤を構築。

株価

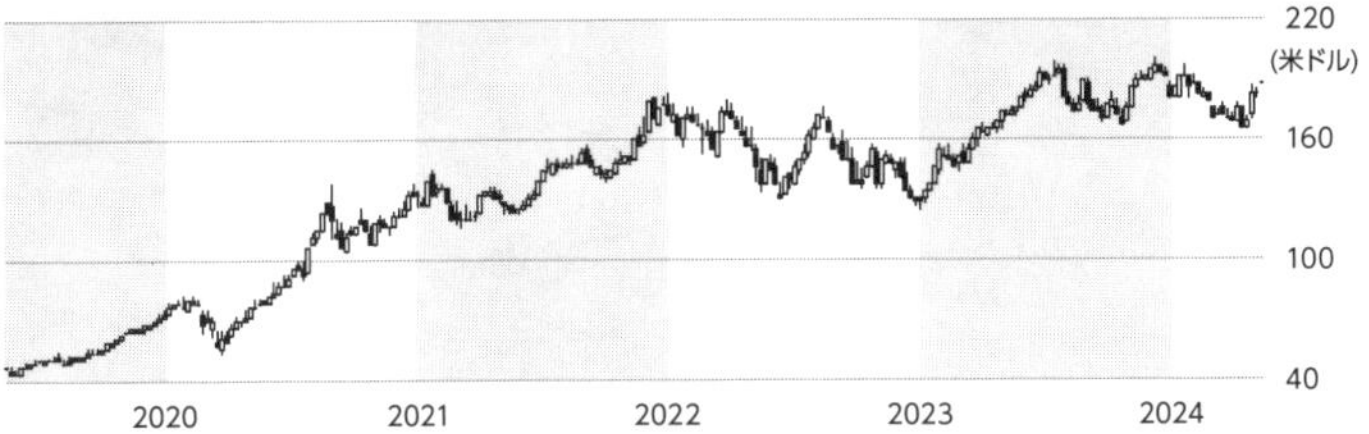

決算期	売上高	営業利益	当期純利益	EPS(1株あたり利益)	配当金
2019年9月	260,174	63,930	55,256	2.97	0.75
2020年9月	274,515	66,288	57,411	3.28	0.80
2021年9月	365,817	108,949	94,680	5.61	0.85
2022年9月	394,328	119,437	99,803	6.11	0.90
2023年9月	383,285	114,301	96,995	6.13	0.94

※売上高、営業利益および当期純利益は百万ドル、EPSおよび配当金はドル

平均成長率	売上高	営業利益	当期純利益
3年間	11.8%	19.9%	19.1%
5年間	7.6%	10.0%	10.3%
10年間	8.4%	8.8%	10.1%

平均利益率	営業利益	当期純利益
3年間	30.0%	25.5%
5年間	27.7%	23.7%
10年間	27.9%	22.8%

時価総額	2,947,977	自己資本比率	17.6%	有利子負債	111,088
実績ROE	147.2%	予想配当利回り	0.5%	フリーCF	99,584

※時価総額、有利子負債およびフリーCFは百万ドル

桶井道の着眼点

ときに勢い鈍化が囁《ささや》かれるが、ユーザーがiPhoneに魅了されていることに変わりなし。

30 マイクロソフト

≫ ITビジネスの巨人、〝ビジネス・インフラ〟提供企業

≫ ティッカー
MSFT

≫ 国名
米国

≫ 証券取引所
ナスダック証券取引所

背景・トピックス

オフィスワーカーであれば、Windowsや Word、Excel というソフトウェアを使ったことがあるであろう。これらは事実上世界のビジネスインフラになっている。一度使えば、他のソフトウェアにスイッチするコストが非常に高いため、ユーザーが継続して使い続けるという特徴を持つ。

カリスマ的創業者であったビル・ゲイツ氏の後を継いだスティーブ・バルマー氏の退任後、２０１４年にサティア・ナデラ氏がCEOに就任。営業利益率40％超の企業へと、さらなる成長を遂げている。

成長の原動力となっているのはM＆Aや戦略的パートナーシップである。２０２３年1月にChatGPT を開発したOpenAI との提携拡大を発表したのは記憶に新しい。

２０２４年に入ってからはアップルやエヌビディアと時価総額世界No.1を競り合う。

10期以上連続増配。

銘柄概略

古くはパソコン用のOSとアプリケーションソフト開発で世界でシェアを勝ち取った。近年はクラウドサービス"Azure"事業が成長。生成AIにも進出。日本でも誰もが知る、ビジネスマンなら誰もが製品を使う。

株価

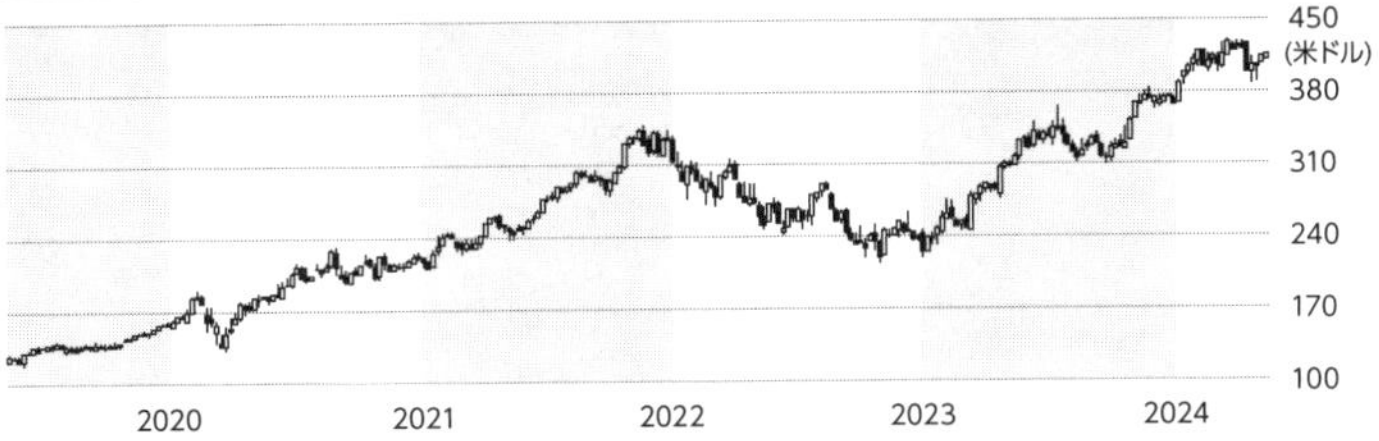

決算期	売上高	営業利益	当期純利益	EPS (1株あたり利益)	配当金
2019年6月	125,843	42,959	39,240	5.06	1.80
2020年6月	143,015	52,959	44,281	5.76	1.99
2021年6月	168,088	69,916	61,271	8.05	2.19
2022年6月	198,270	83,383	72,738	9.65	2.42
2023年6月	211,915	88,523	72,361	9.68	2.66

※売上高、営業利益および当期純利益は百万ドル、EPSおよび配当金はドル

平均成長率	売上高	営業利益	当期純利益
3年間	14.0%	18.7%	17.8%
5年間	13.9%	20.4%	34.3%
10年間	10.5%	12.7%	12.7%

平均利益率	営業利益	当期純利益
3年間	41.8%	35.8%
5年間	39.3%	33.9%
10年間	34.1%	26.6%

時価総額	3,085,373	自己資本比率	50.1%	有利子負債	47,237
実績ROE	38.5%	予想配当利回り	0.7%	フリーCF	59,475

※時価総額、有利子負債およびフリーCFは百万ドル

桶井道の着眼点

ビジネスインフラという強みを維持しつつ、新しい技術への投資もしている強さ。

31 アプライド・マテリアルズ

世界首位級の半導体製造装置・ディスプレイ製造装置メーカー

背景・トピックス

半導体は産業のコメとも言われてきたが、今や国家の安全保障に直結し、競争力も左右する戦略物資となった。日本、米国、ドイツなど各国が工場を誘致して自国生産に動いている。

半導体は非常に多くの製品に使われており、現代社会において欠かせないものである。特に、近年はAIの普及に伴い半導体需要が上昇している。

半導体を製造するためには、製造装置が欠かせない。アプライド・マテリアルズはその製造装置において世界No.1の地位をオランダのASMLホールディングと争っている。

主な顧客は、TSMC、インテル、サムスン電子である。これらの企業の設備投資動向が業績を大きく左右する構造を持つ。

近年の営業利益率がコンスタントに30％に迫る水準で、収益率が高い。

6期連続増配。

» ティッカー
AMAT

» 国名
米国

» 証券取引所
ナスダック証券取引所

銘柄概略

世界中のほぼすべての半導体チップや先進ディスプレイの製造に寄与している、世界最大級の半導体製造装置・ディスプレイ製造装置メーカー。売上高の8割以上を米国以外で得ているグローバル企業。

株価

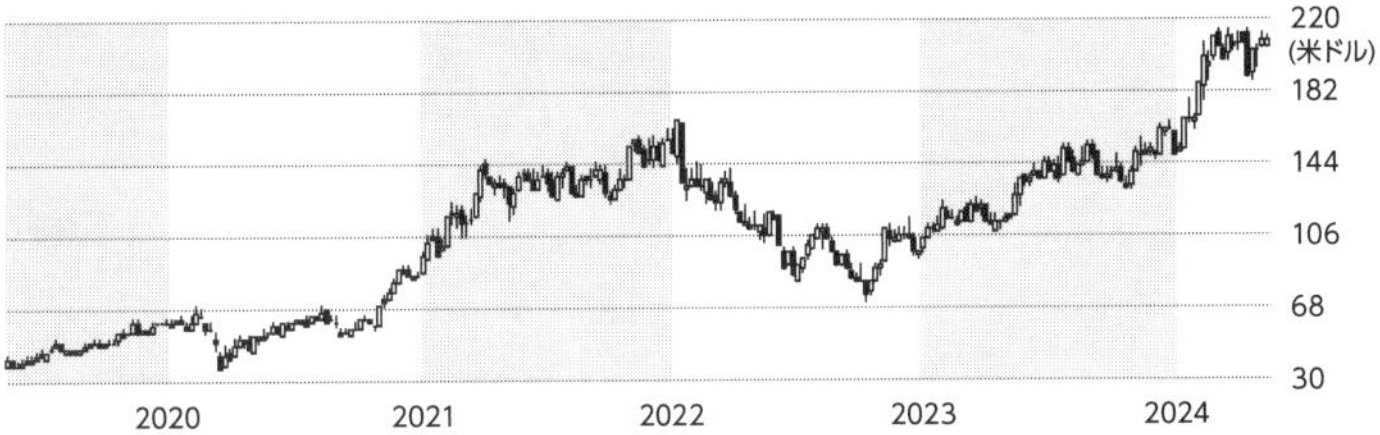

決算期	売上高	営業利益	当期純利益	EPS (1株あたり利益)	配当金
2019年10月	14,608	3,350	2,706	2.86	0.82
2020年10月	17,202	4,365	3,619	3.92	0.86
2021年10月	23,063	7,200	5,888	6.40	0.92
2022年10月	25,785	7,784	6,525	7.44	1.00
2023年10月	26,517	7,654	6,856	8.11	1.16

※売上高、営業利益および当期純利益は百万ドル、EPSおよび配当金はドル

平均成長率	売上高	営業利益	当期純利益
3年間	15.5%	20.6%	23.7%
5年間	9.0%	9.8%	15.7%
10年間	13.4%	25.8%	38.9%

平均利益率	営業利益	当期純利益
3年間	30.1%	25.6%
5年間	27.7%	23.3%
10年間	24.6%	20.1%

時価総額	178,081
実績ROE	45.2%

自己資本比率	53.2%
予想配当利回り	0.7%

有利子負債	5,561
フリーCF	7,594

※時価総額、有利子負債およびフリーCFは百万ドル

桶井道の着眼点

スマホや家電、車から国防にも半導体は必要で、当社が必要なくなる世界は考えにくい。

32 JPモルガン・チェース・アンド・カンパニー

》NYに本社を置く、世界屈指のグローバル総合金融グループ

》ティッカー
JPM

》国名
米国

》証券取引所
ニューヨーク証券取引所

背景・トピックス

世界100カ国以上で事業を営む。各種ローンや決済サービスを提供する個人や中小企業向けサービスを〝Chase〟ブランドで、機関投資家向けビジネス、アセットマネジメント業務、大企業向け商業銀行業務を〝JPモルガン〟ブランドで営んでいる。

会社の歴史は、同業他社との経営統合の歴史と言ってもいい。リーマン・ショック時は、ベア・スターンズとワシントン・ミューチュアルを買収した。

2023年5月には、同年3月にシリコンバレー銀行の破綻の余波を受けて経営破綻した地銀大手ファースト・リパブリック・バンクを買収した。

総資産、時価総額等で世界屈指の総合金融グループゆえ、その業績に着目する投資家が多い。今後、FRBの利下げに伴って見込まれる減収を融資の伸び等でどの程度吸収できるかが着目点となろう。

10期以上連続増配。

銘柄概略

前身は1799年に創業した”The Manhattan Company”で、市民に水を供給していた。2000年にJPモルガンとチェース・マンハッタンが合併して現在の姿となる。世界屈指の総合金融グループ。

株価

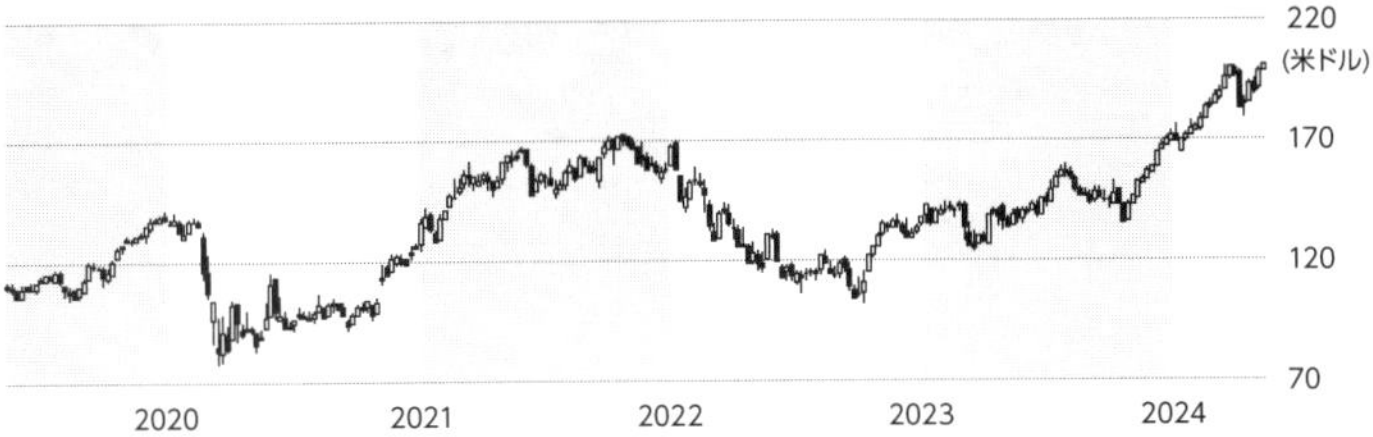

決算期	売上高	営業利益	当期純利益	EPS (1株あたり利益)	配当金
2019年12月	115,627	---	36,431	10.72	3.40
2020年12月	119,475	---	29,131	8.88	3.60
2021年12月	121,685	---	48,334	15.36	3.80
2022年12月	128,641	---	37,676	12.09	4.00
2023年12月	154,952	---	49,552	16.23	4.10

※売上高、営業利益および当期純利益は百万ドル、EPSおよび配当金はドル

平均成長率	売上高	営業利益	当期純利益
3年間	9.1%	---	19.4%
5年間	7.3%	---	8.8%
10年間	4.8%	---	10.7%

平均利益率	営業利益	当期純利益
3年間	---	33.7%
5年間	---	31.4%
10年間	---	28.7%

時価総額	581,886	自己資本比率	7.8%	有利子負債	436,537
実績ROE	16.7%	予想配当利回り	2.3%	フリーCF	12,974

※時価総額、有利子負債およびフリーCFは百万ドル

桶井道の着眼点

世界有数のグローバル総合金融サービス会社、投資先として「寄らば大樹の陰」と考える。

33 モルガン・スタンレー

40カ国以上に拠点を持つ、世界有数の金融サービス業

背景・トピックス

事業はウェルス・マネジメント（主に富裕層の個人が保有する資産を包括的に管理するサービス）部門、機関投資家向け証券部門、投資運用部門で構成される。ウェルス・マネジメント部門と機関投資家向け証券部門で収益の約9割を占める。

2020年にイー・トレードを買収し、個人向け事業も強化した。

40カ国以上に拠点をもち、米国以外からの収益は全体の25%程度である。

金融業の業績や株価は良くも悪くも金融マーケットの動きに連動する。それでもモルガン・スタンレーは10年平均で年5・1%の増収、年12・0%の増益（当期純利益）を遂げており、長い目で見れば成長力が高いと言えよう。

2024年1月に長い間同社を率いたジエームズ・ゴーマン氏からテッド・ピック氏にCEOが交代。かじ取りが注目される。

10期以上連続増配。

» ティッカー
MS

» 国名
米国

» 証券取引所
ニューヨーク証券取引所

銘柄概略

1935 年創業。1997 年にディーン・ウィッター・ディスカバーと合併し、米国最大の資産運用、証券会社となる。2008 年に金融持ち株会社となり、同年に日本の三菱 UFJFG と戦略的資本提携を結んでいる。

株価

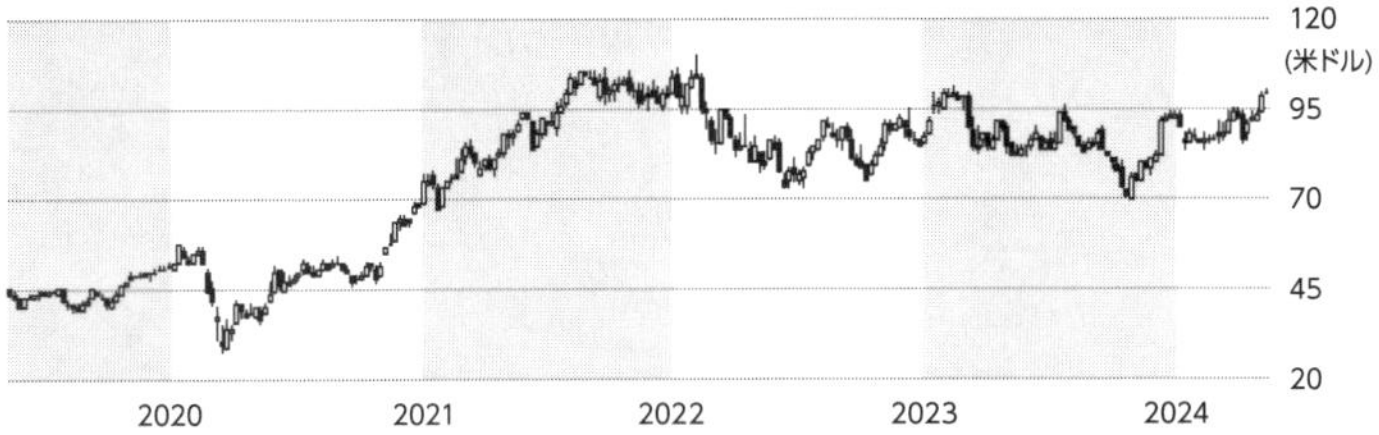

決算期	売上高	営業利益	当期純利益	EPS (1株あたり利益)	配当金
2019年12月	38,926	---	9,042	5.19	1.30
2020年12月	45,269	---	10,996	6.46	1.40
2021年12月	56,414	---	15,034	8.03	2.10
2022年12月	50,210	---	11,029	6.15	2.95
2023年12月	50,667	---	9,087	5.18	3.25

※売上高、営業利益および当期純利益は百万ドル、EPSおよび配当金はドル

平均成長率	売上高	営業利益	当期純利益
3年間	3.8%	---	-6.2%
5年間	6.1%	---	0.8%
10年間	5.1%	---	12.0%

平均利益率	営業利益	当期純利益
3年間	---	22.2%
5年間	---	22.8%
10年間	---	20.2%

時価総額	159,006	自己資本比率	7.6%	有利子負債	276,387
実績ROE	9.8%	予想配当利回り	3.5%	フリーCF	-36,948

※時価総額、有利子負債およびフリーCFは百万ドル

桶井道の着眼点

長期で見れば、着実に成長を継続し、増配も続けているところは評価できよう。

34

CMEグループ

派生商品取引所をいくつも傘下に収める世界最大級の持株会社

» ティッカー
CME

» 国名
米国

» 証券取引所
ナスダック証券取引所

背景・トピックス

金融・商品先物のCME、商品先物のCBOT、NYMEX、COMEX等を有する。日本の早朝に報道される日経平均先物の値はCMEでの取引値であり、日本の株式市場にも大きい影響を持っている。

派生商品取引は、決められた日に「清算」しなければならない。CMEグループは清算機能も有しており、S&P500先物などの清算も担っている。

派生商品取引を扱うシンプルなビジネスモデルだが、他社が容易に新規参入できない寡占分野であるため、営業利益率が約60%と非常に高い。製造業においては到達できない数字である。業績は、増収増益基調であるが、マーケットが活発に動かない軟調な局面では低下する傾向にある。短期的には、業績がボラタイルな動きをする可能性があることは念頭に置いておきたい。

四半期に一度の配当以外に、特別配当を出すことが多い。

銘柄概略

金利、株価指数、為替、エネルギー、農産物、金属など多数の資産の派生商品（先物取引やオプションなど）が取引される取引所を傘下に収める。CME は Chicago Mercantile Exchange の略。

株価

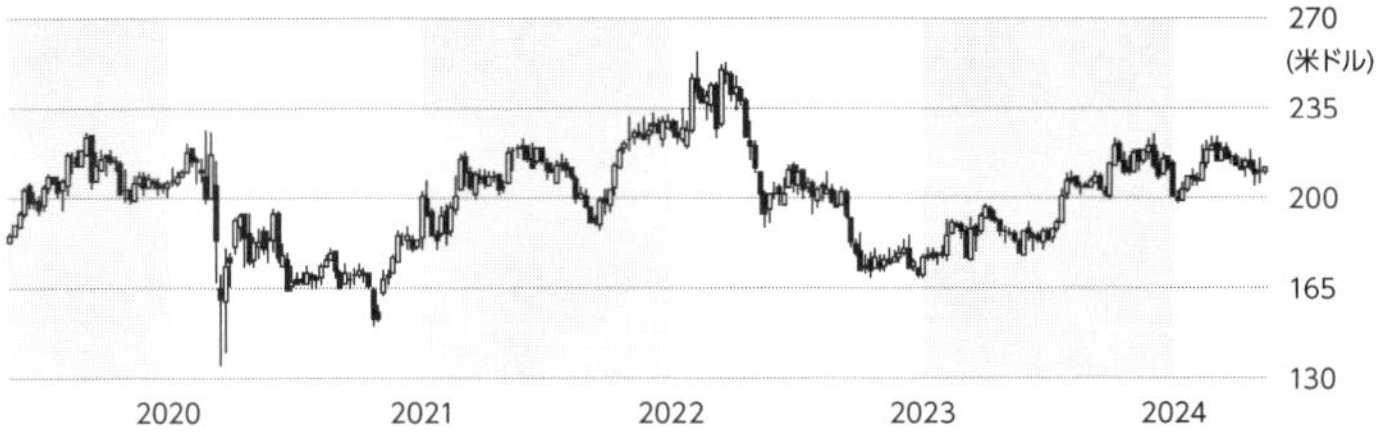

決算期	売上高	営業利益	当期純利益	EPS (1株あたり利益)	配当金
2019年12月	4,868	2,588	2,117	5.91	5.50
2020年12月	4,884	2,637	2,105	5.87	5.90
2021年12月	4,690	2,645	2,636	7.29	6.85
2022年12月	5,019	3,016	2,691	7.40	8.50
2023年12月	5,579	3,436	3,226	8.86	9.65

※売上高、営業利益および当期純利益は百万ドル、EPSおよび配当金はドル

平均成長率	売上高	営業利益	当期純利益
3年間	4.5%	9.2%	15.3%
5年間	5.3%	5.7%	10.5%
10年間	6.6%	7.7%	12.7%

平均利益率	営業利益	当期純利益
3年間	59.4%	55.9%
5年間	57.0%	50.8%
10年間	58.7%	52.8%

時価総額	73,086	自己資本比率	20.6%	有利子負債	3,425
実績ROE	11.6%	予想配当利回り	4.3%	フリーCF	3,377

※時価総額、有利子負債およびフリーCFは百万ドル

桶井道の着眼点

金融インフラ企業といえる。新規参入を容易に許さず、しっかり儲かっている。

35 MSCI

»「オルカン」を買っている人は、この企業の業績に寄与しています

» ティッカー
MSCI

» 国名
米国

» 証券取引所
ニューヨーク証券取引所

背景・トピックス

自社のビジネスを「投資意思決定支援ツールを世界的に提供する大手プロバイダー」。製品とサービスは、インデックス、分析ツール、データ、不動産ベンチマーク、ESGリサーチ」と説明する。

金融セクター銘柄だが、顧客から資産を預かるのではなく、「資産を預かる金融サービス業のサポートをする」企業だ。

売上高の約60％を指数算出ビジネスで得る。リアルタイムで算出する指数だけでも1・6万以上。最大の顧客は多数のETF等を運用するブラックロックで、当社の収益の約1割を占める。世界的に主流になりつつあるパッシブ運用資産の増加の恩恵を最も受ける企業の一つ。ライバルはS&PグローバルやFTSEぐらいしかない。

営業利益率は50％を超える高い水準。設備投資が不要なため、潤沢なフリーキャッシュフローは新たなノウハウと人材を得るためのM&Aに向けられている。

銘柄概略

株価指数の算出やポートフォリオ分析が事業の柱。MSCI が算出する All Country World Index という全世界株式指数は日本の投資家にもよく知られている。

株価

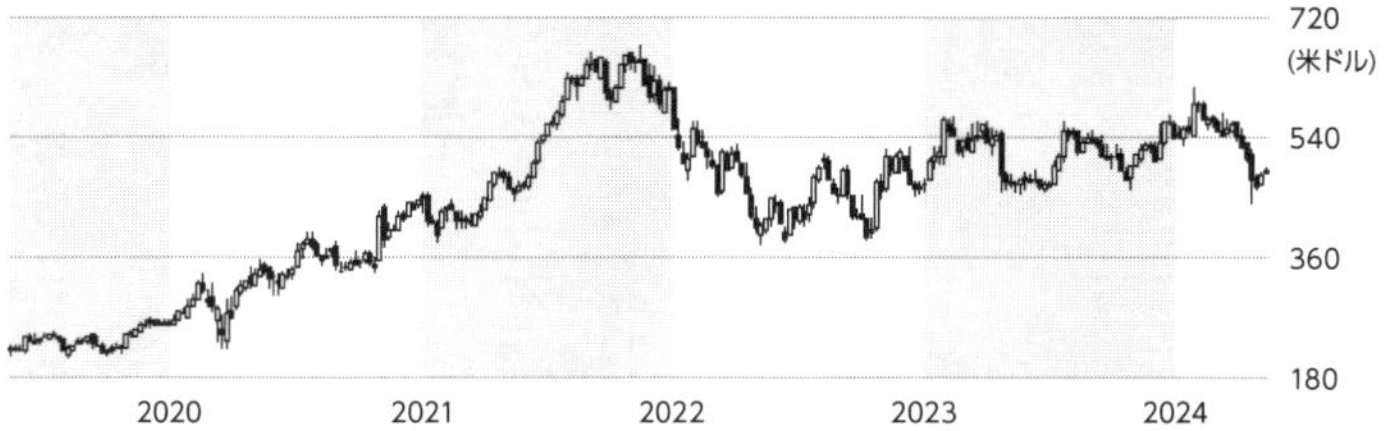

決算期	売上高	営業利益	当期純利益	EPS (1株あたり利益)	配当金
2019年12月	1,558	756	564	6.59	2.52
2020年12月	1,695	885	602	7.12	2.92
2021年12月	2,044	1,089	726	8.70	3.64
2022年12月	2,249	1,208	871	10.72	4.58
2023年12月	2,529	1,385	1,149	14.39	5.52

※売上高、営業利益および当期純利益は百万ドル、EPSおよび配当金はドル

平均成長率	売上高	営業利益	当期純利益
3年間	14.3%	16.1%	24.0%
5年間	12.0%	15.1%	17.7%
10年間	9.3%	14.1%	17.8%

平均利益率	営業利益	当期純利益
3年間	53.9%	39.9%
5年間	52.5%	38.3%
10年間	47.0%	32.3%

時価総額	39,230	自己資本比率	---	有利子負債	4,507
実績ROE	---	予想配当利回り	1.3%	フリーCF	1,145

※時価総額、有利子負債およびフリーCFは百万ドル

桶井道の着眼点

ライバルが少ない寡占事業であり、営業利益率が高く、潮流でもあり、持っておきたい。

36 S&Pグローバル

≫ S&P500連動商品を買っている人は、この企業の業績に寄与しています

≫ ティッカー
SPGI

≫ 国名
米国

≫ 証券取引所
ニューヨーク証券取引所

背景・トピックス

稼ぎ頭は〝Market Intelligence〟と呼ばれる、データ提供や信用リスク管理ソリューションビジネスで、信用格付け付与事業が次ぐ。日本の投資家によく知られている指数算出事業は、全体の売上高の1割程度に過ぎない。

他の事業セグメントはコモディティ市場データサービスと、自動車関連ビジネスデータサービスである。MSCIが競業にあたる部分もあるが、当社の方が事業分野が広い。

いずれのビジネスも、新規参入がそれほど容易ではない特徴を持つことが強みであり、結果として営業利益率が高い。

M&Aに積極的で、近年の例では2022年2月に製造業・非製造業PMI（購買担当者景気指数）を算出・公表しているIHSマークイットを買収した。この買収が業績にプラス寄与し、2023年の売上高が約12%増加している。

銘柄概略

金融情報サービス企業。日本の投資家には子会社のS&P ダウ・ジョーンズ・インデックスが算出しているS&P500 やNY ダウ等の指数算出ビジネスがよく知られているだろう。

株価

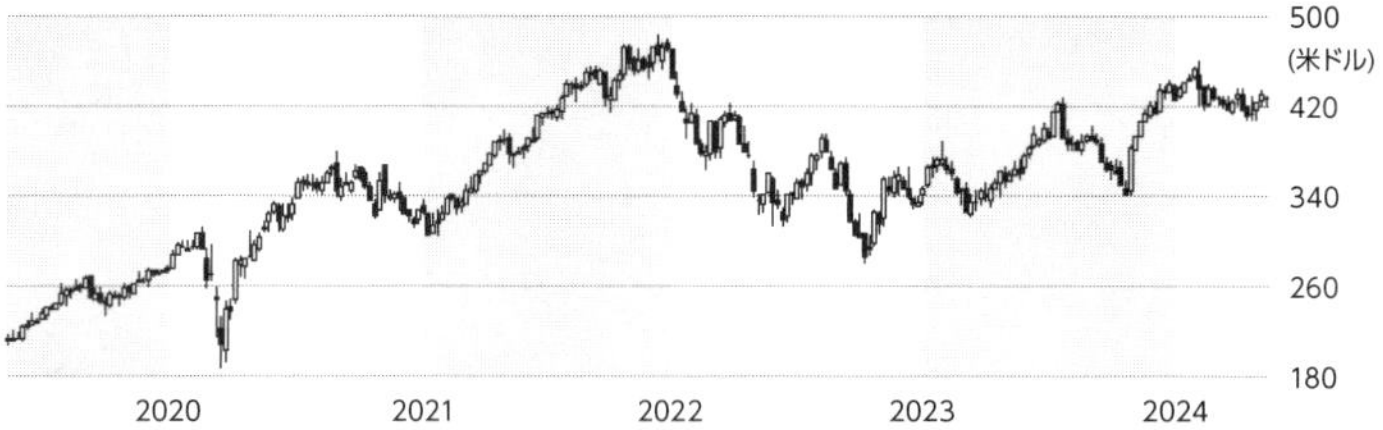

決算期	売上高	営業利益	当期純利益	EPS (1株あたり利益)	配当金
2019年12月	6,699	3,177	2,123	8.60	2.28
2020年12月	7,442	3,601	2,339	9.66	2.68
2021年12月	8,297	4,210	3,024	12.51	3.08
2022年12月	11,181	3,019	3,248	10.20	3.32
2023年12月	12,497	4,054	2,626	8.23	3.60

※売上高、営業利益および当期純利益は百万ドル、EPSおよび配当金はドル

平均成長率	売上高	営業利益	当期純利益
3年間	18.9%	4.0%	3.9%
5年間	14.8%	7.8%	6.0%
10年間	9.9%	11.2%	6.7%

平均利益率	営業利益	当期純利益
3年間	36.7%	28.8%
5年間	41.2%	29.9%
10年間	37.2%	26.2%

時価総額	133,768	自己資本比率	56.4%	有利子負債	11,459
実績ROE	8.0%	予想配当利回り	0.9%	フリーCF	3,567

※時価総額、有利子負債およびフリーCFは百万ドル

桶井道の着眼点

こちらも金融界のインフラ的存在。30%台半ばある営業利益率は魅力である。

37 ビザ（VISA）

世界No.1のデジタル決済事業者

ティッカー
V

国名
米国

証券取引所
ニューヨーク証券取引所

背景・トピックス

ご存知、〝VISA〟のロゴが載ったカードが世界中で知られるブランド力。消費者向けサービスだけでも1日に7・6億件、VISAの情報が使われており、世界のクレジット決済数の約4割をVISAが占める。

当社は金融機関ではないので、自らがカードの発行はしていない。よって、信用リスクは負っていない。決済ネットワークサービスが利用される都度発生する手数料で収益を得ている。シンプルに言えば、決済が増えれば増えるほど儲かる企業である。営業利益率が売上高の2／3に相当するのは驚異的である。

決済手段が多様化し競合は増えているものの、既に世界中にネットワークを拡大しており、金融インフラ企業とも言えよう。築き上げた利便性の牙城は、簡単には陥落しないと考える。

10期以上連続増配。

銘柄概略

決済高世界首位。決済ネットワーク "VIsaNet" を展開し、世界 200 カ国以上で 160 の通貨の決済をしている。決済手数料で稼ぐビジネスモデル。日本でも、多くの人の財布に VISA カードがあるだろう。

株価

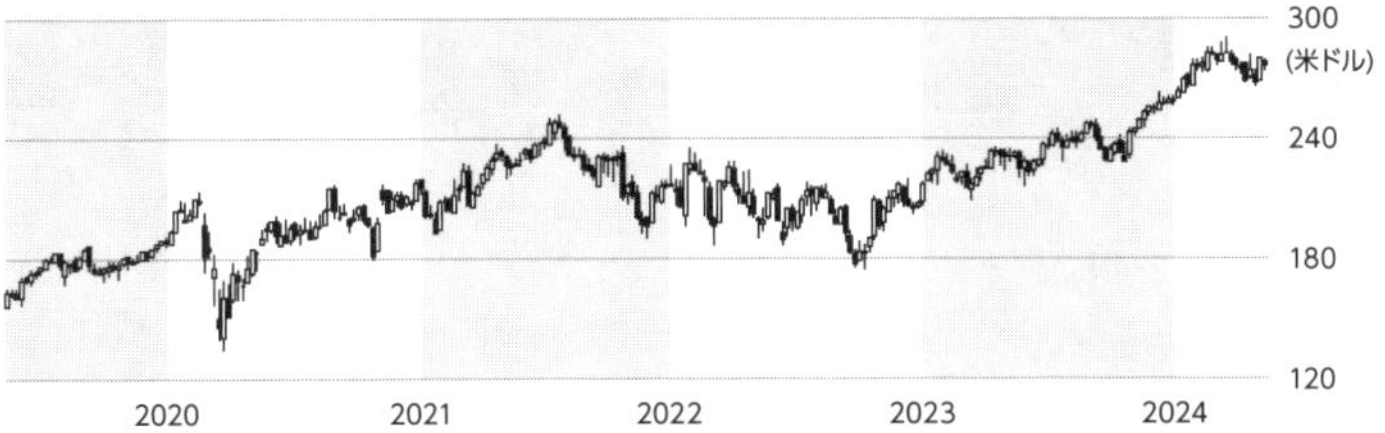

決算期	売上高	営業利益	当期純利益	EPS (1株あたり利益)	配当金
2019年9月	22,977	15,401	12,080	5.32	1.00
2020年9月	21,846	14,092	10,866	4.89	1.20
2021年9月	24,105	15,807	12,311	5.63	1.28
2022年9月	29,310	19,681	14,957	7.00	1.50
2023年9月	32,653	21,927	17,273	8.28	1.80

※売上高、営業利益および当期純利益は百万ドル、EPSおよび配当金はドル

平均成長率	売上高	営業利益	当期純利益
3年間	14.3%	15.9%	16.7%
5年間	9.6%	10.1%	10.9%
10年間	10.7%	11.7%	13.2%

平均利益率	営業利益	当期純利益
3年間	66.6%	51.7%
5年間	66.3%	51.5%
10年間	65.8%	47.2%

時価総額	548,602	自己資本比率	42.8%	有利子負債	20,463
実績ROE	47.5%	予想配当利回り	0.8%	フリーCF	19,696

※時価総額、有利子負債およびフリーCFは百万ドル

桶井道の着眼点

高い世界シェア、モンスター級の営業利益率、参入障壁を評価。ナンバーワン投資したい。

38 マスターカード

世界第2位のクレジット会社

背景・トピックス

「〇〇はプライスレス」というCMでおなじみ。マスターカードだけでなく、デビットカードブランドであるマエストロ、グローバルATMネットワークであるシーラスもよく知られたサービスブランドである。

VISAと同様にカードの発行は行わず、決済サービスネットワークを提供して、手数料を得ている。営業利益率が約60%の高収益企業である。

北米で強いVISAに対し、当社は北米以外の国での収益が北米の収益の約2倍である。特に1960年代に進出したヨーロッパでVISAより強さを持つと言われる。1970年代に豪州とアフリカ、1980年代に南米とアジアへ進出。1987年にはクレジットカード会社として初めて中国で事業を開始。翌年、ソビエト連邦でマスターカードが初めて発行された。

中国景気の低迷はやや懸念材料ではある。10期以上連続増配。

ティッカー
MA

国名
米国

証券取引所
ニューヨーク証券取引所

銘柄概略

実質的に、世界第 2 位の決済サービス会社。第 1 位である VISA のライバル。世界 210 カ国以上 150 以上の通貨でサービスを提供する。ヨーロッパでは VISA より強いと言われる。VISA 同様に高収益企業である。

株　価

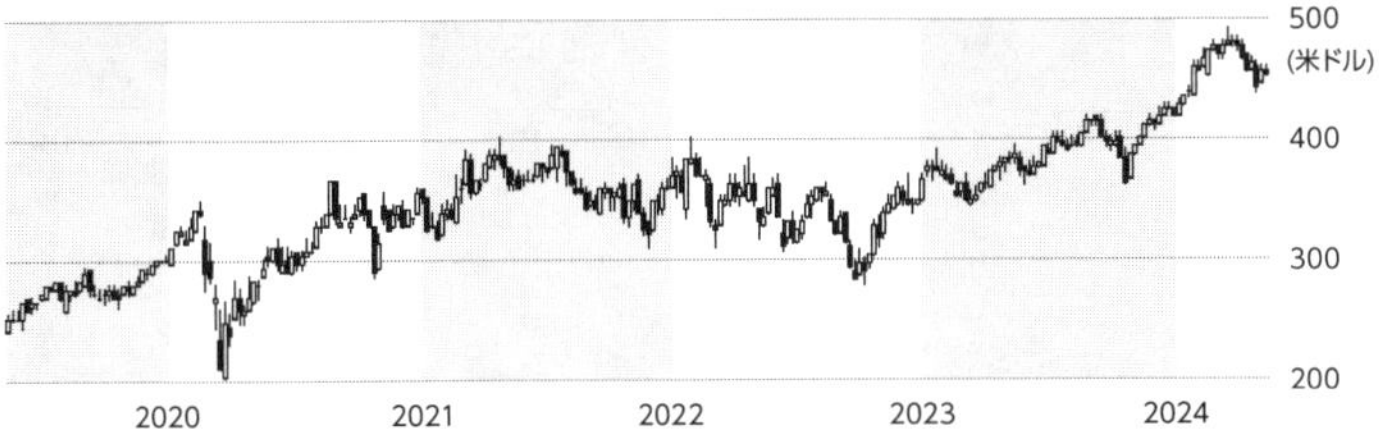

決算期	売上高	営業利益	当期純利益	EPS (1株あたり利益)	配当金
2019年12月	16,883	9,696	8,118	7.94	1.32
2020年12月	15,301	8,163	6,411	6.37	1.60
2021年12月	18,884	10,227	8,687	8.76	1.76
2022年12月	22,237	12,722	9,930	10.22	1.96
2023年12月	25,098	14,630	11,195	11.83	2.28

※売上高、営業利益および当期純利益は百万ドル、EPSおよび配当金はドル

平均成長率	売上高	営業利益	当期純利益
3年間	17.9%	21.5%	20.4%
5年間	10.9%	11.8%	13.8%
10年間	11.6%	12.3%	13.6%

平均利益率	営業利益	当期純利益
3年間	56.6%	45.1%
5年間	56.1%	45.0%
10年間	55.1%	41.1%

時価総額	415,603	自己資本比率	16.3%	有利子負債	15,681
実績ROE	188.4%	予想配当利回り	0.6%	フリーCF	10,892

※時価総額、有利子負債およびフリーCFは百万ドル

桶井道の着眼点

世界1位のビザにはない強みを持ち、棲み分けできている。高い営業利益率も評価。

39

》61期連続増配中の総合ヘルスケア企業

ジョンソン・エンド・ジョンソン

背景・トピックス

「バンドエイド」、口腔ケア「リステリン」、ベビー用品など、日本人でもジョンソン・エンド・ジョンソンのロゴがついた製品を使ったことがある人は多いだろう。これらは「消費者ヘルス事業」と呼ばれていたが、2021年に分離を発表し、2023年にケンビュー（KVUE）として上場した。当事業の分離により利益率が高い事業ポートフォリオになったと考えられる。

現在の事業は医薬品と医療機器で、製薬だけでも医療機器だけでもない事業ポートフォリオが当社の強みと言える。医療機器の売上高はメドトロニック（MDT）に次いで世界第2位である（2020年実績）。

売上高の約半分を米国で得る。当面、人口が増加すると予想されている米国でも、これから先は高齢化を迎える。高齢者の数が増えればヘルスケア市場も成長すると見込まれ、当社はその恩恵を受けるであろう。

61期連続増配。

》ティッカー
JNJ

》国名
米国

》証券取引所
ニューヨーク証券取引所

銘柄概略

総合ヘルスケア世界大手企業。かつて取り扱っていた消費者向け商品は、日本でも知名度が高い（事業を分離済み）。現在の事業は医薬品と医療機器であり、両方を扱うのが当社の強み。

株価

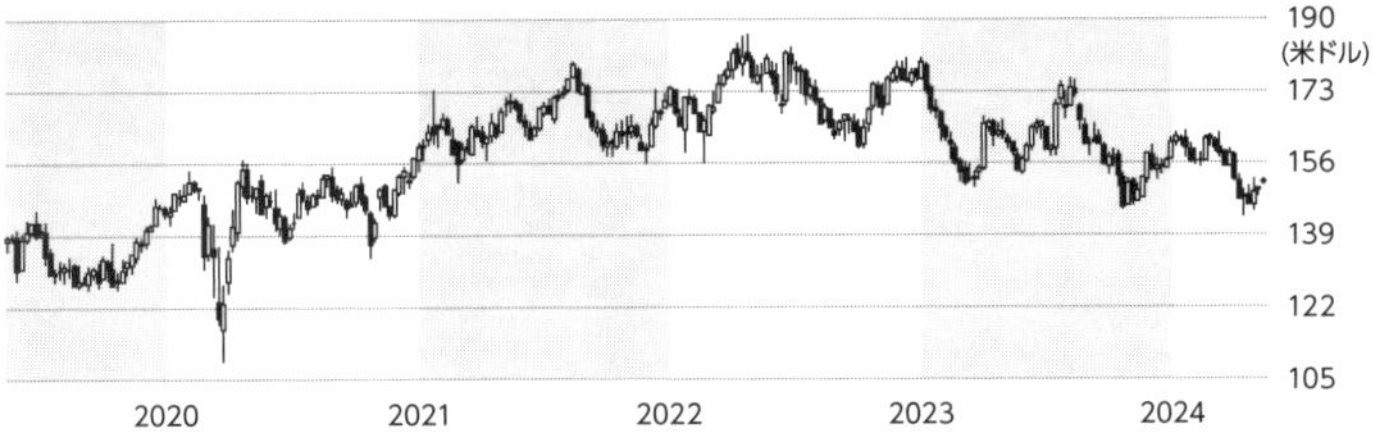

決算期	売上高	営業利益	当期純利益	EPS (1株あたり利益)	配当金
2019年12月	82,059	20,970	15,119	5.63	3.75
2020年12月	82,584	19,914	14,714	5.51	3.98
2021年12月	93,775	24,547	20,878	7.81	4.19
2022年12月	94,943	23,703	17,941	6.73	4.45
2023年12月	85,159	23,409	35,153	13.72	4.70

※売上高、営業利益および当期純利益は百万ドル、EPSおよび配当金はドル

平均成長率	売上高	営業利益	当期純利益
3年間	1.0%	5.5%	33.7%
5年間	0.9%	2.0%	18.1%
10年間	1.8%	2.1%	9.8%

平均利益率	営業利益	当期純利益
3年間	26.2%	27.5%
5年間	25.7%	23.7%
10年間	26.3%	20.6%

時価総額	352,988	自己資本比率	41.0%	有利子負債	29,332
実績ROE	54.6%	予想配当利回り	3.4%	フリーCF	17,778

※時価総額、有利子負債およびフリーCFは百万ドル

桶井道の着眼点

世界的に規模が大きいことと、医薬品と医療機器で広く事業するので投資しやすい。

40

》人口増による業績拡大が見込まれる米国最大級の民間医療保険会社

ユナイテッドヘルス・グループ

》ティッカー
UNH

》国名
米国

》証券取引所
ニューヨーク証券取引所

背景・トピックス

米国の医療保険制度は日本の健康保険制度とは異なり、国民皆保険制度がない。米国の公的医療保険制度は、65歳以上の高齢者および障害者を対象とするメディケアと、低所得者を対象とするメディケイドの2種類が存在する。

これらの制度の対象外となる人が多く、その大部分が民間医療保険を利用している。

この民間医療保険を担う最大手がユナイテッドヘルス・グループである。

米国の医療費は4兆2000億ドル（2022年）、対GDP比で16・6％と非常に高く、世界最大。その巨大マーケットでビジネスを営む強みは容易には揺るがないだろう。

医療を必要とする人の数は景気循環とは関係ないため、不況にも強い。また、米国の人口が増えていることは、当社に追い風であろう。

10期以上連続増配。

銘柄概略

企業と政府機関、個人に向けて各種医療保険とサービスを提供する「ユナイテッド・ヘルスケア」と、薬剤給付管理などの医療情報サービスを提供する「オプタム」の 2 つの事業が柱。

株価

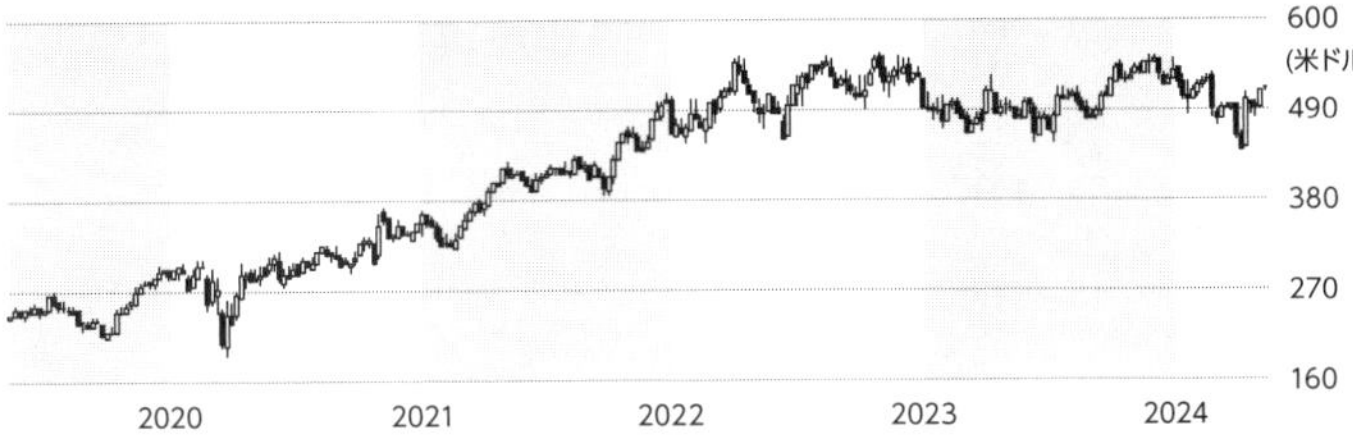

決算期	売上高	営業利益	当期純利益	EPS (1株あたり利益)	配当金
2019年12月	242,155	19,685	13,839	14.33	4.14
2020年12月	257,141	22,405	15,403	16.03	4.83
2021年12月	287,597	23,970	17,285	18.08	5.60
2022年12月	324,162	28,435	20,120	21.18	6.40
2023年12月	371,622	32,358	22,381	23.86	7.29

※売上高、営業利益および当期純利益は百万ドル、EPSおよび配当金はドル

平均成長率	売上高	営業利益	当期純利益
3年間	13.1%	13.0%	13.3%
5年間	10.4%	13.3%	13.3%
10年間	11.7%	12.9%	14.8%

平均利益率	営業利益	当期純利益
3年間	8.6%	6.1%
5年間	8.5%	6.0%
10年間	8.0%	5.2%

時価総額	455,931	自己資本比率	32.4%	有利子負債	62,537
実績ROE	18.3%	予想配当利回り	1.5%	フリーCF	25,682

※時価総額、有利子負債およびフリーCFは百万ドル

桶井道の着眼点

米国最大級の企業+巨大市場+人口増加の恩恵=業績成長が予想できる。

41 ゾエティス

» 動物用医薬品メーカーのNo.1企業

» ティッカー
ZTS

» 国名
米国

» 証券取引所
ニューヨーク証券取引所

背景・トピックス

ファイザー時代からの歴史は70年以上である。ペット用、家畜用など様々な医薬品をおよそ300種揃え、世界100カ国以上で販売している。収益のうち、ペット用が65%を占める。

年間売上高が1億ドルを超える15のブロックバスター（圧倒的な売上のある製品）を保有し、業界のブロックバスターの3分の1以上を占める、とゾエティス自身が言及。

近年はM&Aに積極的である。2018年に獣医用診断機器の大手プロバイダーのAbaxis、2019年に検査サービスのPhoenix Central Laboratory for Veterinarians, IncとZNlabs, LLC、動物栄養剤のPlatinum Performance、2020年に獣医リファレンスラボ事業であるEthos Diagnostic Science、2022年にペットケア遺伝学のリーダーBasepawsと家畜・ペット製品の大手Juroxを買収した。

銘柄概略

動物用医薬品メーカー。前身はファイザーの動物用医薬品部門、2012年に独立を発表、2013年に上場した。社名のゾエティスはZooやZoologyの「Zo-」およびzoetic（生命に関係する）に由来している。

株価

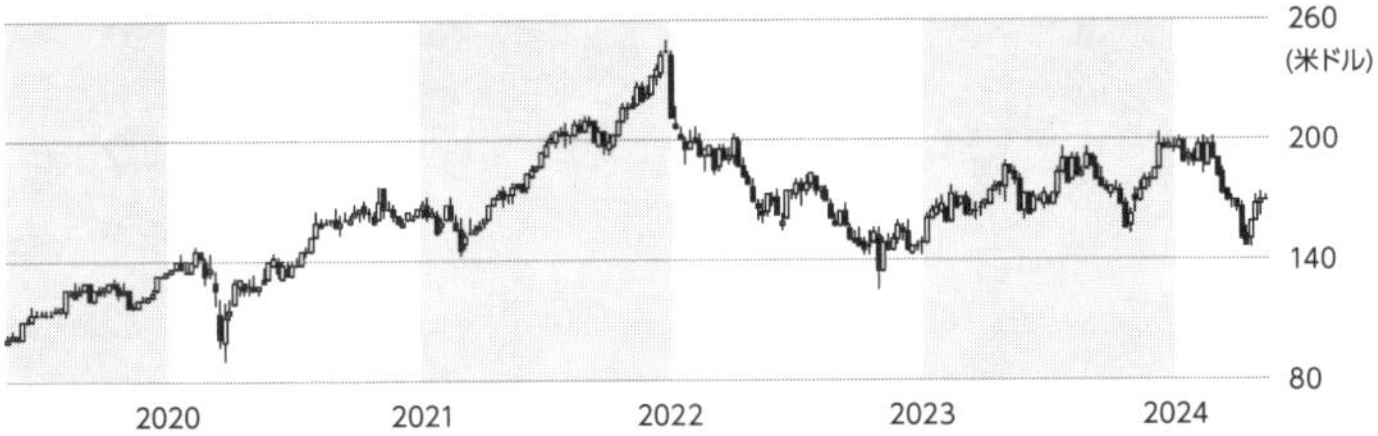

決算期	売上高	営業利益	当期純利益	EPS (1株あたり利益)	配当金
2019年12月	6,260	2,018	1,500	3.11	0.66
2020年12月	6,675	2,269	1,638	3.42	0.80
2021年12月	7,776	2,803	2,037	4.27	1.00
2022年12月	8,080	2,928	2,114	4.49	1.30
2023年12月	8,544	3,069	2,344	5.07	1.50

※売上高、営業利益および当期純利益は百万ドル、EPSおよび配当金はドル

平均成長率	売上高	営業利益	当期純利益
3年間	8.6%	10.6%	12.7%
5年間	8.0%	10.3%	10.4%
10年間	6.5%	14.1%	16.6%

平均利益率	営業利益	当期純利益
3年間	36.1%	26.6%
5年間	34.9%	25.7%
10年間	31.1%	20.5%

時価総額	77,369
実績ROE	50.1%

自己資本比率	35.0%
予想配当利回り	1.0%

有利子負債	6,567
フリーCF	1,621

※時価総額、有利子負債およびフリーCFは百万ドル

桶井道の着眼点

世界的な人口増でペットも家畜も数が増えることが予想でき、当社に追い風となろう。

42 ホーム・デポ

世界最大のホームセンター

ティッカー
HD

国名
米国

証券取引所
ニューヨーク証券取引所

背景・トピックス

米国、カナダ、メキシコで約2300店舗を運営している。

当社が目指すのは、住宅をより良くすることにおいて、「顧客に最高の経験を提供すること、低コストのプロバイダーでいること、最も効率的な投資であること」である。

米国には日本のような「新築信仰」がなく中古住宅にも価値がある。よって、DIYによるリフォームが盛んである。当社はホームセンターとして世界最大、2位のロウズ・カンパニーズと比較して、売上高、営業利益がともに約1・8倍である。

消費者向け商品、プロ向け商品だけではなく、道具や設備のレンタルも営む。2020年、プロ向け建築資材販売大手のHD supplyを買収した。

近年はオンライン販売チャネルにも注力しており、売上高の約14%を占めるようになった。

10期以上連続増配。

銘柄概略

平均 105,000 平方フィートの大型店舗で建築資材、インテリア、家電、園芸用品など約 3 万～ 4 万アイテムの商品を取り扱う世界最大のホームセンター。インドア・ガーデン、家電製品に強みを持つ。

株価

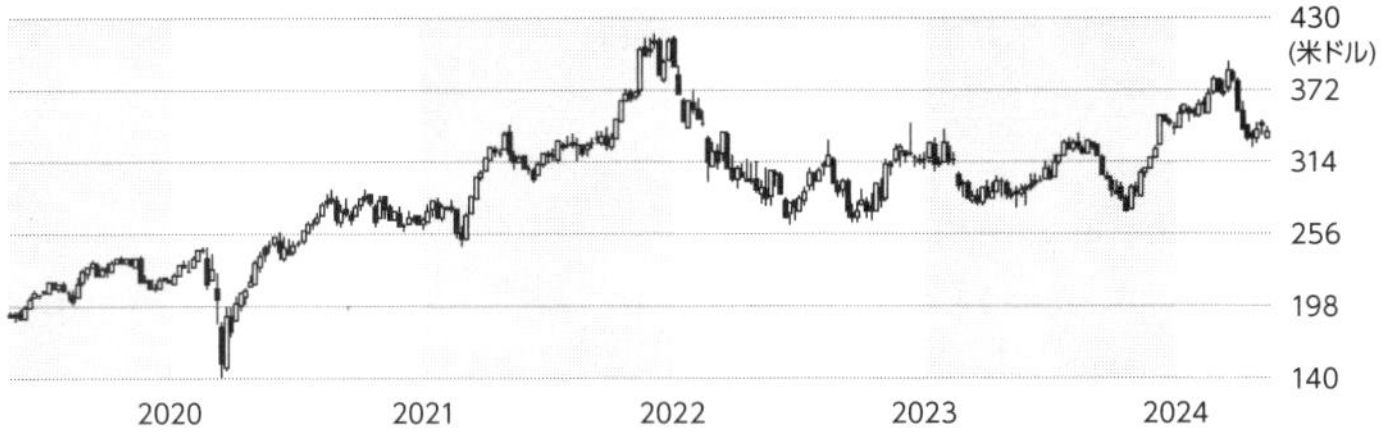

決算期	売上高	営業利益	当期純利益	EPS (1株あたり利益)	配当金
2020年1月	110,225	15,843	11,242	10.25	5.44
2021年1月	132,110	18,278	12,866	11.94	6.00
2022年1月	151,157	23,040	16,433	15.53	6.60
2023年1月	157,403	24,039	17,105	16.69	7.60
2024年1月	152,669	21,689	15,143	15.11	8.36

※売上高、営業利益および当期純利益は百万ドル、EPSおよび配当金はドル

平均成長率	売上高	営業利益	当期純利益
3年間	4.9%	5.9%	5.6%
5年間	7.1%	6.6%	6.4%
10年間	6.8%	9.0%	10.9%

平均利益率	営業利益	当期純利益
3年間	14.9%	10.6%
5年間	14.6%	10.3%
10年間	14.2%	9.4%

時価総額	332,062	自己資本比率	1.4%	有利子負債	44,111
実績ROE	1363.0%	予想配当利回り	2.7%	フリーCF	17,946

※時価総額、有利子負債およびフリーCFは百万ドル

桶井道の着眼点

元から強い企業が、オンライン販売でも実績を伸ばしている。変化できる企業は強い。

43

ロウズ・カンパニーズ

創業100年を経た世界第2位の大手ホームセンター、連続増配中

ティッカー
LOW

国名
米国

証券取引所
ニューヨーク証券取引所

背景・トピックス

家電、ガーデニング用品、木材、工具など、店舗で4万アイテム、ECで200万以上のアイテムを販売する。近年はECに注力し、売上高の11%を占める。

米国には日本のような根強い「新築信仰」がなく、新築住宅よりも中古住宅の取引量のほうが圧倒的に大きい。

そのためDIY（Do-it-yourself）文化が根付いており、住宅に傷《いた》みが出ると自分で修繕するのが普通である。よって、米国の住宅リフォーム市場は巨大といわれる。ロウズ・カンパニーズはホーム・デポと並び、そのDIY市場のメインプレイヤーである。

2023年2月にカナダの小売事業を売却。店舗数が1割以上減少したため、売上高は前年比で減少しているが、利益率は改善している。

25期以上連続増配である。配当性向はホーム・デポより低く、無理なく増配してきている銘柄と言える。

銘柄概略

2021 年に創業 100 周年を迎えた世界第 2 位のホームセンター。第 1 位はホーム・デポ（HD）。時価総額はホーム・デポの約 3 分の 1 だが歴史は当社の方がずっと長い。売上高の 75% は個人の住宅保有者の DIY 向け。

株　価

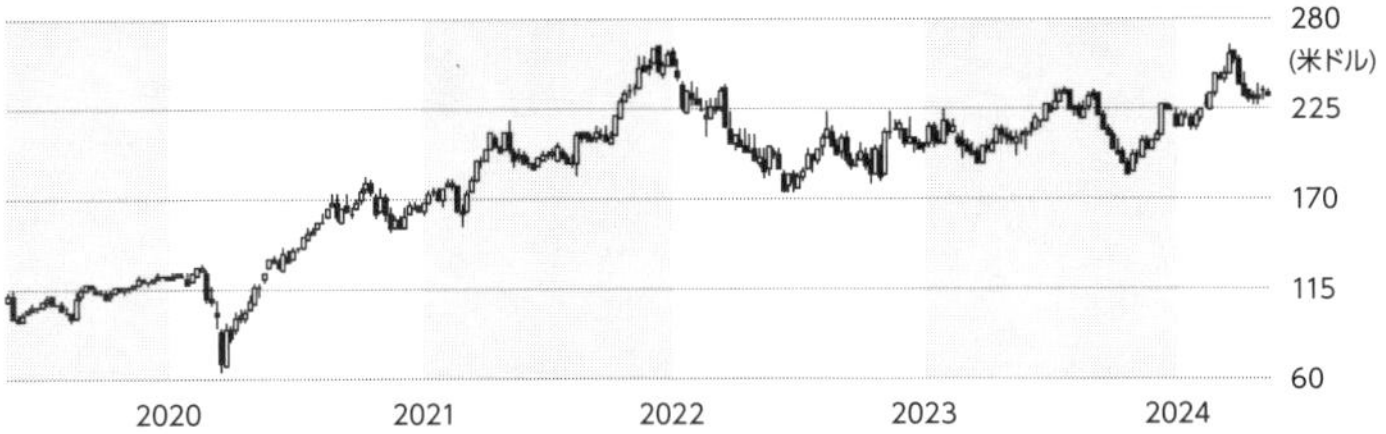

決算期	売上高	営業利益	当期純利益	EPS (1株あたり利益)	配当金
2020年1月	72,148	6,314	4,281	5.49	2.13
2021年1月	89,597	9,647	5,835	7.75	2.30
2022年1月	96,250	12,093	8,442	12.04	3.00
2023年1月	97,059	10,159	6,437	10.17	3.95
2024年1月	86,377	11,557	7,726	13.20	4.35

※売上高、営業利益および当期純利益は百万ドル、EPSおよび配当金はドル

平均成長率	売上高	営業利益	当期純利益
3年間	-1.2%	6.2%	9.8%
5年間	3.9%	23.5%	27.3%
10年間	4.9%	10.8%	13.0%

平均利益率	営業利益	当期純利益
3年間	12.1%	8.1%
5年間	11.2%	7.4%
10年間	9.7%	5.9%

時価総額	126,620	自己資本比率	---	有利子負債	35,921
実績ROE	---	予想配当利回り	2.0%	フリーCF	6,176

※時価総額、有利子負債およびフリーCFは百万ドル

桶井道の着眼点

25期以上連続増配は素晴らしい実績。あえて規模縮小も、利益率改善は評価できよう。

44 マクドナルド

世界最大のファーストフードチェーン

ティッカー
MCD

国名
米国

証券取引所
ニューヨーク証券取引所

背景・トピックス

約95％の店舗がフランチャイズ店だが、フランチャイズからの収益は売上高の約6割程度で、直営店舗から得る売上が決して小さいわけではない。

マクドナルドが「成長の柱（growth pillars）」と位置づけているのは、Maximize our Marketing（マーケティングの最大化）、Commit to the Core（コア客へのコミット）、Double Down on the 4D's（4Dの強化、4DはDigital, Delivery,Drive-Thru, Restaurant Development）の3つで、頭文字をとるとティッカーの〝MCD〟になる。

特筆すべきは、足下で45％前後という営業利益率の高さである。日本の外食大手ゼンショーHDの営業利益率が3％程度であることと比較すると、その差は一目瞭然であろう。日本のマクドナルドは同約10％である。

2023年12月に2027年までに5万店舗を目指すことを発表。さらなる事業拡大が期待される。

銘柄概略

誰でも一度は見たことがあろう「マクドナルド」をフランチャイズまたは直接運営している企業。世界 100 カ国以上に 4 万以上の店舗を持ち、その約 95% はフランチャイズ店。

株　価

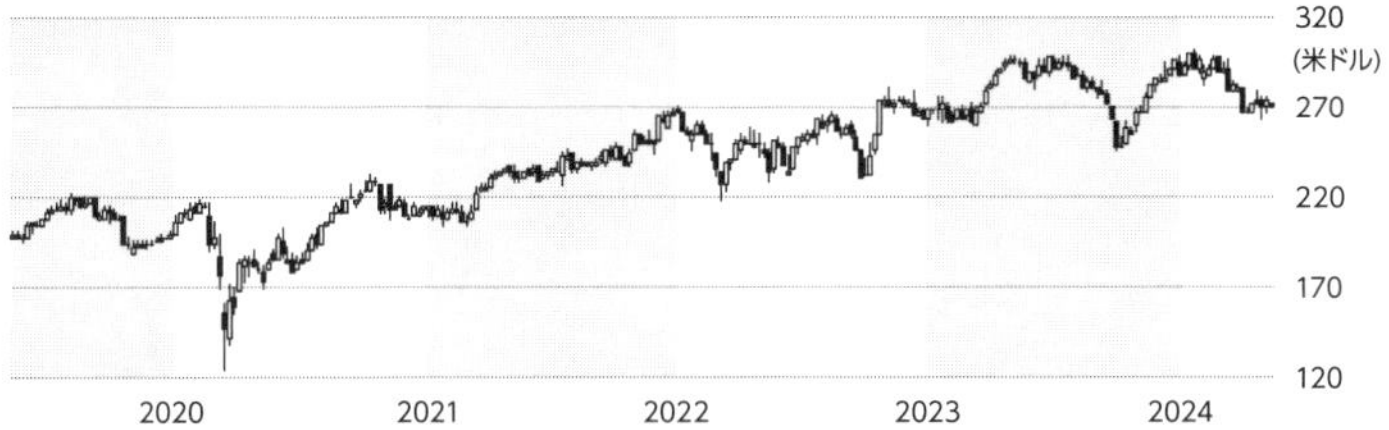

決算期	売上高	営業利益	当期純利益	EPS (1株あたり利益)	配当金
2019年12月	21,077	8,886	6,025	7.88	4.73
2020年12月	19,208	7,207	4,731	6.31	5.04
2021年12月	23,223	9,873	7,545	10.04	5.25
2022年12月	23,183	10,345	6,177	8.33	5.66
2023年12月	25,494	11,746	8,469	11.56	6.23

※売上高、営業利益および当期純利益は百万ドル、EPSおよび配当金はドル

平均成長率	売上高	営業利益	当期純利益
3年間	9.9%	17.7%	21.4%
5年間	3.9%	6.5%	7.4%
10年間	-1.0%	3.3%	4.2%

平均利益率	営業利益	当期純利益
3年間	44.4%	30.8%
5年間	42.6%	29.1%
10年間	38.0%	25.1%

時価総額	186,577	自己資本比率	---	有利子負債	39,345
実績ROE	---	予想配当利回り	2.6%	フリーCF	7,255

※時価総額、有利子負債およびフリーCFは百万ドル

桶井道の着眼点

外食業界のNo.1投資となる。規模が大きいだけではなく営業利益率の高さが魅力。

45 スターバックス

世界で最も認知度が高いコーヒーチェーン

》ティッカー
SBUX

》国名
米国

》証券取引所
ナスダック証券取引所

背景・トピックス

世界80カ国に3・8万以上の店舗を持つ世界的なコーヒーチェーンである。

商品、接客、空間などでプラスのクオリティを創造し、「サード・プレイス」という概念を浸透させた独自性も評価できる。スターバックスへの投資はオンリーワン投資とも言える。

北米、中国、日本は直営店舗が多く、スターバックスは売上高の8割以上を直営店舗から得ている。近年、持ち帰りや宅配ビジネスを強化している。直営店舗の約1／3は中国に存在し、中国景気の低迷が今後の業績にネガティブ寄与する可能性を考慮しておきたい。

新興国ではライセンス店舗が主流である。店舗外での販売についてはネスレと業務提携している。

2022年にCEOがハワード・シュルツ氏からペプシコで様々な地位に従事してきたラクスマン・ナラシムハン氏に交代した。

銘柄概略

1971 年に米国シアトルで創業した世界で最も認知度が高いコーヒーチェーン。日本でも「スタバ」でおなじみ。「スターバックス」は世界的文豪ハーマン・メルヴィルの作品「白鯨」に登場する一等航海士が由来。

株価

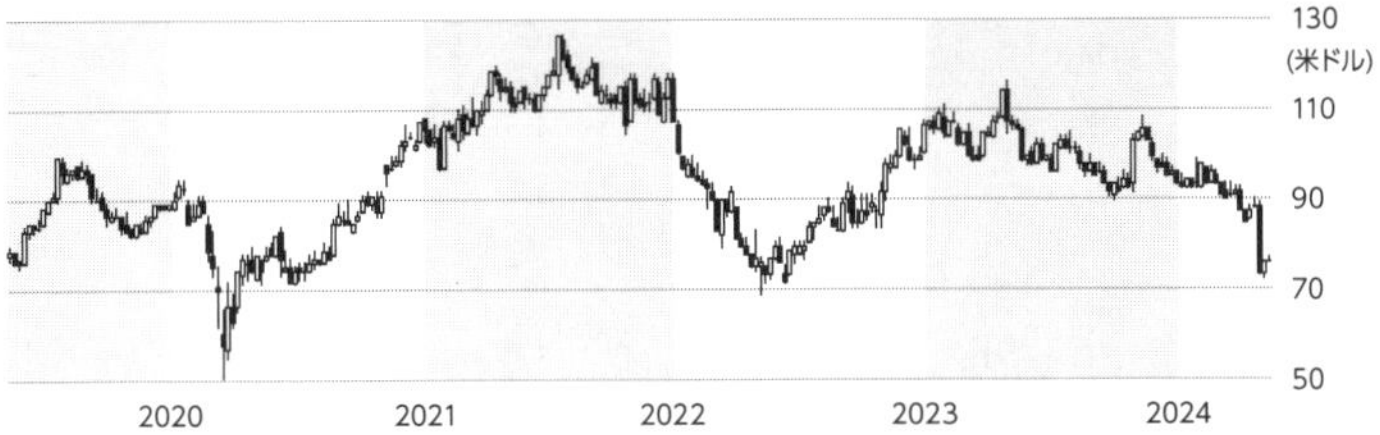

決算期	売上高	営業利益	当期純利益	EPS (1株あたり利益)	配当金
2019年9月	26,509	3,916	3,599	2.92	1.44
2020年9月	23,518	1,518	928	0.79	1.64
2021年9月	29,061	4,657	4,199	3.54	1.80
2022年9月	32,250	4,430	3,282	2.83	1.96
2023年9月	35,976	5,503	4,125	3.58	2.12

※売上高、営業利益および当期純利益は百万ドル、EPSおよび配当金はドル

平均成長率	売上高	営業利益	当期純利益
3年間	15.2%	53.6%	64.4%
5年間	7.8%	7.6%	-1.8%
10年間	9.2%	9.6%	86.0%

平均利益率	営業利益	当期純利益
3年間	15.0%	12.0%
5年間	13.3%	10.7%
10年間	15.2%	12.5%

時価総額	90,865	自己資本比率	---	有利子負債	15,399
実績ROE	---	予想配当利回り	2.8%	フリーCF	3,675

※時価総額、有利子負債およびフリーCFは百万ドル

桶井道の着眼点

単に「飲む」のではなく「そこで過ごす」ことを提案するクオリティを評価したい。

46 ナイキ（NIKE）

誰もがそのロゴを見たことがある世界No.1スポーツ用品企業

ティッカー
NKE

国名
米国

証券取引所
ニューヨーク証券取引所

背景・トピックス

誰でも一度ぐらいはそのロゴを見たことがあるだろう、高いブランド力を持つ。近年は長距離ランナー用の厚底シューズがしばしば話題になる。

アディダス、ニューバランス、プーマ、ルルレモン・アスレティカなどのライバル多数の中、アニュアル・レポートで「NIKEはスポーツシューズとアパレルの世界最大の販売会社」と自ら言及する。

足下では、2年連続で売上高を減少させていた中華圏で、2024年5月期に盛り返したのは明るい材料である。アジア太平洋・ラテンアメリカも好調であった。一方で、北米と欧州は不調に終わった。

会社全体の売上高は514億ドルと、為替の影響を除き前年比1%増だった。ただし、直近四半期では売上高が前年比2%減と苦戦しており、特に北米のシューズが同6%減であることは懸念材料である。

22期連続増配。

銘柄概略

世界 No.1 スポーツ用品企業。売上高の約 7 割をフットウェアが占める。NIKE ブランド以外にマイケル・ジョーダンと契約した「ジョーダン」と「コンバース」を持つ。

株価

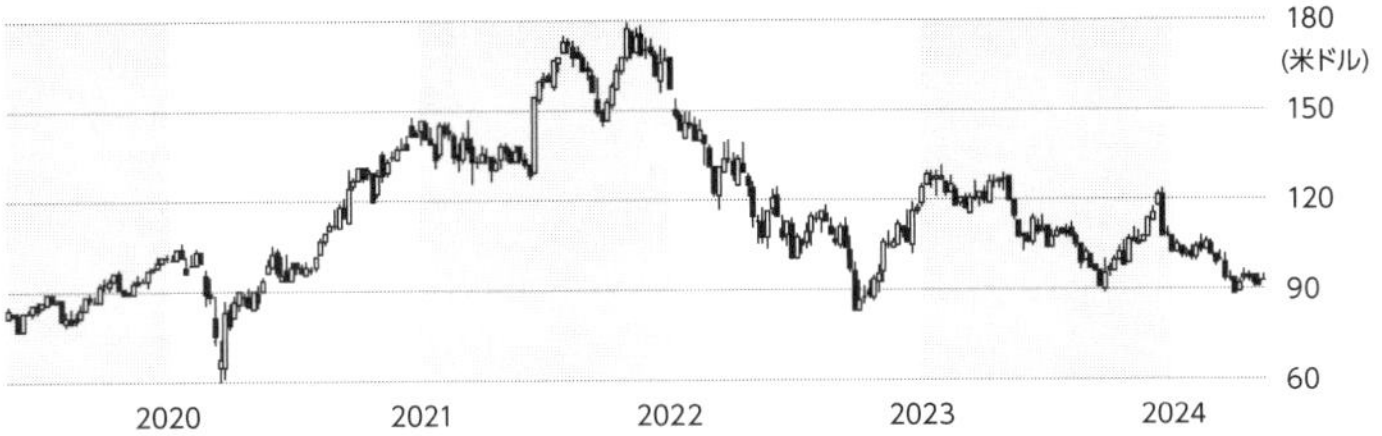

決算期	売上高	営業利益	当期純利益	EPS (1株あたり利益)	配当金
2019年5月	39,117	4,772	4,029	2.49	0.86
2020年5月	37,403	3,115	2,539	1.60	0.96
2021年5月	44,538	6,937	5,727	3.56	1.07
2022年5月	46,710	6,675	6,046	3.75	1.19
2023年5月	51,217	5,915	5,070	3.23	1.33

※売上高、営業利益および当期純利益は百万ドル、EPSおよび配当金はドル

平均成長率	売上高	営業利益	当期純利益
3年間	11.0%	23.8%	25.9%
5年間	7.1%	5.9%	21.3%
10年間	7.3%	6.2%	7.4%

平均利益率	営業利益	当期純利益
3年間	13.8%	11.9%
5年間	12.4%	10.6%
10年間	12.9%	10.2%

時価総額	143,465	自己資本比率	37.3%	有利子負債	8,933
実績ROE	36.4%	予想配当利回り	1.6%	フリーCF	4,872

※時価総額、有利子負債およびフリーCFは百万ドル

桶井道の着眼点

株価の軟調、直近の売上減は懸念するものの、何らかの対策は打ってくると考えている。

47

アーチャー・ダニエルズ・ミッドランド・カンパニー

世界の穀物を取引する商社、加工事業にも取り組む

ティッカー
ADM

国名
米国

証券取引所
ニューヨーク証券取引所

背景・トピックス

世界を見渡すと、今後も人口増が見込まれる。2050年の世界の総人口は、2010年比で1・3倍の86・4億人に達する見込み。人口増に伴い世界の食料需要量は、2050年には2010年比1・7倍の58・2億トンが見込まれ、特に畜産物と穀物の増加が大きい（以上、農水省資料より）。

一方、穀物の取引は「穀物メジャー」と呼ばれる世界の4社で寡占状態と言われる。アーチャー・ダニエルズ・ミッドランド・カンパニーがその1社であり、食料が人間と切り離せないものである限り、持続的成長を見込める。世界首位のカーギルが非上場であるため、アーチャー・ダニエルズ・ミッドランド・カンパニーへの投資が実質的に「ナンバーワン投資」となろう。

農作物をそのまま食料として流通させるだけではなく、トウモロコシをでんぷんや甘味料に、大豆を大豆油や飼料、バイオディーゼルに加工する事業も営んでいる。

銘柄概略

小麦、大豆、トウモロコシなどの穀物を農家から買い入れ、集荷、保管、輸送を行う穀物商社。この分野で、カーギル（米国企業・非上場）に次ぐ、世界第2位の企業である。

株価

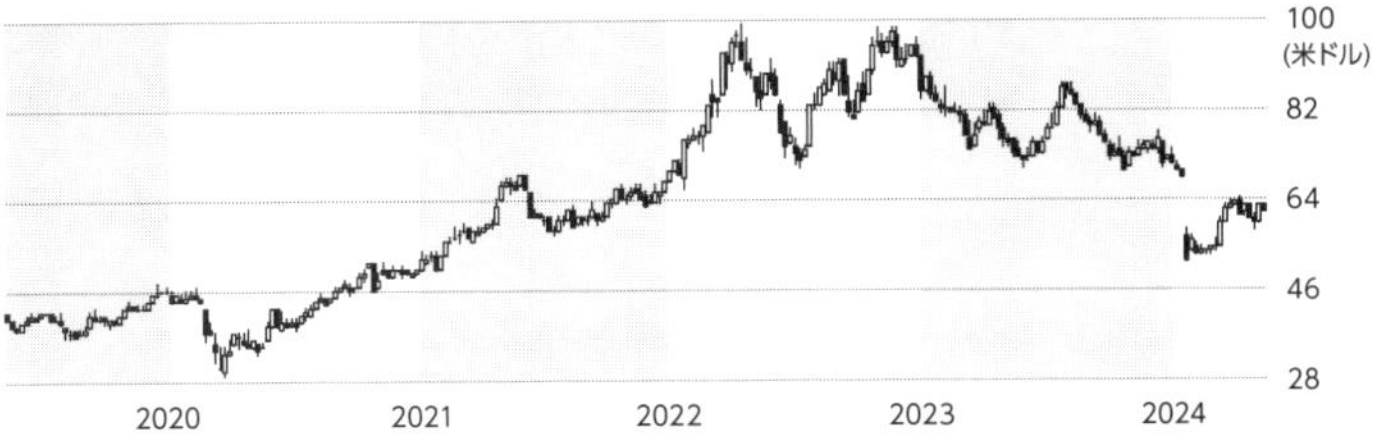

決算期	売上高	営業利益	当期純利益	EPS (1株あたり利益)	配当金
2019年12月	64,656	1,654	1,379	2.44	1.40
2020年12月	64,355	1,766	1,772	3.15	1.44
2021年12月	85,249	2,993	2,709	4.79	1.48
2022年12月	101,556	4,212	4,340	7.71	1.60
2023年12月	93,935	4,057	3,483	6.43	1.80

※売上高、営業利益および当期純利益は百万ドル、EPSおよび配当金はドル

平均成長率	売上高	営業利益	当期純利益
3年間	13.4%	31.9%	25.3%
5年間	7.9%	15.0%	14.0%
10年間	0.5%	6.7%	10.0%

平均利益率	営業利益	当期純利益
3年間	4.0%	3.7%
5年間	3.5%	3.2%
10年間	3.2%	2.9%

時価総額	30,873	自己資本比率	44.2%	有利子負債	8,365
実績ROE	12.7%	予想配当利回り	3.2%	フリーCF	2,966

※時価総額、有利子負債およびフリーCFは百万ドル

桶井道の着眼点

人口増→食料需要増→供給する側は儲かる→その上位企業に投資する。わかりやすい！

48

コカ・コーラ

» 世界最大のノンアルコール飲料会社

» ティッカー
KO

» 国名
米国

» 証券取引所
ニューヨーク証券取引所

背景・トピックス

世界約200のボトリングパートナーに、飲料のもととなるシロップや完成品を販売するビジネスを営んでいる。

社名にもなっている「コカ・コーラ」をはじめスプライト、ファンタなど、世界のトップ炭酸飲料ブランドを持つ。

また、スポーツ飲料や果汁飲料、コーヒー、ミネラルウォーターでも多くの有力ブランドを抱え、近年はアルコール飲料にも進出。売上高の約2/3を北米以外で得る。

営業利益率はコンスタントに30%近い。日本の同業といえる、サントリー食品インターナショナル（2587）は10%を切る水準、ライバルであるペプシコ（PEP）が15%前後であることを鑑みると、コカ・コーラは稼ぐ力が相対的に強い。

「オマハの賢人」と呼ばれるウォーレン・バフェット氏が経営するバークシャー・ハサウェイ（BRK.B）が筆頭株主。

62期連続増配。

銘柄概略

世界 200 カ国以上の国と地域でコカ・コーラの商標がついた飲料製品を販売。世界トップ 6 のノンアルコール炭酸ソフトドリンクブランドのうち、5 つを所有販売している。

株価

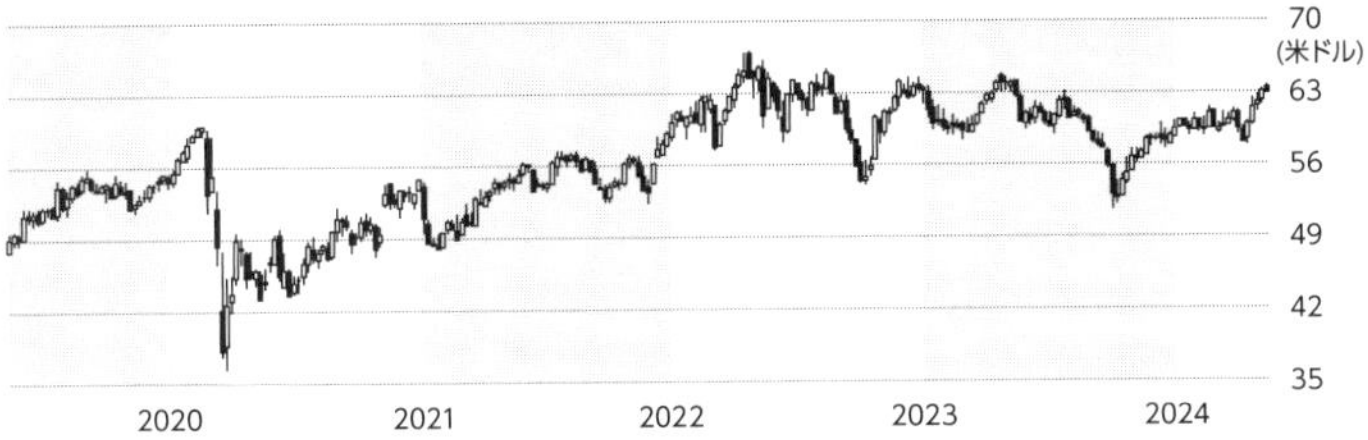

決算期	売上高	営業利益	当期純利益	EPS (1株あたり利益)	配当金
2019年12月	37,266	10,269	8,920	2.07	1.60
2020年12月	33,014	9,725	7,747	1.79	1.64
2021年12月	38,655	11,039	9,771	2.25	1.68
2022年12月	43,004	12,042	9,542	2.19	1.76
2023年12月	45,754	13,083	10,714	2.47	1.84

※売上高、営業利益および当期純利益は百万ドル、EPSおよび配当金はドル

平均成長率	売上高	営業利益	当期純利益
3年間	11.5%	10.4%	11.4%
5年間	7.5%	7.0%	10.7%
10年間	-0.2%	2.1%	2.2%

平均利益率	営業利益	当期純利益
3年間	28.4%	23.6%
5年間	28.4%	23.7%
10年間	26.3%	19.0%

時価総額	271,100	自己資本比率	26.6%	有利子負債	42,064
実績ROE	41.8%	予想配当利回り	3.1%	フリーCF	9,747

※時価総額、有利子負債およびフリーCFは百万ドル

桶井道の着眼点

口に入れるものだからブランド力がものを言います。後発企業に抜かれる心配は低い。

49 ペプシコ

≫ 飲み物だけの企業ではなく、スナックは北米で人気No.1

≫ ティッカー
PEP

≫ 国名
米国

≫ 証券取引所
ナスダック
証券取引所

背景・トピックス

ペプシコは、売上高がネスレに次ぐ世界2位（専門紙による報道）の食品・飲料事業者であり、コカ・コーラ（KO）とよく比較される。日本では飲料メーカーのイメージが強いが、ブランド力が高いスナック部門も持つ。売上高はコカ・コーラの2倍の規模である。

一方、事業ポートフォリオがコカ・コーラより広い分、原材料価格の変動の影響を受けやすく、売上高がコカ・コーラの2倍であるのに対しフリー・キャッシュ・フローはコカ・コーラの2/3程度にとどまる。

肥満治療薬の普及が見込まれることから、両社ともに売上の低下が懸念される。

ペプシコは、豆類、全粒穀物などを使い、かつ減塩したスナック商品を増やし、また糖分を減らした飲料を増やすことで消費者の健康志向に配慮してきている。時代の変化に対応する姿勢は評価できよう。

52期連続増配。

銘柄概略

ペプシコーラ、ゲータレード、マウンテンデュー等の飲料、ポテトチップスのレイズ、トルティーヤチップスのドリトスなどのスナックをはじめブランド力を持つ商品を多数有している。海外で売上高の4割を稼ぐ。

株価

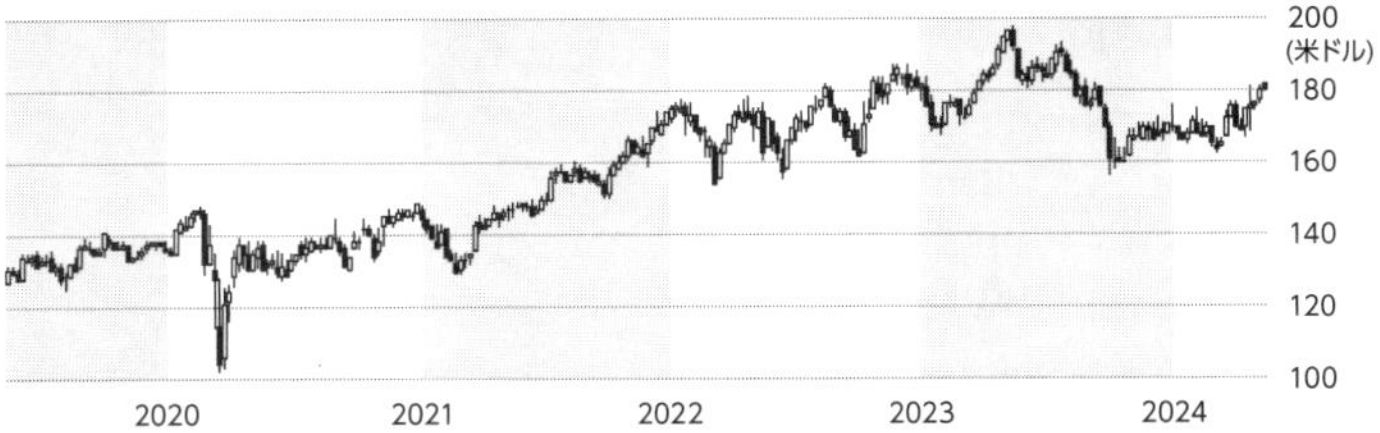

決算期	売上高	営業利益	当期純利益	EPS (1株あたり利益)	配当金
2019年12月	67,161	10,291	7,314	5.20	3.79
2020年12月	70,372	10,080	7,120	5.12	4.02
2021年12月	79,474	11,162	7,618	5.49	4.25
2022年12月	86,392	11,357	8,910	6.42	4.53
2023年12月	91,471	12,913	9,074	6.56	4.95

※売上高、営業利益および当期純利益は百万ドル、EPSおよび配当金はドル

平均成長率	売上高	営業利益	当期純利益
3年間	9.1%	8.6%	8.4%
5年間	7.2%	5.0%	-6.2%
10年間	3.3%	2.9%	3.0%

平均利益率	営業利益	当期純利益
3年間	13.8%	9.9%
5年間	14.2%	10.2%
10年間	14.8%	10.6%

時価総額	237,700	自己資本比率	18.4%	有利子負債	44,105
実績ROE	50.9%	予想配当利回り	3.1%	フリーCF	7,924

※時価総額、有利子負債およびフリーCFは百万ドル

桶井道の着眼点

1位のネスレには日本から投資しにくい。よって当社は投資先としては「実質1位」。

50 マコーミック

》グローバル展開しているスパイス・調味料メーカー

》ティッカー
MKC

》国名
米国

》証券取引所
ニューヨーク証券取引所

背景・トピックス

味付けのない食事は考えられず、「食」にはスパイスや調味料が欠かせない。つまり生活必需品であり、ディフェンシブ銘柄といえる。

1980年代以降各国のメーカー等をM&Aし、事業フィールドを広げてきた。

一般消費者向け製品が売上高の6割近くを占める。しかし、事業の成長性はもう一つのセグメントである〝Flavor Solutions〟の方が高い。〝Flavor Solutions〟は食品メーカーや外食産業が顧客のいわばBtoBビジネス。BtoBの方が、原材料価格等高騰の転嫁をしやすいため、成長余地が大きい事業セグメントであるということだろう。

営業利益率はコンスタントに15%～18%を記録。日本の同業と言える味の素（2802）の営業利益率が近年向上して11%程度であることを鑑みると、稼ぐ力が強い。

38期連続増配。ウェブサイトは株価、配当、株式分割情報が非常に親切である。

銘柄概略

創業は1889年で130年以上の歴史を持つ、世界最大のスパイスメーカー。製品は世界170カ国以上で販売する。日本ではユウキ食品㈱と提携し、スパイス、ドレッシング、ソースなどを展開している。

株価

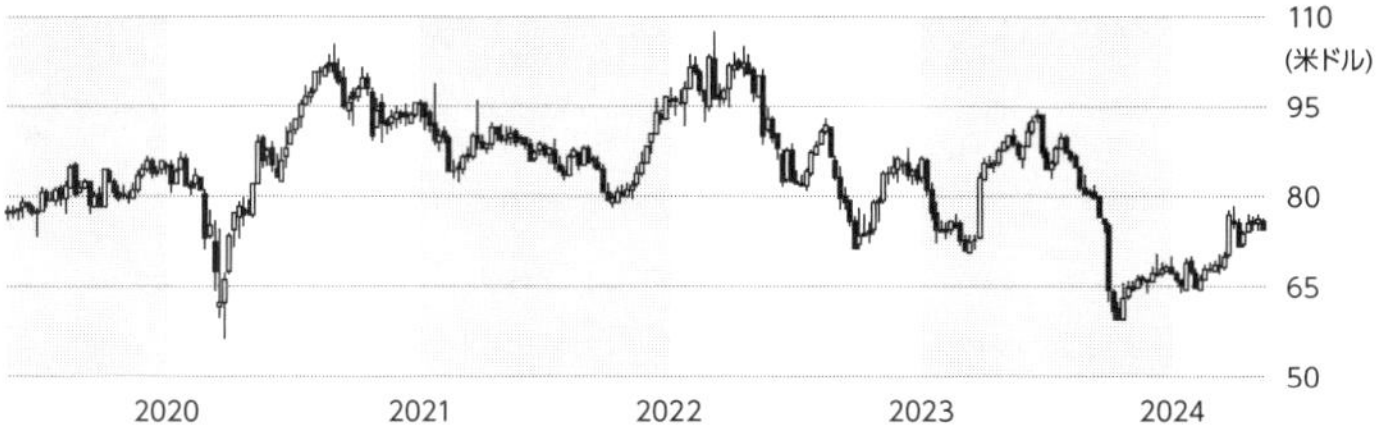

決算期	売上高	営業利益	当期純利益	EPS (1株あたり利益)	配当金
2019年11月	5,347	979	703	2.62	1.14
2020年11月	5,601	1,019	747	2.78	1.24
2021年11月	6,318	1,091	755	2.80	1.36
2022年11月	6,351	917	682	2.52	1.48
2023年11月	6,662	1,024	681	2.52	1.56

※売上高、営業利益および当期純利益は百万ドル、EPSおよび配当金はドル

平均成長率	売上高	営業利益	当期純利益
3年間	6.0%	0.2%	-3.1%
5年間	4.3%	1.7%	-6.1%
10年間	4.9%	5.9%	5.8%

平均利益率	営業利益	当期純利益
3年間	15.7%	11.0%
5年間	16.7%	11.9%
10年間	16.0%	11.7%

時価総額	19,385	自己資本比率	39.3%	有利子負債	4,411
実績ROE	14.0%	予想配当利回り	2.3%	フリーCF	973

※時価総額、有利子負債およびフリーCFは百万ドル

桶井道の着眼点

地味ではあるが、業界で世界ナンバーワン。
ディフェンシブ+連続増配が魅力。

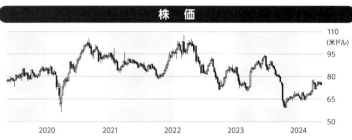

51 プロクター・アンド・ギャンブル（P&G）

》あなたのお宅にもきっとP&Gの製品があるはず

》ティッカー
PG

》国名
米国

》証券取引所
ニューヨーク証券取引所

背景・トピックス

衣料用洗剤のアリエールやボールド、柔軟剤のレノア、台所用洗剤のJOY、化粧品のSK-Ⅱ、紙おむつのパンパース、これらはすべてP&Gの製品である。あなたの家にも、どれかがきっとあるはず。

競争が激しい業界だが、名が知られる商品が多いことは、高い世界シェアを持つことでもある。ヘアケア分野で20%、剃刀《かみそり》で60%、洗剤などのファブリックケアで35%のシェアを有する。高いブランド力は高い営業利益率の要因にもなり、当社の営業利益率は約20%である。対して、同業の花王（4452）は近年1桁台に留まる。

近年の課題は原材料価格の上昇だが、製品の値上げでカバーし、増収増益を確保している。

なお、米国以外で売上高の半分を得ているだけに近年のドル高は利益の押し下げ要因になることを念頭に置いておきたい。

68期連続増配。

銘柄概略

世界最大の日用品メーカー。ブランド単位で年間売上高が10億ドルを超える商品を多数持つ。日本でも誰もが知るブランド力。あなたのお宅にも、衣料用洗剤や台所用洗剤などがきっとあるでしょう。

株価

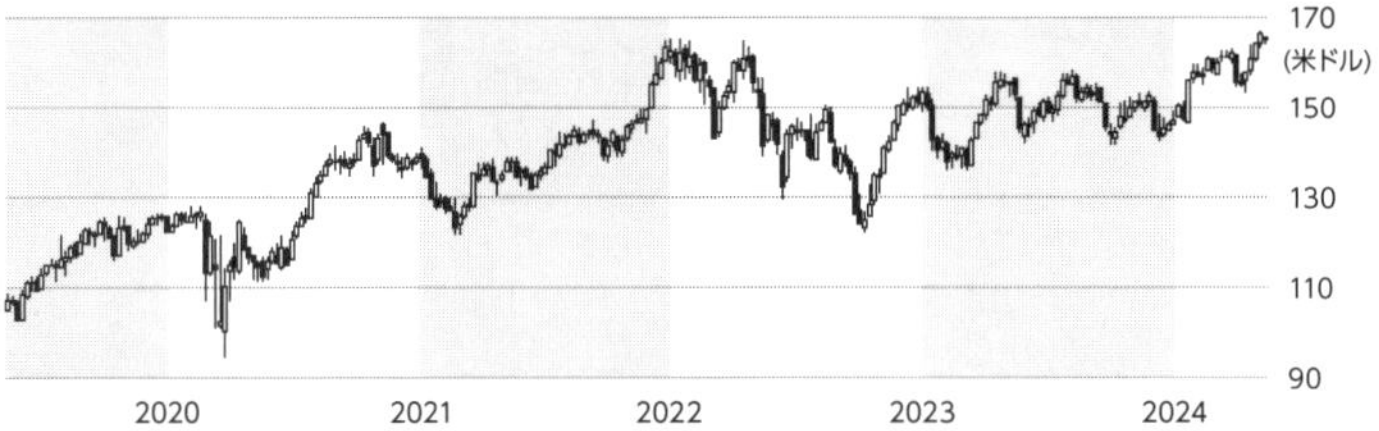

決算期	売上高	営業利益	当期純利益	EPS (1株あたり利益)	配当金
2019年6月	67,684	13,832	3,897	1.43	2.90
2020年6月	70,950	15,706	13,027	4.96	3.03
2021年6月	76,118	17,986	14,306	5.50	3.24
2022年6月	80,187	17,813	14,742	5.81	3.52
2023年6月	82,006	18,134	14,653	5.90	3.68

※売上高、営業利益および当期純利益は百万ドル、EPSおよび配当金はドル

平均成長率	売上高	営業利益	当期純利益
3年間	4.9%	4.9%	4.0%
5年間	4.2%	5.8%	8.5%
10年間	-0.3%	2.1%	2.6%

平均利益率	営業利益	当期純利益
3年間	22.7%	18.3%
5年間	22.1%	15.8%
10年間	21.0%	15.7%

時価総額	388,337	自己資本比率	38.0%	有利子負債	34,607
実績ROE	31.7%	予想配当利回り	2.5%	フリーCF	13,786

※時価総額、有利子負債およびフリーCFは百万ドル

桶井道の着眼点

世界の人口が増えるならP&Gは伸びるでしょう。68期もの連続増配は驚異的!

52 コルゲート・パルモリーブ

» 世界に知られた歴史ある日用品メーカー、61期連続増配中

» ティッカー
CL

» 国名
米国

» 証券取引所
ニューヨーク証券取引所

背景・トピックス

歯磨き粉で世界シェア1位。不況でも歯磨きを辞める人はいない。当社が扱う製品は生活必需品であるゆえ、ディフェンシブ銘柄と言えよう。売上高の約45%を新興国から得ており、今後人口増加が見込まれる新興国ビジネスの下地が既にあることは近未来のアドバンテージと考える。

営業利益率がコンスタントに20%前後の実績。日本で同業といえる花王（4452）やライオン（4912）が1桁台であることと比較すると、稼ぐ力が高い。近年の原材料費や物流コストの上昇には値上げで業績へのネガティブインパクトを抑えている。

口腔ケア製品に次ぐ柱はペットフードである。1976年に買収した〝Hill's〟はペットフードのリーディングカンパニーであり、現在のコルゲート・パルモリーブの売上高の22%を占める事業になった。

連続増配銘柄としてもよく知られ、現在61期連続増配。

銘柄概略

1806 年創業の日用品メーカー。「コルゲート」といえば、世界で多くの人が使用する口腔ケア製品ブランド。売上高の 42% が口腔ケア製品である。その他食器用洗剤などもブランド力を持ち 200 以上の国で販売。

株 価

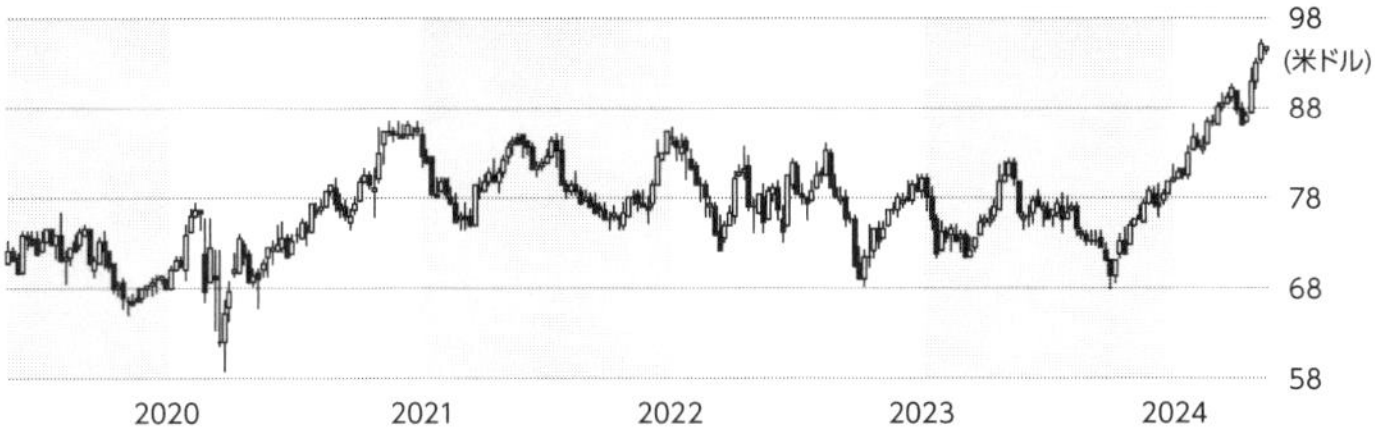

決算期	売上高	営業利益	当期純利益	EPS (1株あたり利益)	配当金
2019年12月	15,693	3,617	2,367	2.75	1.71
2020年12月	16,471	3,875	2,695	3.14	1.75
2021年12月	17,421	3,901	2,166	2.55	1.79
2022年12月	17,967	3,552	1,785	2.13	1.86
2023年12月	19,457	4,085	2,300	2.77	1.91

※売上高、営業利益および当期純利益は百万ドル、EPSおよび配当金はドル

平均成長率	売上高	営業利益	当期純利益
3年間	5.7%	1.8%	-5.1%
5年間	4.6%	1.6%	-0.8%
10年間	1.1%	0.3%	0.3%

平均利益率	営業利益	当期純利益
3年間	21.1%	11.4%
5年間	21.9%	13.1%
10年間	23.2%	13.1%

時価総額	76,268	自己資本比率	3.7%	有利子負債	8,549
実績ROE	2331.3%	予想配当利回り	2.2%	フリーCF	3,040

※時価総額、有利子負債およびフリーCFは百万ドル

桶井道の着眼点

米国企業の当社が、人口増加の新興国でビジネスを大きくしていることに魅力を感じる。

53 フィリップ・モリス・インターナショナル

» Marlboroなどの銘柄を持つ世界最大級のタバコ企業

» ティッカー
PM

» 国名
米国

» 証券取引所
ニューヨーク証券取引所

背景・トピックス

世界最大級のタバコ企業。世界のタバコ市場の4分の1以上のシェアを持つ。

タバコ企業でありながら、目指すところは「煙の無い未来の実現」である。タバコとニコチン分野以外の製品に力を入れている。加熱式タバコ「IQOS」や無煙たばこなどの代替製品に注力し、売上高の36%を占める事業になってきた。

2021年に英国のVecturaとデンマークのFertin Pharma、米国のOtiTopicを買収し、医薬品分野を強化することで非ニコチン戦略を強化している。

「煙の出ない製品」へシフトする姿勢は社会の潮流に対応していると言える。2030年までに総純収益の3分の2以上を禁煙製品にすることを目指す。

米国外でビジネスを営むためドル高は業績に逆風になることを念頭に置きたい。

2008年にニューヨーク証券取引所に上場以来、毎年度増配中。

銘柄概略

Marlboro をはじめとして、世界でトップ 15 のタバコブランドに 5 つを連ねる世界最大級のタバコ企業。2008 年に米国のアルトリア・グループ（NYSE:MO）の米国外事業が分離して誕生。

株価

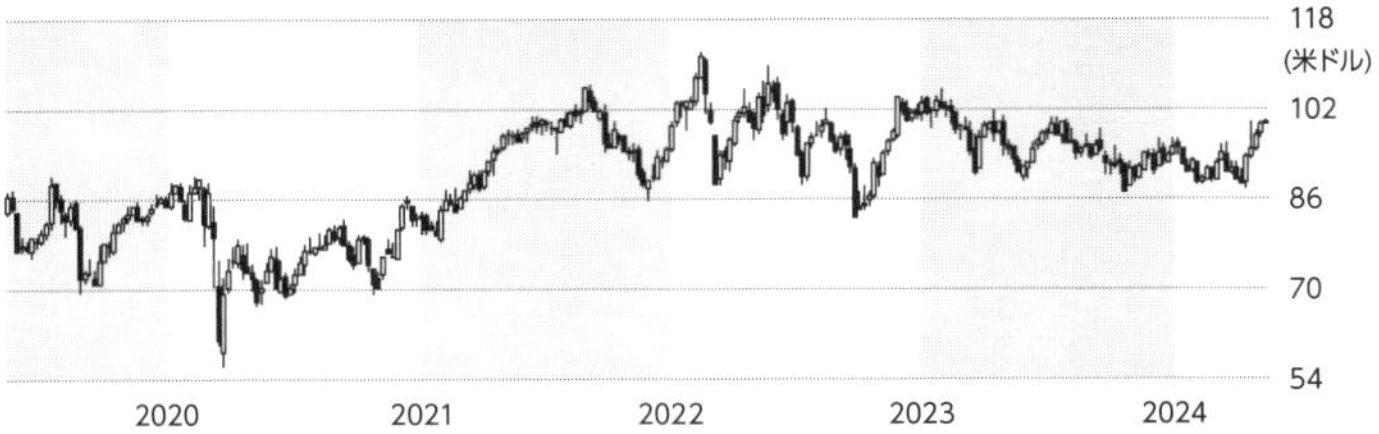

決算期	売上高	営業利益	当期純利益	EPS (1株あたり利益)	配当金
2019年12月	29,805	10,442	7,185	4.61	4.62
2020年12月	28,694	11,571	8,056	5.16	4.74
2021年12月	31,405	12,860	9,109	5.83	4.90
2022年12月	31,762	12,222	9,048	5.81	5.04
2023年12月	35,174	12,176	7,813	5.02	5.14

※売上高、営業利益および当期純利益は百万ドル、EPSおよび配当金はドル

平均成長率	売上高	営業利益	当期純利益
3年間	7.0%	1.7%	-1.0%
5年間	3.5%	1.4%	-0.2%
10年間	1.2%	-1.3%	-0.9%

平均利益率	営業利益	当期純利益
3年間	38.0%	26.6%
5年間	37.9%	26.4%
10年間	38.9%	25.7%

時価総額	157,601	自己資本比率	---	有利子負債	47,909
実績ROE	---	予想配当利回り	5.1%	フリーCF	7,883

※時価総額、有利子負債およびフリーCFは百万ドル

桶井道の着眼点

今はタバコで利益を出しながらも、煙の出ない製品へシフトを目指す姿勢は評価したい。

54

ウォルマート

»「毎日安い」をうたう世界最大級の小売業

» ティッカー

WMT

» 国名

米国

» 証券取引所

ニューヨーク証券取引所

背景・トピックス

徹底したローコスト経営で成長してきた。食料品や日用品だけではなく、衣料、化粧品、家電などあらゆる商品を扱う。世界最大級の小売業である。売上高の約7割を米国のスーパーマーケット事業から得る。

日本チェーンストア協会加盟54社の2023年の売上高は約13兆5500億円だが、当社の売上高は94兆円超（2024年1月期、1ドル＝145円換算）と巨大である。

2024年1月に、今後5年間で150店の新規開業と今後1年間で650店（既存店）の改装を行うことを発表した。また、近年はECにも注力している。

2024年4月には、高品質の食品を驚くべき価格で提供する革新的な新たなプライベート ブランド〝bettergoods〟を発表した。約300アイテムあり、多くの商品を5ドル以下で販売。低価格で高品質を求める顧客ニーズをつかむ努力をしている。

50期連続増配。

銘柄概略

Every Day Low Prices 略して "EDLP" をうたう、世界最大級の小売業。1962 年に創業。1 店舗で何でもそろうスーパーセンターを 1988 年に開業。近年は EC に力を入れてきた。

株価

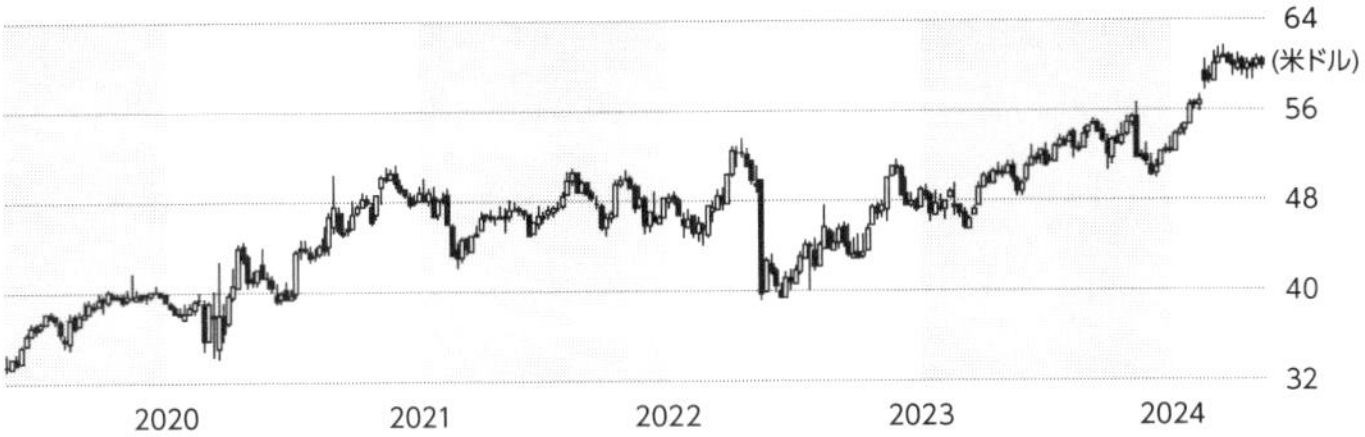

決算期	売上高	営業利益	当期純利益	EPS (1株あたり利益)	配当金
2020年1月	523,964	20,568	14,881	1.73	0.71
2021年1月	559,151	22,548	13,510	1.58	0.72
2022年1月	572,754	25,942	13,673	1.62	0.73
2023年1月	611,289	20,428	11,680	1.42	0.75
2024年1月	648,125	27,012	15,511	1.91	0.76

※売上高、営業利益および当期純利益は百万ドル、EPSおよび配当金はドル

平均成長率	売上高	営業利益	当期純利益
3年間	5.0%	6.2%	4.7%
5年間	4.7%	4.2%	18.4%
10年間	3.1%	0.1%	-0.3%

平均利益率	営業利益	当期純利益
3年間	4.0%	2.2%
5年間	4.0%	2.4%
10年間	4.4%	2.4%

時価総額	530,012	自己資本比率	33.2%	有利子負債	40,457
実績ROE	19.3%	予想配当利回り	1.3%	フリーCF	15,120

※時価総額、有利子負債およびフリーCFは百万ドル

桶井道の着眼点

世界最大級の小売業がプラスしてECやPBを拡大中。最大がさらに最大化することに期待。

55 コストコ・ホールセール

》年会費制の倉庫型店舗で、ロープライスを実現している小売業

》ティッカー
COST

》国名
米国

》証券取引所
ナスダック証券取引所

背景・トピックス

１９７６年、サンディエゴの航空機格納庫を改装して店舗にしたのが発祥。世界各国に８７６店舗を有し、約１・３億人の会員を有する。

会員にリーズナブルな価格で商品を販売しているため、売上高に対して仕入れのコストが9割近く、粗利率は非常に低い。よって競合といえるウォルマート（WMT）と比較すると営業利益率はやや見劣りする。

一方、世界で90％以上が会員登録（メンバーシップ）を更新しており、この年会費が毎年度８％程度増加している。年会費（米国では65ドル）は、商品の売上高とは異なり「固定収入」の性格を持つ。会員更新率の高さが、同社の業績を支えている。

ＣＯＶＩＤ-19感染拡大中も、売上高は前期比で大きく増加し続けた。２０２０年8月期は前期比＋９・２％、２０２１年8月期は同＋17・５％、２０２２年8月期は同＋15・８％と、ピンチを跳ね返した。

銘柄概略

倉庫型の店舗で陳列に手間暇をかけない代わりに、同業他社よりリーズナブルな価格を実現している、独特のビジネスモデルを持つ小売業。顧客は会員制で、その年会費が「固定収入」となる。

株　価

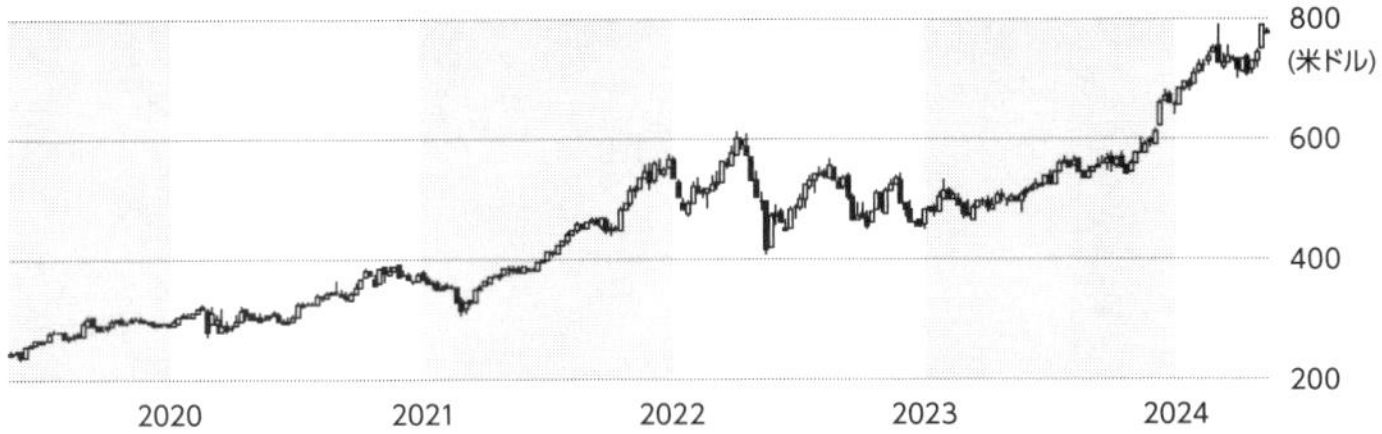

決算期	売上高	営業利益	当期純利益	EPS (1株あたり利益)	配当金
2019年8月	152,703	4,737	3,659	8.26	2.44
2020年8月	166,761	5,435	4,002	9.02	2.70
2021年8月	195,929	6,708	5,007	11.27	12.98
2022年8月	226,954	7,793	5,844	13.14	3.38
2023年8月	242,290	8,114	6,292	14.16	3.84

※売上高、営業利益および当期純利益は百万ドル、EPSおよび配当金はドル

平均成長率	売上高	営業利益	当期純利益
3年間	13.3%	14.3%	16.3%
5年間	11.3%	12.6%	15.0%
10年間	8.7%	10.3%	11.9%

平均利益率	営業利益	当期純利益
3年間	3.4%	2.6%
5年間	3.3%	2.5%
10年間	3.2%	2.3%

時価総額	359,084	自己資本比率	36.3%	有利子負債	6,458
実績ROE	31.2%	予想配当利回り	0.6%	フリーCF	6,745

※時価総額、有利子負債およびフリーCFは百万ドル

桶井道の着眼点

利益をあげにくい小売業界で「固定収入」というビジネスモデルを確立、おおいに評価!

56 アンフェノール

コネクタ、センサー等のグローバルサプライヤー

ティッカー: APH
国名: 米国
証券取引所: ニューヨーク証券取引所

背景・トピックス

コネクタは、電力・電気信号の流れをつなぐための電子部品である。コネクタを利用することで、〝つなぐ〟〝はずす〟が素早くできるようになり、機器の取り扱いが容易になる。つまり、あらゆる分野に欠かせないパーツである。

宇宙や防衛など過酷な環境でも稼働するクオリティがアンフェノールの強みである。

業績が電子部品市況に左右されやすい事業分野だが、アンフェノールは事業分野が多岐にわたっていることでうまくバランスをとり、営業利益率はコンスタントに20％程度を維持している。

また過去10年で約50社をM＆Aすることで規模の経済を利かせ、業績にプラス寄与している。

2023年12月期は、通信ソリューションセグメントが不調でわずかに減収となった。

12期連続増配。

銘柄概略

コネクタ分野では TE Connectivity（NYSE：TEL）に次いで世界第 2 位のシェアで、世界 40 カ国に製造拠点をもつグローバル企業。自動車、航空・宇宙、防衛、通信、製造業、モバイル等の分野で幅広く使われる。

株価

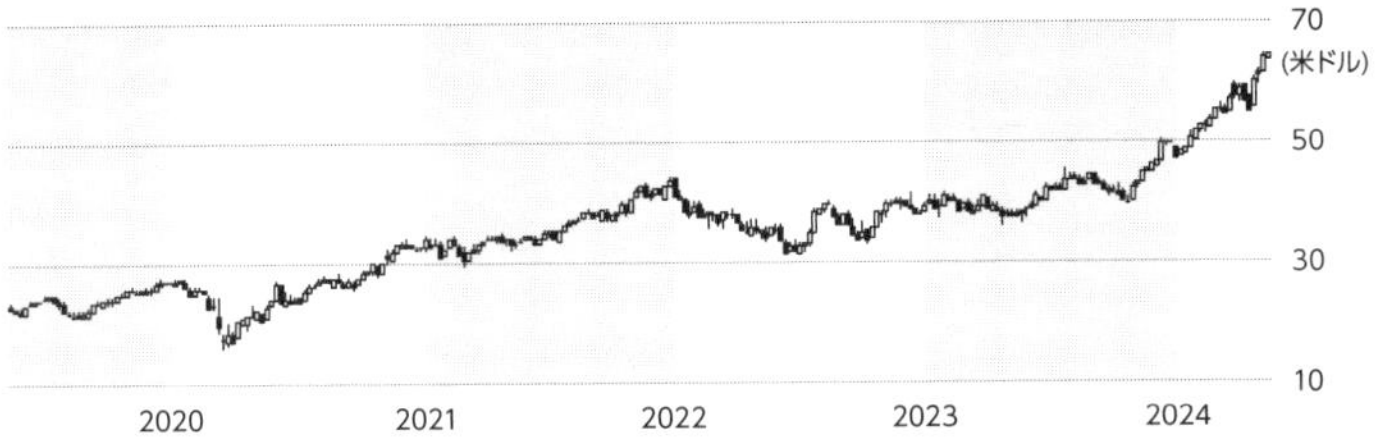

決算期	売上高	営業利益	当期純利益	EPS (1株あたり利益)	配当金
2019年12月	8,225	1,645	1,155	0.94	0.24
2020年12月	8,599	1,650	1,203	0.98	0.26
2021年12月	10,876	2,176	1,591	1.27	0.39
2022年12月	12,623	2,607	1,902	1.53	0.41
2023年12月	12,555	2,594	1,928	1.56	0.43

※売上高、営業利益および当期純利益は百万ドル、EPSおよび配当金はドル

平均成長率	売上高	営業利益	当期純利益
3年間	13.4%	16.3%	17.0%
5年間	8.9%	8.9%	9.9%
10年間	10.5%	11.1%	11.7%

平均利益率	営業利益	当期純利益
3年間	20.4%	15.0%
5年間	20.1%	14.6%
10年間	20.1%	13.7%

時価総額	79,502	自己資本比率	50.5%	有利子負債	4,337
実績ROE	25.5%	予想配当利回り	0.7%	フリーCF	2,156

※時価総額、有利子負債およびフリーCFは百万ドル

桶井道の着眼点

コネクタに付加価値を付けて、営業利益率20%程度を維持していることは評価できる。

57 キャタピラー

》2025年に創業100年を迎える世界No.1建設機械メーカー

》ティッカー
CAT

》国名
米国

》証券取引所
ニューヨーク証券取引所

背景・トピックス

売上高の4割以上を占める建設機械で世界トップ。売上高の約6割を米国以外で得る。小松製作所（6301）がライバルだが、売上高は2倍以上（2023年度、1ドル145円換算）と引き離す。

油圧ショベルやブルドーザーを複数台登録して、遠隔操縦できる「Cat コマンドステーション」を発売。現場から離れた安全な場所から遠隔操作できるシステムである。オペレーターは作業現場に入らず遠隔操作できるため、疲労や危険から解放される。さらに、一人で異なる場所の機械を操作可能。また、遠隔監視システム「プロダクトリンク」を開発。重機の稼働状況を把握することでメンテナンスを適切に行い、稼働率を高める。盗難も防止できる。

いわゆる景気敏感株である。2023年のアニュアルレポートで、2024年も北米は好調である一方、中国は低調と予想する。30期連続増配。

銘柄概略

建設および鉱山機械、油圧ショベル、ブルドーザーなどの重機、産業用ガスタービン、ディーゼルエンジン、ディーゼル電気機関車などを製造する、世界トップの重機メーカー。CATのブランドが親しまれている。

株価

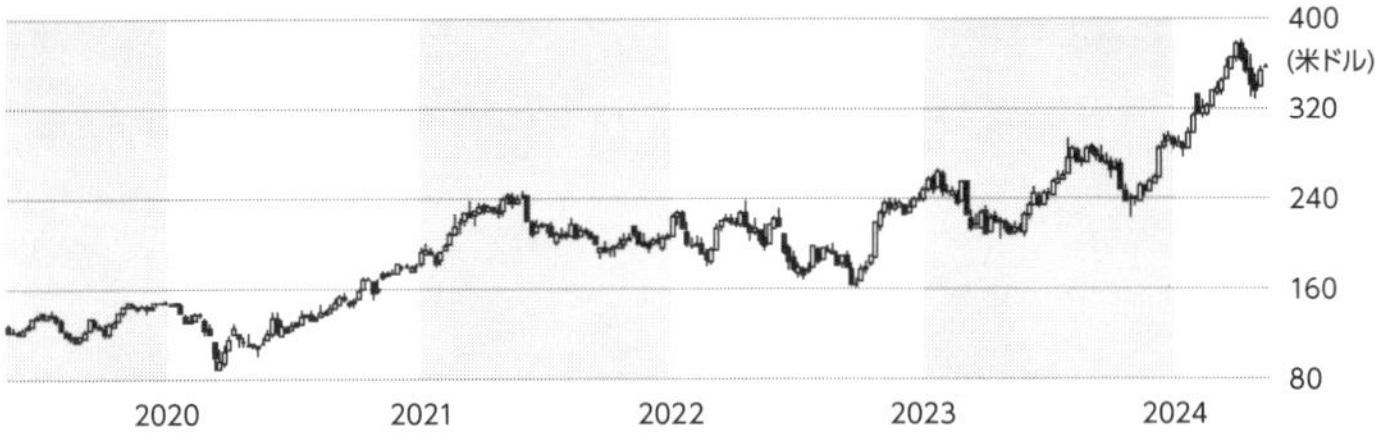

決算期	売上高	営業利益	当期純利益	EPS (1株あたり利益)	配当金
2019年12月	53,800	8,290	6,093	10.74	3.78
2020年12月	41,748	4,553	2,998	5.46	4.12
2021年12月	50,971	6,878	6,489	11.83	4.28
2022年12月	59,427	8,829	6,705	12.64	4.62
2023年12月	67,060	12,966	10,335	20.12	5.00

※売上高、営業利益および当期純利益は百万ドル、EPSおよび配当金はドル

平均成長率	売上高	営業利益	当期純利益
3年間	17.1%	41.7%	51.1%
5年間	4.2%	9.4%	11.0%
10年間	1.9%	8.7%	10.6%

平均利益率	営業利益	当期純利益
3年間	15.9%	13.1%
5年間	14.8%	11.6%
10年間	11.8%	8.2%

時価総額	165,554	自己資本比率	22.3%	有利子負債	37,939
実績ROE	62.9%	予想配当利回り	1.5%	フリーCF	9,793

※時価総額、有利子負債およびフリーCFは百万ドル

桶井道の着眼点

遠隔操作や遠隔監視は省力化、効率化でき評価できる。No.1投資×連続増配に魅力!

58 ディア

世界人口増に伴う食料需要増を支える世界屈指の農機メーカー

ティッカー
DE

国名
米国

証券取引所
ニューヨーク証券取引所

背景・トピックス

国連によると、世界の人口は2021年に79億人であったが、2030年に85億人、2050年に97億人へ増加する見込み。それに伴い、食料の需給バランスが懸念されるが、農地が増える見込みは薄く、気候変動も農作物の収量を安定的にはしない。よって、農業には効率化が求められる。

当社は、自動運転トラクターを開発。農家はモバイルデバイスからトラクターを監視しつつ別の作業を行うことが可能になる。

また、ExactShotという技術では、種子に肥料を散布する際、センサーを利用してピンポイントで散布でき、肥料の使用量を60％以上削減できるとされる。

SpaceXのStarlinkとの戦略提携を発表した。ネット接続が不足する地域でも、トラクターなどがネット接続で利用可能になる見込み。

農業のサステナビリティを支えようとする姿はおおいに評価できよう。

銘柄概略

ジョンディアのブランドで知られる世界最大級の農機メーカー。「スマート農業」で農業の効率化を目指す。建機も扱う。製造・販売だけではなく、高価な農機をユーザーが導入しやすくするための金融事業も営む。

株価

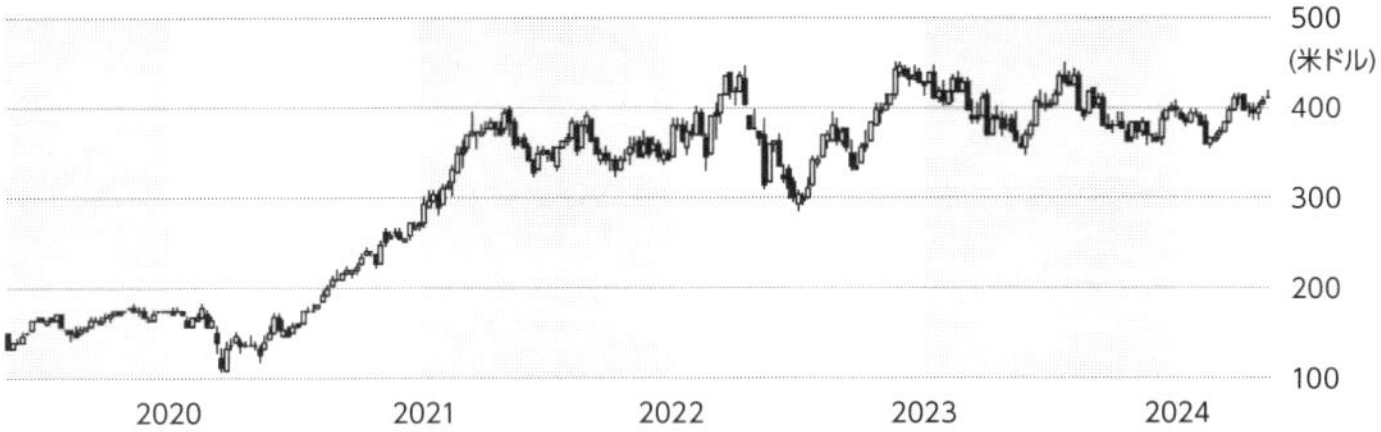

決算期	売上高	営業利益	当期純利益	EPS (1株あたり利益)	配当金
2019年10月	38,379	4,675	3,253	10.15	3.04
2020年10月	34,722	4,312	2,751	8.69	3.04
2021年10月	43,033	7,604	5,963	18.99	3.61
2022年10月	51,282	9,026	7,131	23.28	4.36
2023年10月	60,248	14,591	10,166	34.63	5.05

※売上高、営業利益および当期純利益は百万ドル、EPSおよび配当金はドル

平均成長率	売上高	営業利益	当期純利益
3年間	20.2%	50.1%	54.6%
5年間	10.6%	27.2%	33.8%
10年間	5.0%	10.2%	11.1%

平均利益率	営業利益	当期純利益
3年間	19.8%	14.9%
5年間	16.8%	12.2%
10年間	13.8%	9.7%

時価総額	104,318	自己資本比率	20.9%	有利子負債	63,386
実績ROE	42.0%	予想配当利回り	1.6%	フリーCF	4,121

※時価総額、有利子負債およびフリーCFは百万ドル

桶井道の着眼点

将来を見据えた技術開発とパートナーシップに先行投資する姿勢に賛同して投資したい。

59 ファスナル

建設用ファスナー(ねじ、ボルト)の卸販売大手

ティッカー: FAST
国名: 米国
証券取引所: ナスダック証券取引所

背景・トピックス

建設用ファスナーは製造製品、建設プロジェクト、メンテナンスや修理に広く使われる。用途に応じたバラエティがあり、品揃えと在庫量調整が難しいビジネスである。

創業以来、顧客の近くにいることでサービスを向上できるというポリシーを持つ。支店の他にオンサイトと呼び、建設現場近くに顧客が必要なものを持って出向く形で、北米1・2万カ所に点在する建設現場等顧客の利便性を計る。その経験値が難しいビジネスを支えるノウハウになる。オンサイトは年々増え、売上に占める割合も上昇。2023年は売上高の40%がオンサイトによるものである。

2008年に現場用の自動販売機設置ビジネスも開始。現場は必要なものを必要なだけ購入でき、発注書の削減、取扱商品の絞り込み、24時間対応が可能となった。2023年に約11万台だった自動販売機は、将来170万台に増やせる見込みを持つ。

銘柄概略

北米最大の建設用ファスナーの卸販売企業である。ボルト、ねじ、ナットなど「ファスナー」、それらを取り付けるための工具、ヘルメット、消火器などを多種扱う。安定的に営業利益率 20% 前後を記録する企業。

株価

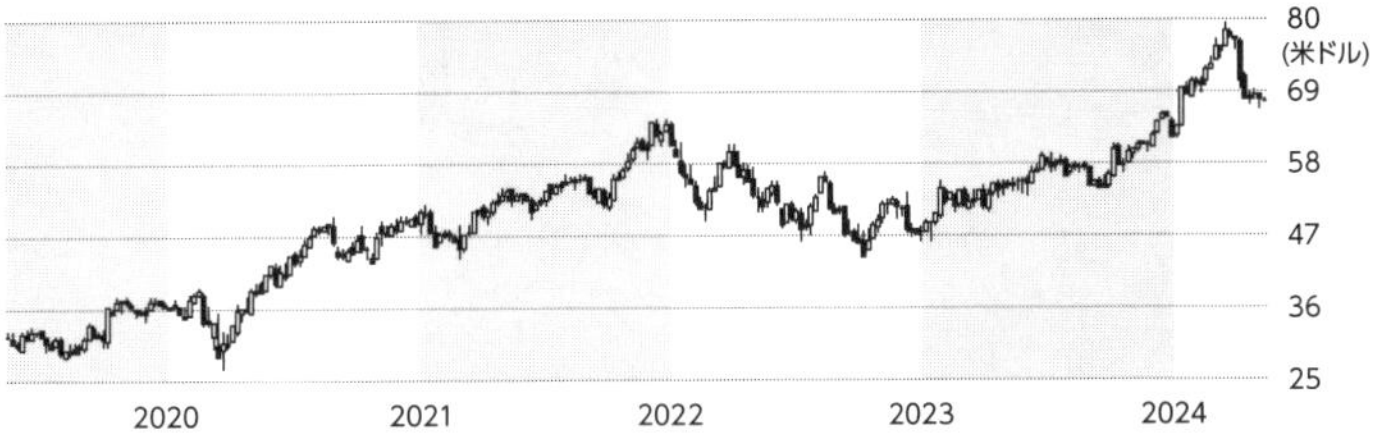

決算期	売上高	営業利益	当期純利益	EPS (1株あたり利益)	配当金
2019年12月	5,334	1,056	791	1.38	0.87
2020年12月	5,647	1,140	859	1.49	1.40
2021年12月	6,011	1,217	925	1.60	1.12
2022年12月	6,981	1,454	1,087	1.89	1.24
2023年12月	7,347	1,529	1,155	2.02	1.78

※売上高、営業利益および当期純利益は百万ドル、EPSおよび配当金はドル

平均成長率	売上高	営業利益	当期純利益
3年間	9.2%	10.3%	10.4%
5年間	8.2%	8.9%	9.0%
10年間	8.2%	7.9%	9.9%

平均利益率	営業利益	当期純利益
3年間	20.6%	15.6%
5年間	20.4%	15.3%
10年間	20.5%	14.4%

時価総額	37,777	自己資本比率	75.0%	有利子負債	260
実績ROE	34.6%	予想配当利回り	2.4%	フリーCF	1,260

※時価総額、有利子負債およびフリーCFは百万ドル

桶井道の着眼点

建設界のまさに「便利屋」。自己資本比率が75%あり財務基盤が良好な点も評価する。

60 シンタス

ユニフォーム、清掃用品のレンタルサービストップ企業

ティッカー
CTAS
国名
米国
証券取引所
ナスダック証券取引所

背景・トピックス

キャッチフレーズは〝Ready for the Workday〟=働く日への準備。

当社が提供しているのは、「施設と従業員を清潔で安全に保ち、最高の外見を保つために役立つ」製品とサービス。具体的にはユニフォーム、床清掃、トイレ用品、応急処置と安全製品、消火器等である。

ユニフォーム事業は毎週事業所で引き取り、クリーニングしてまた翌週引き渡すというまさに日本の「ダスキン」のようなサービスで、北米の最大手プロバイダーである。

成長ドライバーの一つはM&Aで、2017年には業界大手のG&Kサービスを買収し、事業拠点と顧客を拡大させている。

潜在的な市場は大きい。シンタス自身が、北米には1600万の企業があるがユーザーはまだ100万社しかないと言及する。

EPSが53年度中のうち51年度において前年比で上昇し、1983年から連続増配。

銘柄概略

米国とカナダを中心に 100 万以上の顧客を持つ、従業員用ユニフォーム、清掃用モップ、マットなどのレンタル・販売大手。日本の企業に例えるならダスキン。北米には 1,600 万もの企業があり、市場は大きい。

株　価

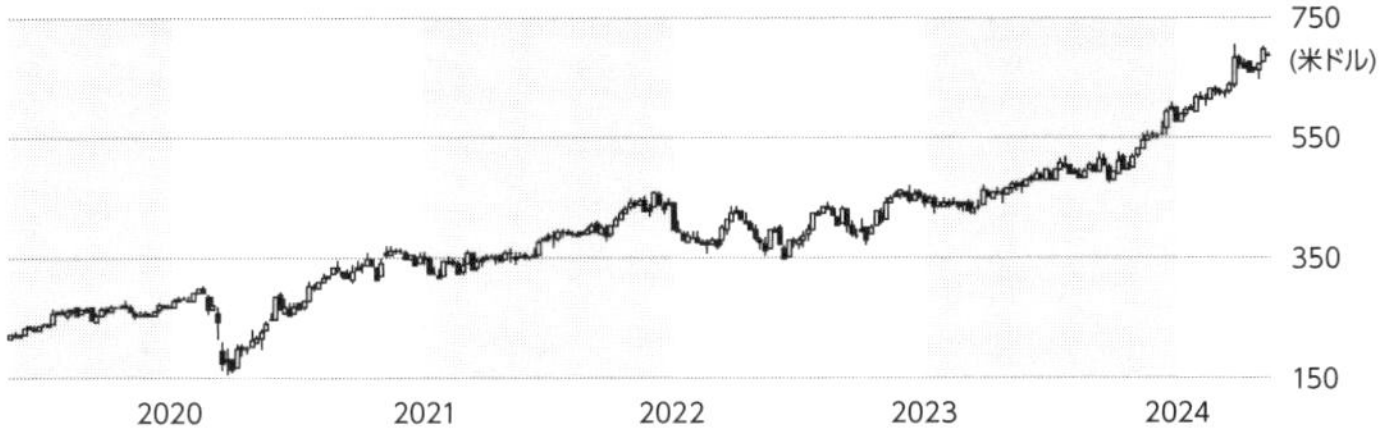

決算期	売上高	営業利益	当期純利益	EPS (1株あたり利益)	配当金
2019年5月	6,892	1,148	885	7.99	2.05
2020年5月	7,085	1,163	876	8.11	2.55
2021年5月	7,116	1,385	1,111	10.24	5.01
2022年5月	7,854	1,587	1,236	11.65	3.80
2023年5月	8,816	1,803	1,348	12.99	4.60

※売上高、営業利益および当期純利益は百万ドル、EPSおよび配当金はドル

平均成長率	売上高	営業利益	当期純利益
3年間	7.6%	15.7%	15.4%
5年間	6.4%	12.7%	9.9%
10年間	7.4%	12.3%	15.6%

平均利益率	営業利益	当期純利益
3年間	20.0%	15.5%
5年間	18.6%	14.4%
10年間	16.9%	12.6%

時価総額	68,789	自己資本比率	45.2%	有利子負債	2,486
実績ROE	38.1%	予想配当利回り	0.8%	フリーCF	1,267

※時価総額、有利子負債およびフリーCFは百万ドル

桶井道の着眼点

私は企業で制服管理担当だったことがあり非常に面倒だった。このサービスは絶対便利。

! 2024年9月12日を権利落ち日として株式分割(1:4)の予定

61 ローリンズ

≫ 世界的大手の害虫・シロアリ駆除サービス会社

≫ ティッカー
ROL

≫ 国名
米国

≫ 証券取引所
ニューヨーク証券取引所

背景・トピックス

提供しているサービスは80%以上（収益ベース）が契約サービスで、将来の収益の大部分を把握できる。不景気でも害虫駆除の需要は減らない。これがローリンズの強みである。それが証拠に、リーマンショック時もCOVID-19の感染拡大時も売上高は上昇してきた。過去25年の売上高の年平均成長率は7%である。

製造業のように多額の設備投資を必要としないため、キャッシュフローが潤沢である。潤沢なCFでM&Aを積極的に行い、人的資源、ノウハウ、顧客を獲得している。

業績には季節性があり、気温が相対的に高い春から夏にかけての売上高が高い。地球温暖化に伴い、今後1年の中で気温が高い時期が長くなるようであれば、害虫駆除需要が増えることが予想できる。

マグニフィセント・セブン（GAFAM+エヌビディア+テスラ）のようにはニュースにならず地味だが、光る銘柄と言えよう。

銘柄概略

子会社やフランチャイズを通じて害虫駆除サービスを提供する世界的大手企業。世界約 70 カ国に 280 万を超える顧客を有する。北米でのシェアは 20%。不景気に強く、温暖化による需要増も予想される事業である。

株　価

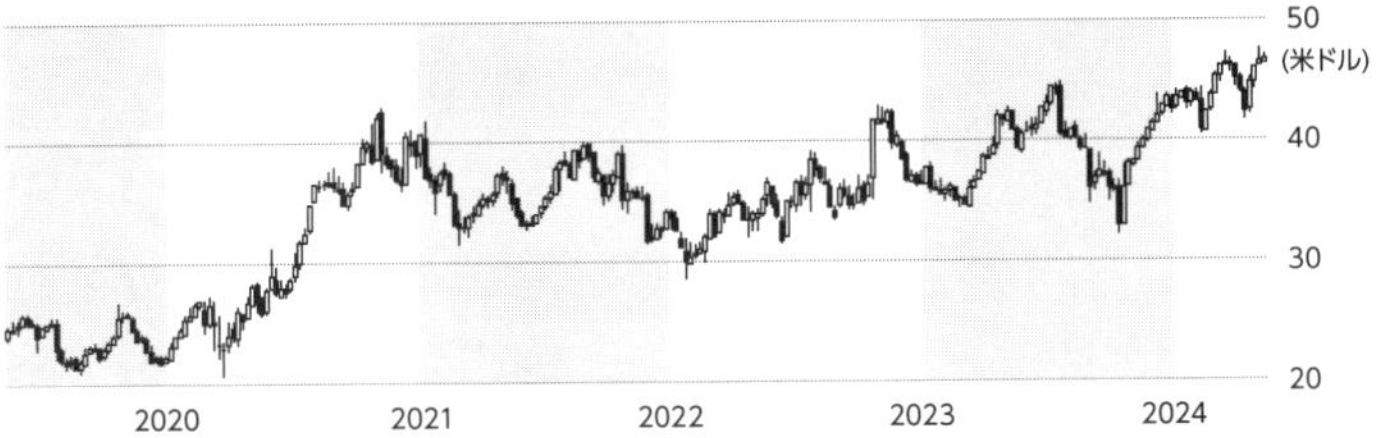

決算期	売上高	営業利益	当期純利益	EPS (1株あたり利益)	配当金
2019年12月	2,015	317	203	0.41	0.31
2020年12月	2,161	361	261	0.53	0.33
2021年12月	2,424	440	351	0.71	0.42
2022年12月	2,696	493	369	0.75	0.43
2023年12月	3,073	588	435	0.89	0.54

※売上高、営業利益および当期純利益は百万ドル、EPSおよび配当金はドル

平均成長率	売上高	営業利益	当期純利益
3年間	12.5%	17.6%	18.6%
5年間	11.0%	13.7%	13.4%
10年間	8.7%	11.9%	13.4%

平均利益率	営業利益	当期純利益
3年間	18.5%	14.1%
5年間	17.6%	12.9%
10年間	17.1%	11.9%

時価総額	22,124	自己資本比率	44.5%	有利子負債	490
実績ROE	35.9%	予想配当利回り	1.3%	フリーCF	496

※時価総額、有利子負債およびフリーCFは百万ドル

桶井道の着眼点

温暖化で害虫は増える予想+不景気に強いので、永遠に利益を出せる会社に思えます。

62 ユニオン・パシフィック

貨物輸送専業の北米最大民間鉄道会社

ティッカー
UNP

国名
米国

証券取引所
ニューヨーク証券取引所

背景・トピックス

鉄道は、線路無くして営めないため、線路を敷くための用地買収だけでも莫大な費用が必要である。また車両を有し、それを安全に正確に運行するという独特の技術が不可欠。よって、参入障壁が高く他社が容易に新規参入できない分野である。

当社は貨物輸送専業の鉄道会社だ。米国製造業等のサプライチェーンを支える役割を果たしており、当社の車両が動かなくなると困る事業者がたくさんいる。

営業利益率は40％前後と非常に高い。COVID‐19の感染拡大時の2020年度でも40％を維持した。一方、日本のJR東日本は2023年度で12・6％、2020年度には約-30％にまで落ち込んだ。それらを比べれば、当社の強さは一目瞭然であろう。

あらゆる面から見て、価格競争に晒されにくい事業構造といえる。

COVID‐19の感染拡大時も増配した。

銘柄概略

米国の 23 州、西部 3 分の 2 に約 3 万 3,000 マイルの鉄道網を持ち、カナダやメキシコに接続している。石炭、工業製品、化学品、肥料、農作物、完成車、自動車部品などを運ぶ貨物専業の鉄道会社である。

株　価

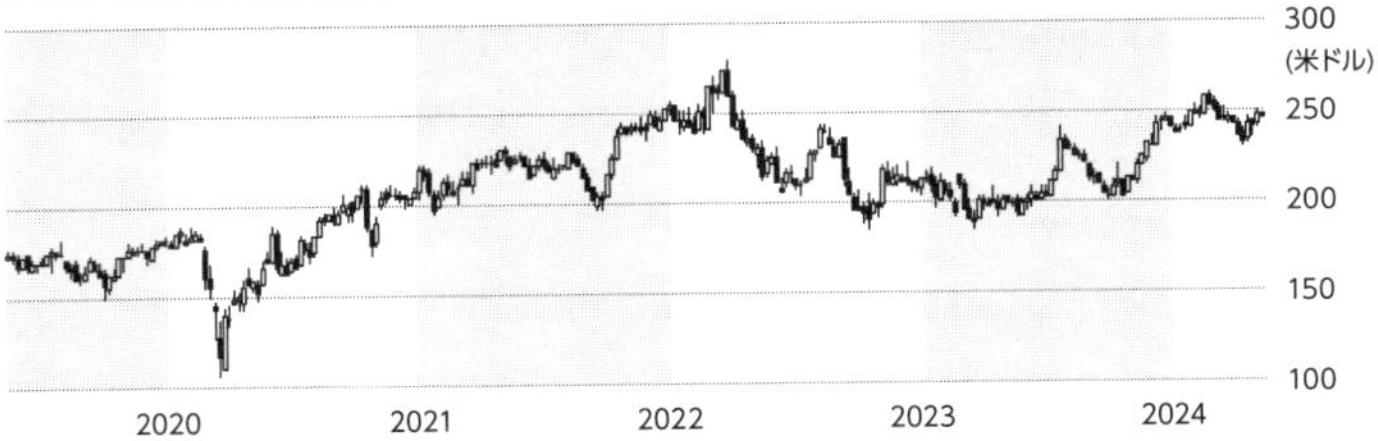

決算期	売上高	営業利益	当期純利益	EPS (1株あたり利益)	配当金
2019年12月	21,708	8,554	5,919	8.38	3.70
2020年12月	19,533	7,834	5,349	7.88	3.88
2021年12月	21,804	9,338	6,523	9.95	4.29
2022年12月	24,875	9,917	6,998	11.21	5.08
2023年12月	24,119	9,082	6,379	10.45	5.20

※売上高、営業利益および当期純利益は百万ドル、EPSおよび配当金はドル

平均成長率	売上高	営業利益	当期純利益
3年間	7.3%	5.1%	6.0%
5年間	1.1%	1.3%	1.3%
10年間	0.9%	2.0%	3.8%

平均利益率	営業利益	当期純利益
3年間	40.1%	28.2%
5年間	40.0%	27.8%
10年間	38.5%	28.0%

時価総額	142,049	自己資本比率	22.0%	有利子負債	32,579
実績ROE	45.4%	予想配当利回り	2.2%	フリーCF	4,773

※時価総額、有利子負債およびフリーCFは百万ドル

桶井道の着眼点

新規参入がなく、代替も効かないため、営業利益率は約40%と高いことを評価します。

63 ウエイスト・マネジメント

北米最大級の廃棄物処理企業、再生エネルギー事業にも取り組む

ティッカー

WM

国名

米国

証券取引所

ニューヨーク証券取引所

背景・トピックス

廃棄物処理は好景気・不景気に関係なく、絶対に無くならない事業である。そこにあるゴミは誰かが必ず回収、処理しなければならない。よって、ウエイスト・マネジメント社自身が「収益が不景気に強い」と主張している。

廃棄物処理はいわゆるNIMBY（Not In My Backyard=公共に必要な施設と認めるが、それが自らの居住地に建設されることを反対するという意味）な事業で、他社の新規参入が難しい業界である。

再生可能エネルギーやリサイクルにも取り組む。リサイクルでは、住民は紙、プラスチック、ガラスを分別する必要がないシステムを構築しており参加者が多い。

ハイテク銘柄と比較すると地味に見えるが、ハイテク銘柄にも株価が軟調に推移することはあり、そのような局面で株価が相対的な強さを発揮する銘柄と言えよう。

20期連続増配。

銘柄概略

米国とカナダで廃棄物処理事業を営む大手企業。住宅、商業、工業、地方自治体と連携して収集から廃棄まで行う。再生可能エネルギー事業やリサイクル事業にも取り組む。

株価

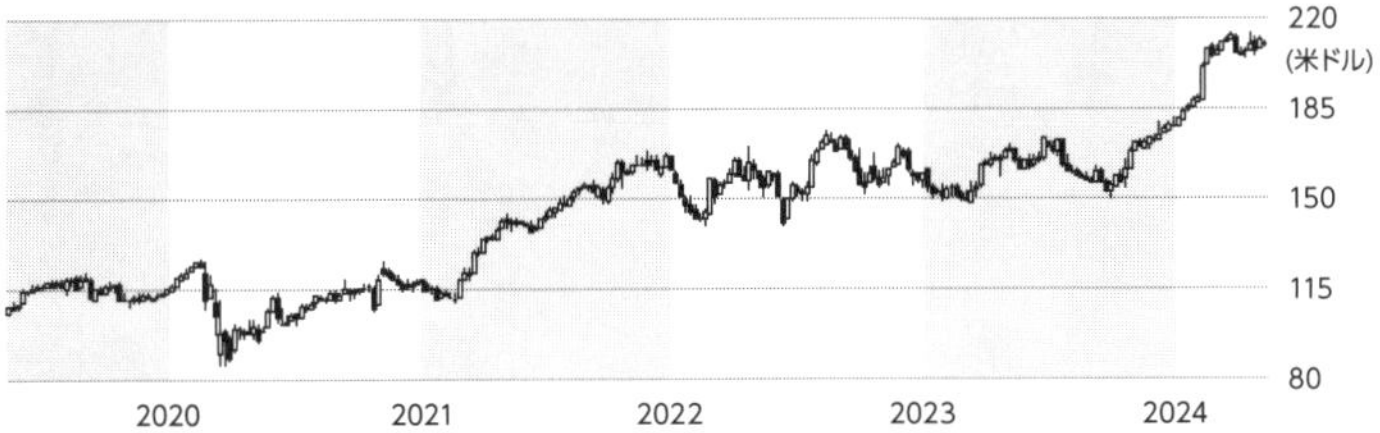

決算期	売上高	営業利益	当期純利益	EPS (1株あたり利益)	配当金
2019年12月	15,455	2,754	1,670	3.91	2.05
2020年12月	15,218	2,478	1,496	3.52	2.18
2021年12月	17,931	2,957	1,816	4.29	2.30
2022年12月	19,698	3,428	2,238	5.39	2.60
2023年12月	20,426	3,823	2,304	5.66	2.80

※売上高、営業利益および当期純利益は百万ドル、EPSおよび配当金はドル

平均成長率	売上高	営業利益	当期純利益
3年間	10.3%	15.5%	15.5%
5年間	6.5%	6.9%	3.7%
10年間	3.9%	6.3%	37.1%

平均利益率	営業利益	当期純利益
3年間	17.5%	10.9%
5年間	17.3%	10.7%
10年間	17.3%	10.4%

時価総額	84,520	自己資本比率	21.0%	有利子負債	16,229
実績ROE	35.7%	予想配当利回り	1.4%	フリーCF	1,824

※時価総額、有利子負債およびフリーCFは百万ドル

桶井道の着眼点

廃棄物がなくなることはなく、新規参入も難しいことから、優良銘柄だと思います。

64 エクソン・モービル

ロックフェラーの系譜をひく世界最大級のエネルギー・プロバイダー

ティッカー
XOM

国名
米国

証券取引所
ニューヨーク証券取引所

背景・トピックス

メインのビジネスは原油と天然ガスの探査と生産である。

石油、ガス、石油化学ビジネスは基本的にコモディティ・ビジネスである。よって、当社の事業と収益は、石油、ガス、石油化学製品の価格の変動や精製製品の市場動向に大きな影響を受ける傾向がある。

一方で当社は2050年の人口が2021年比で約20億人増加するという予測にもとづき、エネルギー需要が特に新興国で増加すると見込む。とりわけ電力需要が増加するという前提をおいている。

エネルギー源が再生可能エネルギーへ徐々にシフトすることを見込み、エネルギー転換においても主導的役割を果たすことをもくろんでいる。温室効果ガスの排出量を2050年までに実質ゼロにする目標を発表。二酸化炭素の回収・貯蔵、水素やバイオ燃料に取り組んでいる。

41期連続増配。

銘柄概略

石油メジャーの一つ。1999年にエクソン社とモービル社が合併し、世界最大級の石油会社となった。石油と天然ガス事業で、探査・開発から精製・販売まで手掛ける垂直統合型企業。

株価

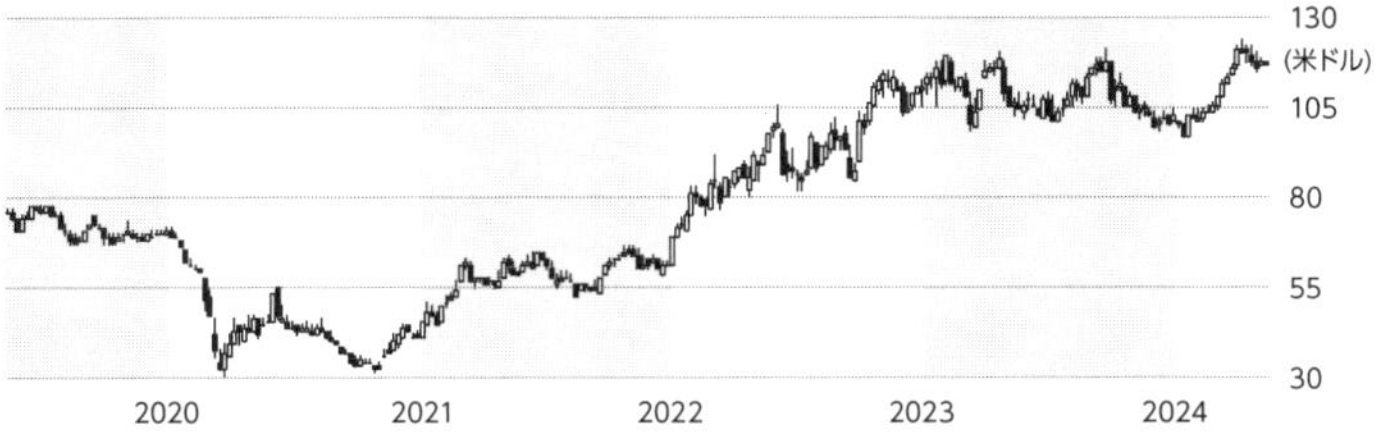

決算期	売上高	営業利益	当期純利益	EPS (1株あたり利益)	配当金
2019年12月	255,583	11,531	14,340	3.36	3.43
2020年12月	178,574	-30,653	-22,440	-5.25	3.48
2021年12月	276,692	23,233	23,040	5.39	3.49
2022年12月	398,675	63,546	55,740	13.26	3.55
2023年12月	334,697	43,747	36,010	8.89	3.68

※売上高、営業利益および当期純利益は百万ドル、EPSおよび配当金はドル

平均成長率	売上高	営業利益	当期純利益
3年間	23.3%	---	---
5年間	3.7%	16.0%	11.6%
10年間	-2.3%	0.8%	1.0%

平均利益率	営業利益	当期純利益
3年間	12.5%	11.0%
5年間	5.0%	5.2%
10年間	5.1%	6.0%

時価総額	526,020	自己資本比率	54.4%	有利子負債	37,735
実績ROE	16.2%	予想配当利回り	3.2%	フリーCF	33,450

※時価総額、有利子負債およびフリーCFは百万ドル

桶井道の着眼点

高配当+41期連続増配には妙味あり。石油を使わない世界はまだ先と見てます。

65 アメリカン・ウォーター・ワークス

》不景気でも業績がぶれにくい水道事業を営む

》ティッカー
AWK

》国名
米国

》証券取引所
ニューヨーク証券取引所

背景・トピックス

人間の生活に水は欠かせない。よって、不景気でも業績がぶれにくい、究極のディフェンシブ企業である。

それが証拠に、営業利益率は安定的に35%前後で、収益性は良好である。日本では上下水道事業がほぼ公営であるため、水道事業を営む企業に直接投資することが難しい。米国株ならではの銘柄と言える。

一方、インフラ産業ならではの特徴もある。サービスを停止しないために設備投資が随時必要なため、フリーキャッシュフローが毎年度ほぼマイナスになる。これは事業の特性によるものなので、他社と比較する場合に知っておきたい。

また、気候変動の激しさに伴って発生する干ばつ等が、水の供給に直接影響を及ぼすリスクを持っている企業である。

2008年の上場以来15期連続増配。株価が軟調に推移しているときに買って、のんびり保有したい銘柄。

銘柄概略

社名が示す通り、水道企業。14の州と18の軍事施設に、合わせて約1,400万人以上にサービスを提供している米国最大手。自治体向けサービスが収益の90%以上を占める。

株価

決算期	売上高	営業利益	当期純利益	EPS (1株あたり利益)	配当金
2019年12月	3,610	1,204	621	3.43	1.96
2020年12月	3,777	1,248	709	3.91	2.15
2021年12月	3,930	1,196	1,263	6.95	2.36
2022年12月	3,792	1,273	820	4.51	2.57
2023年12月	4,234	1,504	944	4.90	2.78

※売上高、営業利益および当期純利益は百万ドル、EPSおよび配当金はドル

平均成長率	売上高	営業利益	当期純利益
3年間	3.9%	6.4%	10.0%
5年間	4.2%	5.7%	10.7%
10年間	3.9%	4.7%	9.8%

平均利益率	営業利益	当期純利益
3年間	33.2%	25.4%
5年間	33.2%	22.4%
10年間	33.5%	18.4%

時価総額	25,477	自己資本比率	32.3%	有利子負債	12,369
実績ROE	9.8%	予想配当利回り	2.3%	フリーCF	-860

※時価総額、有利子負債およびフリーCFは百万ドル

桶井道の着眼点

必要とされ続ける事業で、かつ営業利益率が高く、ディフェンシブ優良銘柄と言えます。

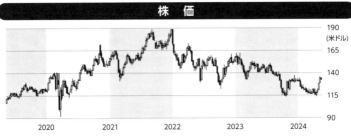

66

サザン・コッパー

世界最大の銅の埋蔵量を持つ鉱物の統合生産企業

ティッカー
SCCO

国名
米国

証券取引所
ニューヨーク証券取引所

背景・トピックス

銅は「モノづくり」に欠かせない素材で、鉄、アルミニウムに次いで3番目に広く使用されている金属である。その主な用途は送電および発電用部品で世界の銅使用量の4分の3を占める。

現代人の日常生活には電力が欠かせない。2020年代の花形産業ともいえるAIはコンピュータを多用し、それにも電力が欠かせない。さらに、エアコン製造にも使われる。よって、銅の需要は今後もコンスタントにある。

世界最大の銅埋蔵量を持つ鉱山会社であるサザン・コッパーには、揺るがない優位性があろう。

毎会計年度、営業利益率が40%前後と高い水準を保てる理由は、現代生活に必須なものの権益を有するからと想像される。

売上高が、銅の市場価格に左右されがちであることと、株価の変化が大きいことは念頭に置いておきたい。

銘柄概略

コッパーは英語で銅のこと。銅、モリブデン、亜鉛、銀の生産を手掛けるが、売上高の大半を銅が占める。世界最大の銅埋蔵量を持つ鉱山会社。本社は米国だが、主な生産拠点はメキシコとペルー。

株価

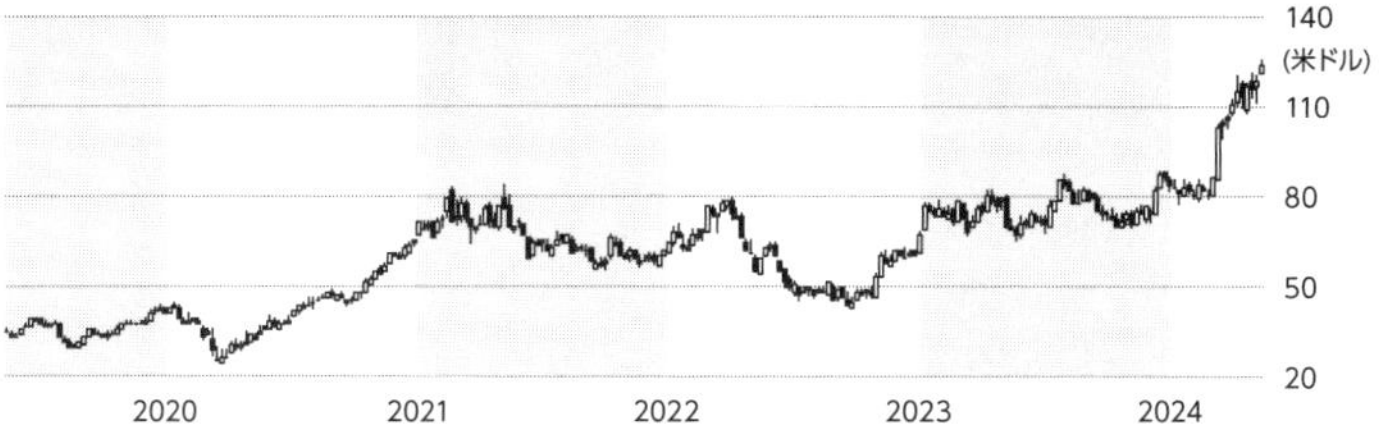

決算期	売上高	営業利益	当期純利益	EPS (1株あたり利益)	配当金
2019年12月	7,286	2,753	1,486	1.90	1.58
2020年12月	7,985	3,121	1,570	2.01	1.48
2021年12月	10,934	6,065	3,397	4.34	3.17
2022年12月	10,048	4,436	2,639	3.37	3.46
2023年12月	9,896	4,192	2,425	3.11	3.96

※売上高、営業利益および当期純利益は百万ドル、EPSおよび配当金はドル

平均成長率	売上高	営業利益	当期純利益
3年間	7.4%	10.3%	15.6%
5年間	6.9%	7.8%	9.5%
10年間	5.2%	5.2%	4.1%

平均利益率	営業利益	当期純利益
3年間	47.3%	27.3%
5年間	43.8%	24.4%
10年間	39.4%	20.7%

時価総額	92,669	自己資本比率	44.4%	有利子負債	6,254
実績ROE	30.0%	予想配当利回り	2.7%	フリーCF	2,565

※時価総額、有利子負債およびフリーCFは百万ドル

桶井道の着眼点

世界最大の銅埋蔵量を持つことに可能性を感じ、3大メジャーに次ぐ存在と評価します。

67

エアー・プロダクツ・アンド・ケミカルズ

50カ国で事業を営む世界的な産業ガスの供給者

ティッカー
APD

国名
米国

証券取引所
ニューヨーク証券取引所

背景・トピックス

産業ガスの用途は広い。代表的なものは自動車、燃料、電子デバイス、ヘルスケア、食品である。当社は世界で高いシェアを有する。北米以外の売上が過半を占める。

水素では60年以上の経験を有し、世界最大級の水素サプライヤーである。2026年稼働予定の米ルイジアナでの「ブルー水素製造計画」がある。

ブルー水素は、製造過程で出るCO_2を回収・有効利用・貯留することで、大気に排出する前に回収されるものを指す。当社プロジェクトは95%のCO_2を回収する。

さらに、サウジアラビアでグリーン水素ベースのアンモニア製造施設であるNEOMグリーン水素プロジェクトを進行中。

グリーン水素は、CO_2の排出がなく、現在知られている中で最もクリーンな燃料である。脱炭素化に向け水素需要の増加が予想でき、当社に追い風であろう。

41期連続増配。

銘柄概略

産業ガスの世界最大級供給者。世界で 4 社が寡占している分野の 1 社。インフラ整備が必要なため、参入障壁が高く、他社が容易に新規参入できない事業を営んでいる。

株価

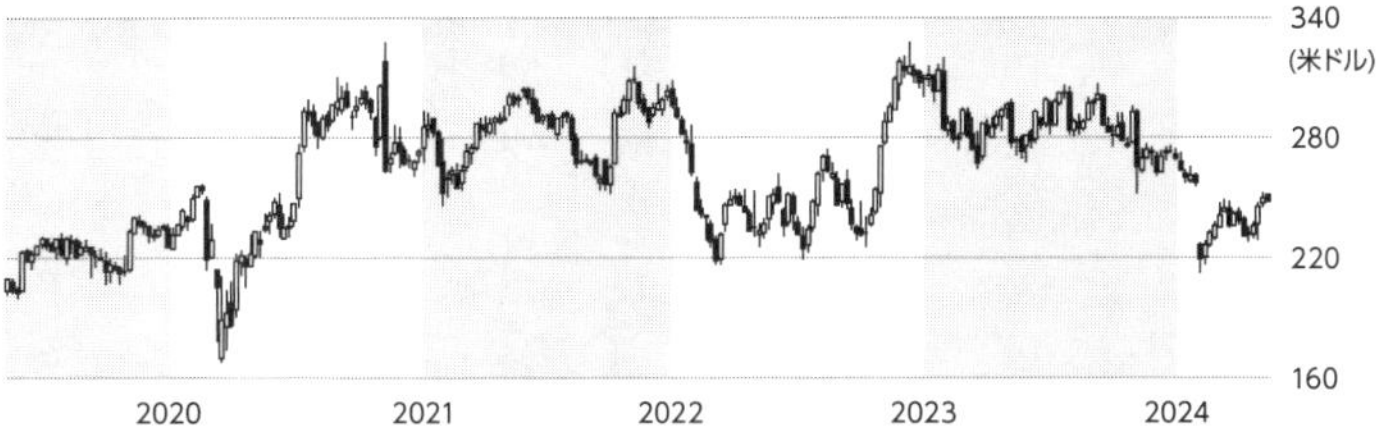

決算期	売上高	営業利益	当期純利益	EPS (1株あたり利益)	配当金
2019年9月	8,919	2,170	1,760	7.94	4.58
2020年9月	8,856	2,238	1,887	8.49	5.18
2021年9月	10,323	2,268	2,099	9.43	5.84
2022年9月	12,699	2,413	2,256	10.14	6.36
2023年9月	12,600	2,739	2,300	10.33	6.87

※売上高、営業利益および当期純利益は百万ドル、EPSおよび配当金はドル

平均成長率	売上高	営業利益	当期純利益
3年間	12.5%	7.0%	6.8%
5年間	7.1%	6.9%	9.0%
10年間	2.2%	6.0%	8.7%

平均利益率	営業利益	当期純利益
3年間	20.9%	18.8%
5年間	22.5%	19.5%
10年間	21.3%	18.0%

時価総額	59,289	自己資本比率	44.7%	有利子負債	10,305
実績ROE	17.1%	予想配当利回り	2.7%	フリーCF	-1,420

※時価総額、有利子負債およびフリーCFは百万ドル

桶井道の着眼点

参入障壁が高い+世界を4社で寡占+高い世界シェア、つまり儲かる。次は水素に期待!

68 コルテバ

現代農業を支える大手アグリサイエンス企業

ティッカー
CTVA

国名
米国

証券取引所
ニューヨーク証券取引所

背景・トピックス

世界の人口は増加する見込みである一方、世界で毎年1200万ヘクタールの耕作可能な土壌が消えている。異常気象、パンデミック、紛争などは、世界の食料システムを弱体化させる長期的な問題になりつつある。

食料供給を取り巻く環境は厳しい。当社は農業を豊かにすることに尽力し、長期的な生産性と持続可能性の達成を支援する。

特に種子部門は、商用種子の開発と供給における世界的リーダーである。売上高のうち、種子部門が55%を占める。

北米のトウモロコシと大豆、ヨーロッパのトウモロコシとヒマワリ、ブラジル、インド、南アフリカ、アルゼンチンのトウモロコシなど、多くの主要な種子市場にて高いシェアを持っている。

植物の能力を最大限に引き出すための遺伝子編集研究等により、収量が増加する種子開発をしてきた。現在も病気に強く収量増が期待できるトウモロコシ種子を開発中。

銘柄概略

2019年にダウ・デュポンから分離した。農業に特化した唯一の大手アグリサイエンス企業である。種子開発および殺菌剤、除草剤、殺虫剤といった作物保護製品が主な事業。農業の効率化を可能とする企業である。

株価

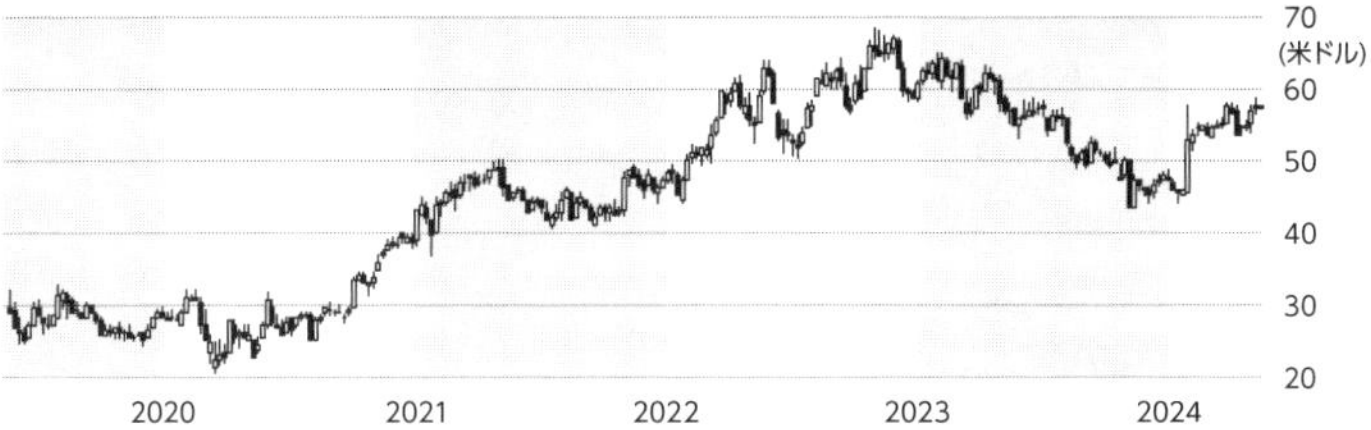

決算期	売上高	営業利益	当期純利益	EPS (1株あたり利益)	配当金
2019年12月	13,846	584	-959	-1.28	0.26
2020年12月	14,217	843	681	0.91	0.52
2021年12月	15,655	1,317	1,759	2.37	0.54
2022年12月	17,455	1,928	1,147	1.58	0.58
2023年12月	17,226	2,110	735	1.03	0.62

※売上高、営業利益および当期純利益は百万ドル、EPSおよび配当金はドル

平均成長率	売上高	営業利益	当期純利益
3年間	6.6%	35.8%	2.6%
5年間	3.8%	10.3%	---
10年間	---	---	---

平均利益率	営業利益	当期純利益
3年間	10.6%	7.4%
5年間	8.4%	4.0%
10年間	---	---

時価総額	38,989	自己資本比率	58.2%	有利子負債	2,488
実績ROE	2.2%	予想配当利回り	1.1%	フリーCF	1,174

※時価総額、有利子負債およびフリーCFは百万ドル

桶井道の着眼点

当社の種子開発と供給は、農業の効率化に貢献すると考える。長期志向で投資したい。

69

シャーウィン・ウィリアムズ

》45期連続増配で知られる創業150年以上の米国の塗料メーカー

》ティッカー
SHW

》国名
米国

》証券取引所
ニューヨーク証券取引所

背景・トピックス

ＰＰＧインダストリーズ（ＰＰＧ）、オランダのアクゾ・ノーベルなどを上回り、世界最大の塗料メーカー。

２０２１年に生産能力拡張プロジェクトがはじまり、製造施設、流通、車両センターを建設中で、２０２４年に完了見込み。また、塗料メーカーは重たい塗料を顧客に運ぶための物流ファシリティが重要である。そのために、毎年配達の拠点となる店舗を増やして、ドライバーも増員し、各店舗の負担を減らしている。

２０２１年、２０２２年に製品の値上げを実施してコスト増を吸収。２０２３年12月期の売上高は前年同期比で４・１％増、営業利益は前年同期比で21・１％増と値上げの効果が利益率に反映されている。

M＆Aが得意で、過去10年で16社を傘下に収めた。

自社株買いを積極的に実施している。45期連続増配。

銘柄概略

建設メーカー用、DIY用、産業用などの塗料メーカー、世界最大手。住宅用から、プラント、船、航空機用まで幅広い製品を製造販売している。世界120カ国以上、5,000以上の拠点で製品を販売している。

株価

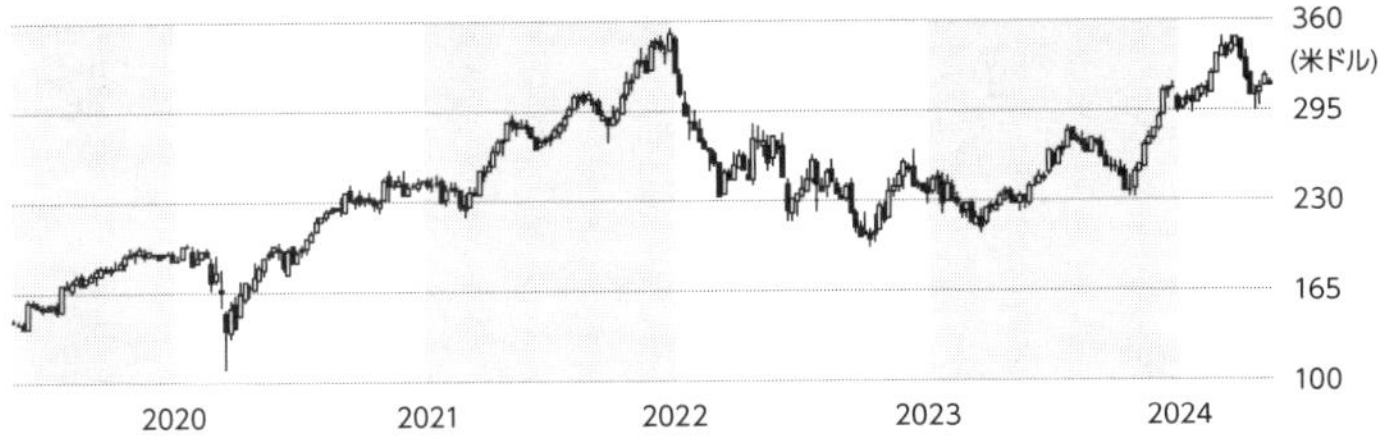

決算期	売上高	営業利益	当期純利益	EPS (1株あたり利益)	配当金
2019年12月	17,901	2,417	1,541	5.50	1.51
2020年12月	18,362	2,849	2,030	7.36	1.79
2021年12月	19,945	2,660	1,864	6.98	2.20
2022年12月	22,149	2,997	2,020	7.72	2.40
2023年12月	23,052	3,628	2,389	9.25	2.42

※売上高、営業利益および当期純利益は百万ドル、EPSおよび配当金はドル

平均成長率	売上高	営業利益	当期純利益
3年間	7.9%	8.4%	5.6%
5年間	5.6%	13.8%	16.6%
10年間	8.5%	12.2%	12.2%

平均利益率	営業利益	当期純利益
3年間	14.2%	9.6%
5年間	14.3%	9.7%
10年間	13.5%	9.3%

時価総額	77,028
実績ROE	72.5%

自己資本比率	16.2%
予想配当利回り	0.9%

有利子負債	9,850
フリーCF	2,634

※時価総額、有利子負債およびフリーCFは百万ドル

桶井道の着眼点

投資するなら業界で世界1位というのが基本。自社株買い&連続増配もあり優良銘柄。

《 高齢になったら、「東証ETF」一択

日本株同様に、米国株にもETFという選択肢があります。

ETFとは株式市場に上場している投資信託です。東京証券取引所（東証）に上場している「東証ETF」と、米国の証券取引所に上場している「米国ETF」の主に2つがあります。

高齢になると、判断能力が鈍ります。よって、私は、その前に、**米国株（個別株）を東証ETFや米国ETFに移行することも考えに入れています。**

特に、東証ETFであれば、日本円で投資できて、分配金も日本円なので理想的です。米ドルを日本円に替える（円転）操作を必要とせず、円転の度に為替レートを気にしなくても良いからです。

もしくは、充分に分散投資することが前提ですが、証券会社によって導入されている、**米国株（個別株）の配当金を日本円で受け取るサービスを使う手もあります。**

また、このサービスは米国ETFにも使えますので、たとえばバンガード・米国増配株式ETF（VIG）や米国高配当株式ETF（VYM）を1本持つ選択肢も考えられます。

分配金は同じく日本円で受け取ることができます。

後期高齢者になったら、投資信託で取り崩しをするのではなく（たとえ、自動取り崩しサービスを使うとしても、途中で投資判断を迫られることがあると想定できます。資産が枯渇するのではないかと不安になるのも辛いです）、米国株（個別株）や米国ＥＴＦでできれば配当金は米ドルではなく日本円で得ること。できるだけシンプルに「仕組み化」するのが理想です。

判断能力の低下だけではなく、老眼や白内障で1と7を見間違えるなど視力の低下、スマホやＰＣを操作するにも細かな手指の動きが鈍くなることが想定されます。「今の自分」が当たり前にできることが、「老後の自分」にも必ずできると思い込むのはリスクだと断言します。人は老いるのが現実です。老いてもできる持続可能な投資、それも「ぐうたら投資」に含めています。

なお、米国ＥＴＦおよび「東証ＥＴＦで米国に投資するタイプ」については、拙著『月20万円の不労所得を手に入れる！　おけいどん式 ほったらかし米国ＥＴＦ入門』（宝島社）で、より詳細な解説と銘柄紹介（55本）をしていますので、興味のある方は参照いただけますと幸いです。

それでは米国株に投資するＥＴＦ３選を見ていきましょう。

70

》 S&P500連動ETF、米国オールスター企業500社に投資できる

東証ETF

1655 iシェアーズ S&P 500 米国株 ETF

2558 MAXIS米国株式(S&P500)上場投信

米国ETF

VOO バンガード・S&P500 ETF

SPY SPDR S&P 500 ETF トラスト

IVV iシェアーズ・コア S&P 500 ETF

》国名

米国

背景・トピックス

米国は、世界において、通貨（金融）、軍事、経済、政治など多数の面で覇権を握る最強の国である。常にイノベーションが起き、急成長を遂げる企業が登場してきた。ブランド力がある企業も多い。世界中から才能豊かな移民を受け入れる米国企業の成長はこれからも続くと考えられる。最低でも10年～15年は米国優位が続くだろう。

S&P500は、厳しい条件を通過して選ばれた500社の集まりである。花形のIT産業は勿論、ヘルスケア、小売、金融など様々なセクターの銘柄で構成される。

金融危機で急落することはあっても、長い目で見れば右肩上がりの株価指数であり続けた。急落時は「今は安く買えるチャンス」と理解し、コツコツ買い続けたい。

銘柄概略

米国のエース級500社に投資できる。

「1655」は6,000円程度で取引可能。

71

米国ETF、米国の増配株に投資できる

バンガード・米国増配株式ETF

背景・トピックス

米国の増配株を集めたETFの中では純資産総額が約780億ドル（約12兆円）と大きい。組み入れ上位銘柄はマイクロソフト、アップル、ユナイテッドヘルス、ジョンソン・エンド・ジョンソンなど。

増配株は、企業の利益成長による株価上昇と増配が期待できる〝2度おいしい〟投資対象である。株主還元に積極的な高収益企業が投資対象であるため、長期保有すれば「空振り」の可能性は低いと考えられる。

経費率が0・06％で1口約180ドル（約2万7000円）と比較的買いやすい。直近1年の分配金利回りは2％弱。直近5年間の騰落率は約83％で、インカムとリターンを追求できる銘柄である。

銘柄概略

米国で 10 年以上の増配実績がある株式に投資する ETF。大型株がメイン。

» ティッカー

VIG

» 国名

米国

» 証券取引所

NY 証券取引所 Arca

» 米国ETF、米国の高配当株の宝箱

バンガード・米国高配当株式ETF

» ティッカー
VYM

» 国名
米国

» 証券取引所
NY 証券取引所 Arca

背景・トピックス

高配当株ETFは「今、既に配当が高い」銘柄で構成される。

老後まで時間が少なく、配当を育てる時間がない方にも向いている。

組み入れは約550銘柄。米国高配当株系ETFの中では広く分散が効いて、分配金が減額される心配があまりない。

直近1年の分配金利回りは3％弱。加えて経費率が0・06％と高配当株系ETFの中でとても低い。純資産総額は他の高配当株系ETFを圧倒している。

5年騰落率は約68％。高配当株で構成されるが価格の上昇も見込める。マーケット全体が低迷するときに影響を受けにくいイメージ。1口120ドル程度で買える。

銘柄概略

米国の高配当株が詰まったETF。まさしく不労所得を狙う人向け。大型株がメイン。

第6章

カナダからインドまで、世界株から優良銘柄を見つけよう！

投資の対象は日本、米国だけではありません。

本社が日米以外であることを理由に敬遠せずに、世界に目を向けてみましょう。実は魅力的な銘柄（企業）が眠っているものです。

しかし、**ほとんどの投資家（特に初心者）はその存在を知りません。**

なぜなら、主要ネット証券は米国株の取扱いを全面的にアピールし、それ以外の外国株のことはそれほどでもない状態だからです。とはいえ、米国株以外の外国株の取扱い数を徐々に増やしています。その多くが米国に上場しているので、米国株と思い込んで投資している方も一定数おられると思います。

そこで本章では「世界」の優良銘柄を紹介しましょう。

世界の優良銘柄に期待が持てる納得の理由

・**カナダは、先進国で「G7」の構成国です。**米国と陸続きで国境を接していますから、米国でも事業を営んでいるカナダ企業が多いです。株主還元が優秀な企業もあります。

・オーストラリアは、経済成長がコロナ期まで28年間も続いた実績があり、２００８年のリーマン・ショックですら経済成長したことに驚きます。**移民を受け入れており、人口増加国です。**

・**将来は、インドが台頭すると考えられます。人口世界一の内需には、可能性を感じます。**頭脳もピカ一で、グーグルやマイクロソフトのCEOはインド出身です。

・**世界三大資源メジャーはいずれも米国企業ではなく、英国、オーストラリア、ブラジルです。**

・世界で一番大きな食品メーカーは、スイスのネスレです。

・世界一のハイブランド企業は、フランスのルイ・ヴィトン（正確には「LVMHモエヘネシー・ルイヴィトン」と言います）です。

・**世界一の半導体受託製造企業は、熊本県への進出で有名になった台湾のTSMCです。**

・半導体の微細化に必須とされる「EUV露光装置」は、オランダのASMLホールディングしか製造できません。

このように各国には世界で稼げる企業がたくさんあります。またはその国で稼げる企業を選びましょう。

自国（日本株）バイアスに陥らず、米国株最強バイアスや米国株信仰も持ち過ぎず、世界に目を向けるのです。

ただだし、**米国と不仲な国には投資しません。**米国と喧嘩してもたいていの国は勝てないでしょう。また、独裁国家などカントリーリスクにも注意が必要です。

その他、新興国の場合、法整備が不充分で投資家（株主）の権利が充分に保護されていないことがあります。政治リスクもあります。たとえ成長企業であれ、たとえば突然の国有化宣言など国からの一声で株価が暴落なんてケースがあるのです。

加えて、**地政学リスクを頭に入れておきましょう。**企業として優秀な実績があれど、ひとたび戦争・紛争が起これば経済にも、経営にもダメージが出ます。近年では、ロシア・ウクライナ情勢がそれにあたります。

日本の証券会社から購入可能

「日米以外の国の株に投資するには、現地証券の口座が必要なんでしょ？」

そんなことはありません。

日本の証券会社で売買が可能です。

SBI証券なら多くの国の証券取引所に上場している株式（普通株）に投資できます。

ただし、この方法はあまりおすすめしません。SBI証券であれば、日本以外に9カ国を扱いますが、各国通貨に両替が必要で為替手数料が高いですし、日米以外の証券取引所に上場している株式は売買手数料も高い傾向にあります。投資通貨が日本円および米ドル以外に、多国籍にわたると投資効率が落ちます。

その方法を取らなくとも、SBI証券、楽天証券、マネックス証券など主要ネット証券なら、米国上場の普通株やADRの売買が可能です。本書ではそれらへの投資をお勧めします。

ADRとは、American Depositary Receipt（米国預託証券）の略称で、米国以外の企業の株式が米国で流通しやすいように発行された有価証券です。日本から投資が難しい国の企業への投資のハードルを下げてくれる存在です。

私たち投資家は、普通の米国株と同様に気軽に、日本の証券会社のサイトから売買が可能です。

これらへの投資により、投資通貨を米ドルに統一できるメリットは大きいです。24時間変化する為替レートの換算を複数の通貨で行うのは「ぐうたら投資」とは言えませんから。また、**米国企業ではなくても、米国市場に上場する普通株やADRは売買手数料や為替手数料が安いこともメリットです。米国株（米国企業の株式）と同じ扱いなのです。**

もしくは、本書では語りませんが、**東証には米国以外の外国の株価指数に連動するETFも上場しています。**投資通貨を日本円にできるメリットがあります。

多くの国に分散投資する場合も、投資に使う通貨は円と米ドルに限定すれば、投資効率が上がります。配当金を再投資しやすいこと、米ドルなら為替手数料はそれほど気にならないことが理由です。通貨に関しては、多くの分散は逆効果なのです。

《配当金に税金はどれだけかかる？

配当金にかかる税金にも触れておきましょう。

日本株や米国株と同じく、その他の国の株の配当金にも、日本で20・315％の課税があります。

他に、その国々での課税があります。各国の税率はおおむね次の通りです。

米国　10％
カナダ　15％（楽天証券では25％）
英国　0％

オランダ　15％
デンマーク　27％
アイルランド　25％
オーストラリア　0％
台湾　21％
インド（本章で紹介する米国ETF「EPI」の場合）　10％
ブラジル　0％（ただし、ブラジル企業でよくある「資本利子の配分」に対しては15％）

※SBI証券発行の「配当金等のご案内（兼）支払通知書」に記載の税率より引用

各国ともできるだけ複数の銘柄で確認しましたが、国によっては銘柄ごとに税率が異なるケースがあります。

証券会社により税率が異なることもあります。また、この税率にはADR手数料などが含まれるケースもあります。すべての銘柄が、必ずしも、この税率とは限らないこともご承知おきください。

英国やオーストラリアのように配当金への、各国（外国）での税率が0％の国であれば、日本株と同条件、20・315%の課税のみになります(配当控除[*1]は考慮せず)。

ここまで確認できたら、桶井道が選ぶ世界株23選を見ていきましょう。

＊1　配当控除

国内株式等の配当等について、総合課税を選択して確定申告をした場合に適用される所得税を減らせるルール(税額控除)です。投資家がその投資先の企業から受け取る配当金は、すでに法人税が課税された後のお金を分配したものです。その配当金は、所得税などが源泉徴収されて支給されます。法人税と所得税の二重課税という現象が起こります。この二重課税部分を投資家に還元するのが配当控除です。

カナダ、オランダ、
アイルランド、イギリス、
台湾……世界には
優良企業がいっぱい!

73 ASMLホールディング

》半導体製造「露光装置」メーカーで世界首位

》ティッカー
ASML

》国名
オランダ

》証券取引所
ナスダック証券取引所

背景・トピックス

半導体の製造工程は1000ステップを超えると言われ、製造工程ごとに製造装置メーカーが存在する。当社もその一つ。

露光装置は日本のニコンやキヤノンが存在感を多少有しているが、EUV露光の分野では当社しかプレイヤーがいないオンリーワン企業である。EUV露光装置は半導体の微細化にて重要な役割を担う。

半導体を製造するインテル、TSMC、サムスン電子が当社の主要顧客である。2012年に顧客共同投資プログラム（CCIP）の一環として、当社はこれら顧客3社に株式を発行し、資金提供を受けることで研究開発資金を確保している。

米国政府が、国家安全保障規制や特定の中国企業との取引制限などの貿易措置を制定。当社にとり第3位のビジネス相手である中国向けビジネスが制限され、やや懸念材料である。

蘭企業だがNASDAQ100採用銘柄。

銘柄概略

EUV（Extreme Ultraviolet）露光装置を製造できる世界で唯一のメーカー。半導体製造における「露光」過程で、半導体の微細化に欠かすことができない装置である。営業利益率は約33%と高い。

株価

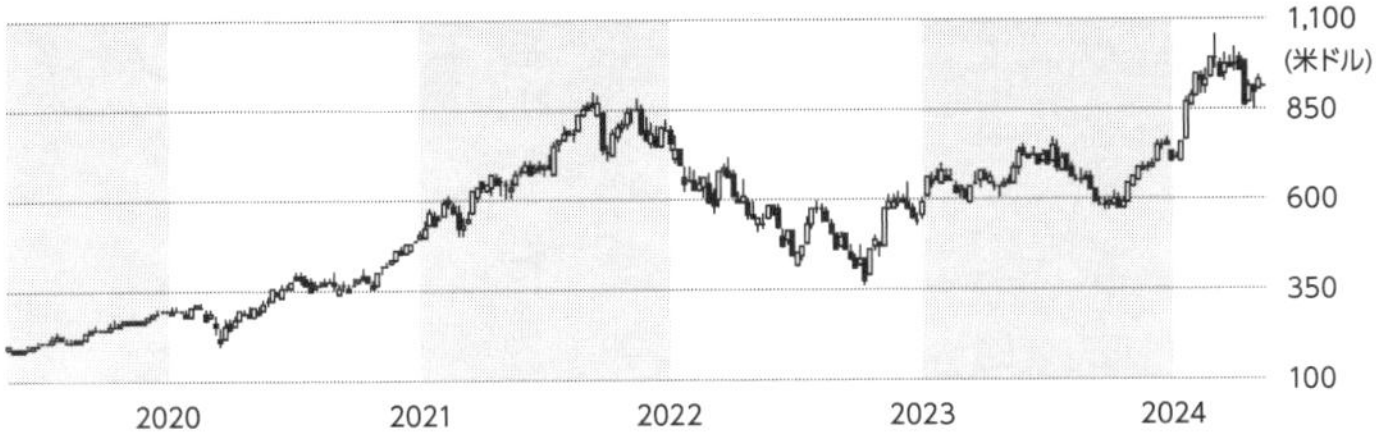

決算期	売上高	営業利益	当期純利益	EPS (1株あたり利益)	配当金
2019年12月	11,820	2,791	2,592	6.15	3.14
2020年12月	13,979	4,052	3,554	8.48	2.54
2021年12月	18,611	6,536	5,883	14.34	3.36
2022年12月	21,173	6,501	5,624	14.13	6.41
2023年12月	27,559	9,042	7,839	19.91	5.94

※売上高、営業利益および当期純利益は百万ユーロ、EPSおよび配当金はユーロ

平均成長率	売上高	営業利益	当期純利益
3年間	25.4%	30.7%	30.2%
5年間	20.3%	25.0%	24.8%
10年間	18.0%	24.8%	22.7%

平均利益率	営業利益	当期純利益
3年間	32.9%	28.9%
5年間	30.2%	26.8%
10年間	27.2%	24.5%

時価総額	378,944	自己資本比率	33.7%	有利子負債	4,631
実績ROE	60.3%	予想配当利回り	0.7%	フリーCF	3,247

※時価総額は百万ドル、有利子負債およびフリーCFは百万ユーロ

桶井道の着眼点

開発中の次世代EUV露光装置が完成すれば、半導体のさらなる微細化に貢献すると考える。

配当金は、実際には米ドルで支払われます。

74

» エヌビディアも無くなったら困る台湾の半導体受託製造企業

台湾セミコンダクター・マニュファクチャリング・カンパニー（TSMC）

» ティッカー
TSM

» 国名
台湾

» 証券取引所
ニューヨーク証券取引所

背景・トピックス

半導体が人間の生活に身近であることは、株式投資家ならばよくご存知であろう。パソコンもスマートフォンもエアコンも自動車も目に見えるものの多くに使われており、産業のコメといわれるものである。

半導体は非常に多くのプロセスを経て製造される。近年、設計と製造は分離されることが多く、設計のリーディングカンパニーがエヌビディアならば、製造のリーディングカンパニーが当社である。

ここ数年で製造拠点を台湾以外にも設けるようになり、欧州、米国、日本に製造拠点を設立した。

顧客はエヌビディア、アップル、アドバンスト・マイクロ・デバイセズなど大企業が多い。営業利益率は40％超、日本の優良な半導体関連株である東京エレクトロンやアドバンテストよりはるかに高い。

業績はシリコンサイクルに沿う傾向がある。台湾有事リスクを念頭に置く必要あり。

銘柄概略

世界シェア60%を有する半導体受託製造企業。1987年に台湾で創業。2024年に熊本県に工場が建設されたことで知られる。今や世界の株式市場を左右するエヌビディア（NVDA）も当社抜きで製品を作れない。

株価

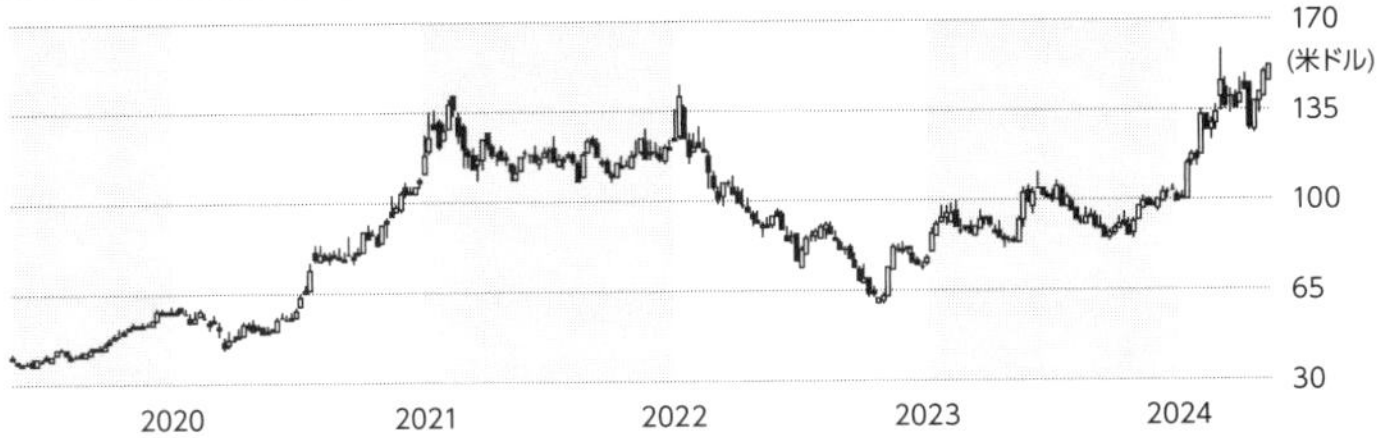

決算期	売上高	営業利益	当期純利益	EPS (1株あたり利益)	配当金
2019年12月	1,069,989	373,343	353,948	68.25	61.87
2020年12月	1,339,239	566,785	510,744	98.50	50.02
2021年12月	1,587,415	649,980	592,359	114.20	52.55
2022年12月	2,263,891	1,121,278	992,923	191.45	54.77
2023年12月	2,161,736	921,456	851,740	164.25	57.08

※売上高、営業利益および当期純利益は百万台湾ドル、EPSおよび配当金は台湾ドル

平均成長率	売上高	営業利益	当期純利益
3年間	17.3%	17.6%	18.6%
5年間	16.0%	19.1%	18.6%
10年間	13.7%	15.9%	16.6%

平均利益率	営業利益	当期純利益
3年間	44.4%	40.2%
5年間	42.1%	38.4%
10年間	40.4%	36.7%

時価総額	783,403	自己資本比率	62.0%	有利子負債	927,576
実績ROE	25.9%	予想配当利回り	1.6%	フリーCF	286,569

※時価総額は百万ドル、有利子負債およびフリーCFは百万台湾ドル

桶井道の着眼点

半導体の微細化技術を評価するか、地政学リスクで敬遠するか……私は前者です。

！配当金は、実際には米ドルで支払われます。

75

≫総資産ベースで北米6位のカナダの銀行

トロント・ドミニオン・バンク

≫ティッカー

TD

≫国名

カナダ

≫証券取引所

ニューヨーク証券取引所

背景・トピックス

〝be the better bank〟（より良い銀行であれ）を企業のビジョンとして掲げている。カナダの2大銀行のひとつ。

カナダにおけるブランド力が高い。トロント・ドミニオン・バンクは、カナダで最も価値のあるブランド100社をランク付けするBrand Financeの2023 Canada 100 Reportで1位にランキングされている。

商業銀行の業務内容は銀行間で大差がないことを鑑みれば、ブランド力は顧客を獲得するためのアドバンテージがあると考えられる。

株主に対しても報いる企業である。リーマン・ショックやコロナ・ショックでも減配していない。13期連続増配中であり、2023年には新たな自社株買いプランを発表している。カナダの銀行はJPモルガン・チェース等の米国の銀行より配当利回りが相対的に高い傾向があることは評価できよう。

銘柄概略

北米に 2,200 以上のリテール店舗を持つカナダの 2 大銀行のひとつ。カナダだけではなく米国でも事業を行う。総資産ベースで北米 6 位。保険商品も提供している。収益の 65% をリテール業務から得ている。

株価

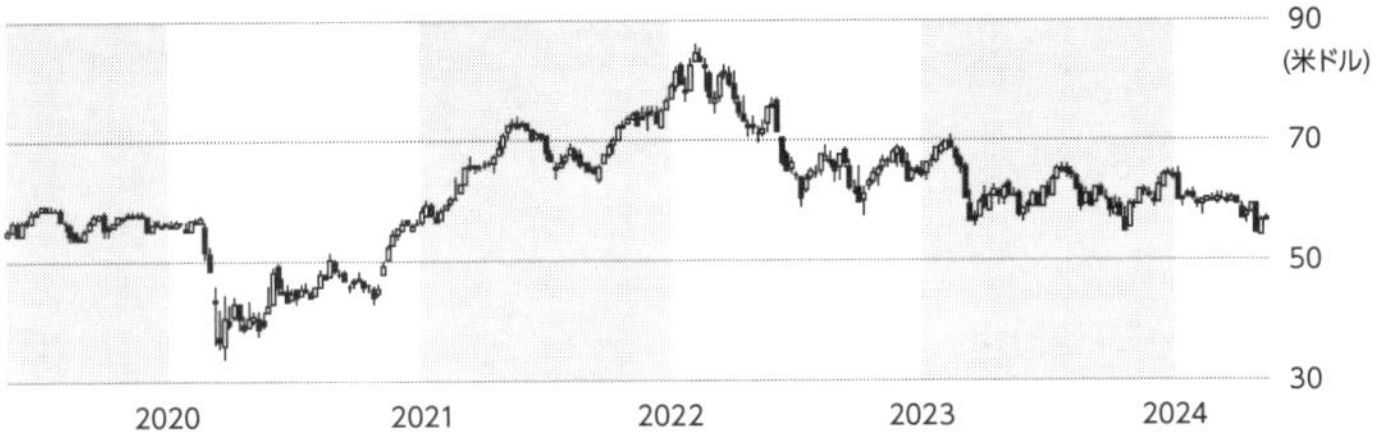

決算期	売上高	営業利益	当期純利益	EPS (1株あたり利益)	配当金
2019年10月	40,729	---	11,668	6.25	2.89
2020年10月	43,284	---	11,895	6.43	3.11
2021年10月	42,266	---	14,298	7.72	3.16
2022年10月	45,762	---	17,429	9.47	3.56
2023年10月	52,929	---	10,782	5.60	3.84

※売上高、営業利益および当期純利益は百万カナダドル、EPSおよび配当金はカナダドル

平均成長率	売上高	営業利益	当期純利益
3年間	6.9%	---	-3.2%
5年間	6.6%	---	-0.9%
10年間	7.0%	---	5.1%

平均利益率	営業利益	当期純利益
3年間	---	30.8%
5年間	---	29.7%
10年間	---	28.5%

時価総額	98,380	自己資本比率	5.2%	有利子負債	396,759
実績ROE	10.4%	予想配当利回り	5.3%	フリーCF	-67,146

※時価総額は百万ドル、有利子負債およびフリーCFは百万カナダドル

桶井道の着眼点

カナダでブランド力1位の企業=ある意味No.1投資。配当も良く持っておきたい銘柄。

! 配当金は、実際には米ドルで支払われます。

76

ロイヤル・バンク・オブ・カナダ

カナダ最大の銀行、銀行セクターで時価総額世界15位

ティッカー
RY

国名
カナダ

証券取引所
ニューヨーク証券取引所

背景・トピックス

カナダ最大の銀行である。業績を順調に伸ばしており、この10年間でEPS（1株あたり利益）は約2倍まで成長している。

2023年10月期のEPSは前年度を下回った。増収であったが、貸出に対する引当金などが増加したためである。

2006年以来、多数のM&Aで事業規模を拡大してきた。直近では、2024年3月に英国金融大手HSBCのカナダビジネスの買収を完了している。今後業績にプラス寄与するであろう。

米国の金融機関と比較して相対的に配当利回りが高いのが、カナダの大手金融機関の特筆すべき点である。ロイヤル・バンク・オブ・カナダの配当利回りはトロント・ドミニオン・バンクと比較すると低いが、50％程度の配当性向は60％台半ばのトロント・ドミニオン・バンクより低く、増配余力がまだありそうである。

13期連続増配。

銘柄概略

カナダ最大の銀行。トロント・ドミニオン・バンクと比較すると富裕層ビジネスの収益が大きい。カナダだけではなく、米国やカリブ海地域でも事業を行う。

株価

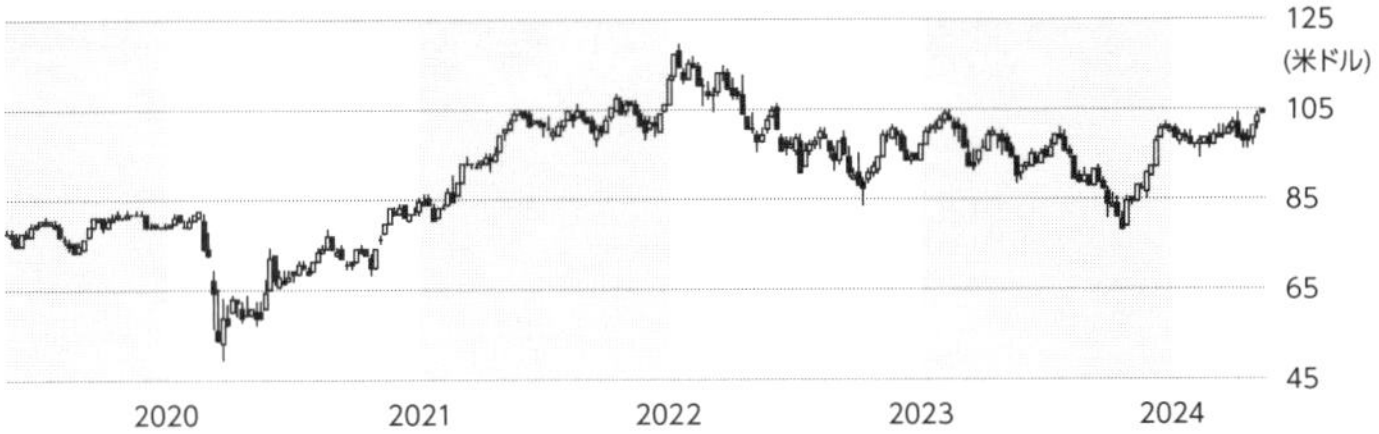

決算期	売上高	営業利益	当期純利益	EPS (1株あたり利益)	配当金
2019年10月	45,768	---	12,860	8.75	4.07
2020年10月	47,104	---	11,432	7.82	4.29
2021年10月	49,537	---	16,038	11.06	4.32
2022年10月	48,775	---	15,794	11.06	4.96
2023年10月	56,256	---	14,859	10.50	5.34

※売上高、営業利益および当期純利益は百万カナダドル、EPSおよび配当金はカナダドル

平均成長率	売上高	営業利益	当期純利益
3年間	6.1%	---	9.1%
5年間	5.8%	---	3.7%
10年間	6.2%	---	6.0%

平均利益率	営業利益	当期純利益
3年間	---	30.4%
5年間	---	28.7%
10年間	---	28.3%

時価総額	154,495	自己資本比率	5.5%	有利子負債	434,587
実績ROE	14.2%	予想配当利回り	3.8%	フリーCF	23,349

※時価総額は百万ドル、有利子負債およびフリーCFは百万カナダドル

桶井道の着眼点

カナダ最大の銀行=No.1投資。配当が良いカナダの銀行は持っておきたい。

配当金は、実際には米ドルで支払われます。

77

マニュライフ・ファイナンシャル

》カナダに本拠を置く世界有数の大手金融サービスグループ

》ティッカー
MFC

》国名
カナダ

》証券取引所
ニューヨーク証券取引所

背景・トピックス

カナダ、米国、アジア諸国で生命保険、年金、資産運用商品を提供する。

カナダと米国を合わせた北米で利益の5割を得ている。米国では2023年にJPモルガン・チェースとの販売関係を開始し、当社商品の販売網を広げている。

2022年の業績はCOVID-19の影響で特にアジアで苦戦した。2023年は中国での保険料収入が大きく回復し増収となった。それでも減益となったのは、2022年に経営統合などで一時的に発生した利益などの特殊要因があったからである。

米国の主要な保険会社はEPS（1株あたり利益）がたびたび赤字であったり、長期的に見て減益傾向であったりするが、当社はEPSが比較的安定しており、長期的に見るとおおむね増益傾向にある。

また、米国の主要な保険会社より配当利回りが良好な傾向にあり、10期連続増配している。

銘柄概略

1887年に創業した。カナダおよびアジア地域ではマニュライフ、米国においてはジョン・ハンコックのブランドで事業を展開する。1897年にアジアに進出し、アジアでも120年以上の歴史がある。

株価

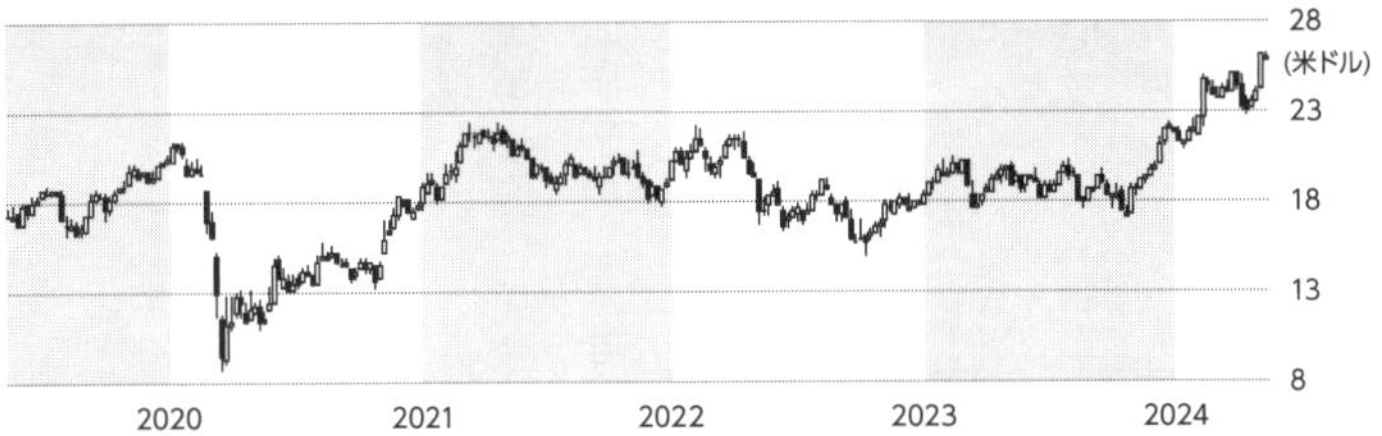

決算期	売上高	営業利益	当期純利益	EPS (1株あたり利益)	配当金
2019年12月	77,822	---	5,269	2.77	1.00
2020年12月	77,121	---	5,326	2.93	1.12
2021年12月	59,841	---	6,657	3.54	1.17
2022年12月	15,284	---	7,183	3.68	1.32
2023年12月	42,309	---	5,463	2.61	1.46

※売上高、営業利益および当期純利益は百万カナダドル、EPSおよび配当金はカナダドル

平均成長率	売上高	営業利益	当期純利益
3年間	-18.1%	---	0.9%
5年間	2.6%	---	3.2%
10年間	9.2%	---	5.8%

平均利益率	営業利益	当期純利益
3年間	---	---
5年間	---	---
10年間	---	---

時価総額	46,617	自己資本比率	4.6%	有利子負債	12,738
実績ROE	10.3%	予想配当利回り	4.5%	フリーCF	20,423

※時価総額は百万ドル、有利子負債およびフリーCFは百万カナダドル

桶井道の着眼点

米国の主要な保険会社より業績安定、株主還元良好。やはり世界に目を向ける必要がある。

! 配当金は、実際には米ドルで支払われます。

78 ビーシーイー

カナダの最大手通信企業

ティッカー BCE

国名 カナダ

証券取引所 ニューヨーク証券取引所

背景・トピックス

カナダの最大手通信企業。日本株に例えるならNTT（9432）。有線事業とワイヤレス事業で収益の9割程度を得ている。ビーシーイーの営業利益率は平均20%強で、NTTの14%程度より高く、収益性は良好である。

2024年にサイバーセキュリティ企業のセンチネルワンとのデータ保護提携を発表。また、M&Aもたびたび行う。

株式投資の観点で捉える通信事業の特徴は、顧客からコンスタントにキャッシュが入ることである。よって、フリー・キャッシュ・フローはしっかりと得られるため、経営破綻しにくいビジネスモデルである。

他方、通信技術の進展に追随するための設備投資が不可欠であり、そのための資金調達として負債を利用することが多い。よって、自己資本比率が相対的に低くなりがちであることは念頭におきたい。

16期連続増配。高い配当性向が懸念材料。

銘柄概略

カナダでインターネットとテレビのマーケットリーダーであり、最大の地域通信事業者であり、最大の無線通信事業者の1つである。大手小売業者の1つでもあり、カナダ全土に8,000を超える小売販売拠点を持つ。

株価

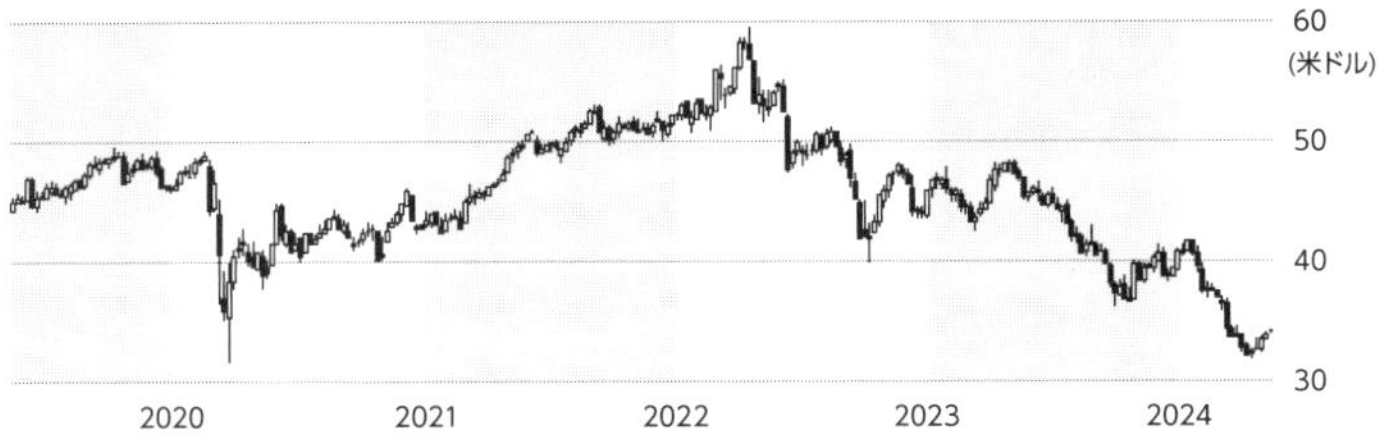

決算期	売上高	営業利益	当期純利益	EPS (1株あたり利益)	配当金
2019年12月	23,964	5,708	3,191	3.37	3.17
2020年12月	22,883	5,203	2,634	2.76	3.33
2021年12月	23,449	5,284	2,840	2.99	3.50
2022年12月	24,174	5,476	2,868	2.98	3.68
2023年12月	24,673	5,499	2,263	2.28	3.87

※売上高、営業利益および当期純利益は百万カナダドル、EPSおよび配当金はカナダドル

平均成長率	売上高	営業利益	当期純利益
3年間	2.5%	1.9%	-4.9%
5年間	1.0%	-0.1%	-5.0%
10年間	1.9%	1.6%	0.7%

平均利益率	営業利益	当期純利益
3年間	22.5%	11.0%
5年間	22.8%	11.6%
10年間	23.2%	12.2%

時価総額	31,209	自己資本比率	23.0%	有利子負債	34,906
実績ROE	10.2%	予想配当利回り	8.5%	フリーCF	3,182

※時価総額は百万ドル、有利子負債およびフリーCFは百万カナダドル

桶井道の着眼点

通信企業は高配当銘柄として鉄板と考える。私は、日、米、カナダなどで分散投資。

! 配当金は、実際には米ドルで支払われます。

》医療機器のグローバルメーカー

メドトロニック

》ティッカー
MDT

》国名
アイルランド

》証券取引所
ニューヨーク証券取引所

背景・トピックス

循環器、神経科学、手術機器・器具、糖尿病の4つのセグメントで売上が構成されている。製品は世界150カ国で利用されているが、売上の50%を米国から得る。

心臓ペースメーカーの主要メーカーである。2024年度第1四半期に、バッテリーを強化した心臓ペースメーカーの新製品を発売、さらなるシェア拡大が期待される。

2022年に耳鼻咽喉科医療技術の世界的リーダーであるIntersect ENTを買収、神経科学分野を強化。2023年、完全使い捨てのインスリン送達デバイスである「EOPatchデバイス」のメーカーEOFlow Co. Ltd.を買収、糖尿病分野を強化。

M&Aも積極的だが、研究開発なしに新製品を出せない分野であるため研究開発費は大きい。高シェアを持つ分野は価格競争力があると考えられ、営業利益率が高い。

47期連続増配。

銘柄概略

メドトロニックはMedical＝医療とElectronic＝電子工学を足した造語。世界初の電池式心臓ペースメーカーを開発以来、心臓・血管分野に強い。売上高世界1位（2020年実績）の医療機器メーカー。

株価

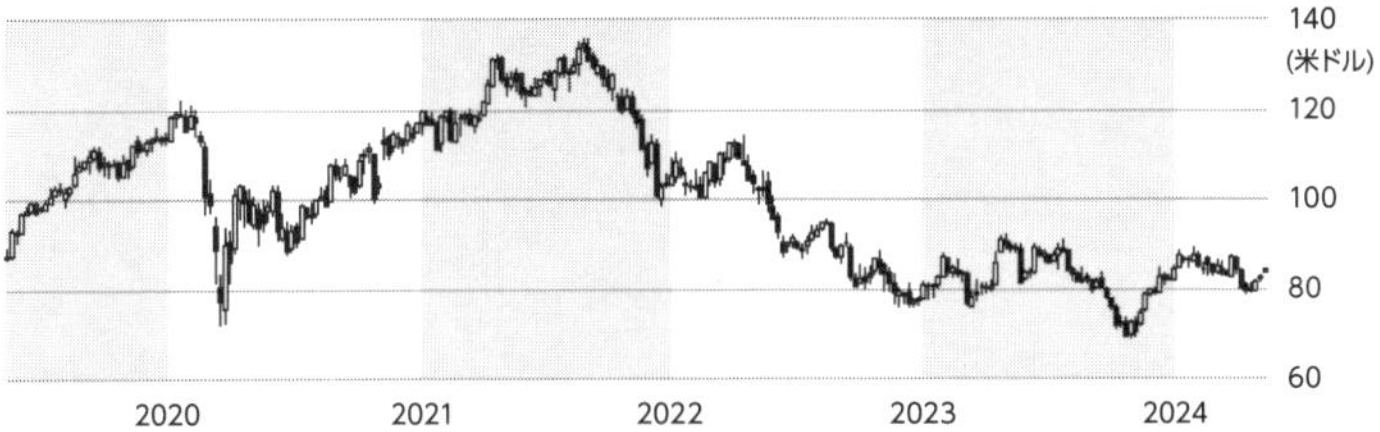

決算期	売上高	営業利益	当期純利益	EPS (1株あたり利益)	配当金
2020年4月	28,913	5,222	4,789	3.54	2.16
2021年4月	30,117	4,895	3,606	2.66	2.32
2022年4月	31,686	5,908	5,039	3.73	2.52
2023年4月	31,227	5,830	3,758	2.82	2.72
2024年4月	32,364	5,520	3,676	2.76	2.76

※売上高、営業利益および当期純利益は百万ドル、EPSおよび配当金はドル

平均成長率	売上高	営業利益	当期純利益
3年間	2.4%	4.1%	0.6%
5年間	1.2%	-3.6%	-4.5%
10年間	6.6%	1.4%	1.8%

平均利益率	営業利益	当期純利益
3年間	18.1%	13.1%
5年間	17.7%	13.6%
10年間	19.6%	13.2%

時価総額	106,704	自己資本比率	55.8%	有利子負債	25,024
実績ROE	8.1%	予想配当利回り	3.4%	フリーCF	5,200

※時価総額、有利子負債およびフリーCFは百万ドル

桶井道の着眼点

人口増加で高齢者増ならペースメーカーの需要も増えると考える。そこに投資する!

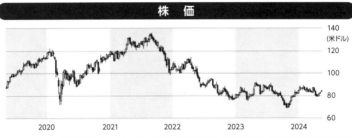

80 ノボ・ノルディスク

≫ 糖尿病ケア製品の世界No.1製薬メーカー

≫ ティッカー
NVO

≫ 国名
デンマーク

≫ 証券取引所
ニューヨーク証券取引所

背景・トピックス

糖尿病ケア製品の世界シェアが高く、2型糖尿病用のGLP－1ベース製品では世界で50％以上のシェアを持つ。その他の得意分野は血友病、成長障害など。

GLP－1を応用した肥満症治療薬「ウゴービ」が次のブロックバスターになる可能性を持つ。

肥満を抱えて暮らす人の数は1975年以来ほぼ3倍に増加し、2030年までに成人12億人以上に達すると予想されている。現在「ウゴービ」が販売されている国は数えるほどだが、今後は増加すると見込まれ、市場は大きいと予想される。

将来見込まれる需要増に備え、2023年11月に420億デンマーク・クローネ（日本円で約9000億円）を投じて、既存の製造拠点を拡大する計画を発表した。

40％を超える高い営業利益率は驚異的。

配当利回りは高くないが6期連続で増配中。配当性向は40％程度と無理がない。

銘柄概略

1923年にデンマークで設立されたグローバルヘルスケア企業。糖尿病ケア製品で不動の地位を持つ。今は肥満症治療薬「ウゴービ」が患者からも投資家からも注目されている。

株価

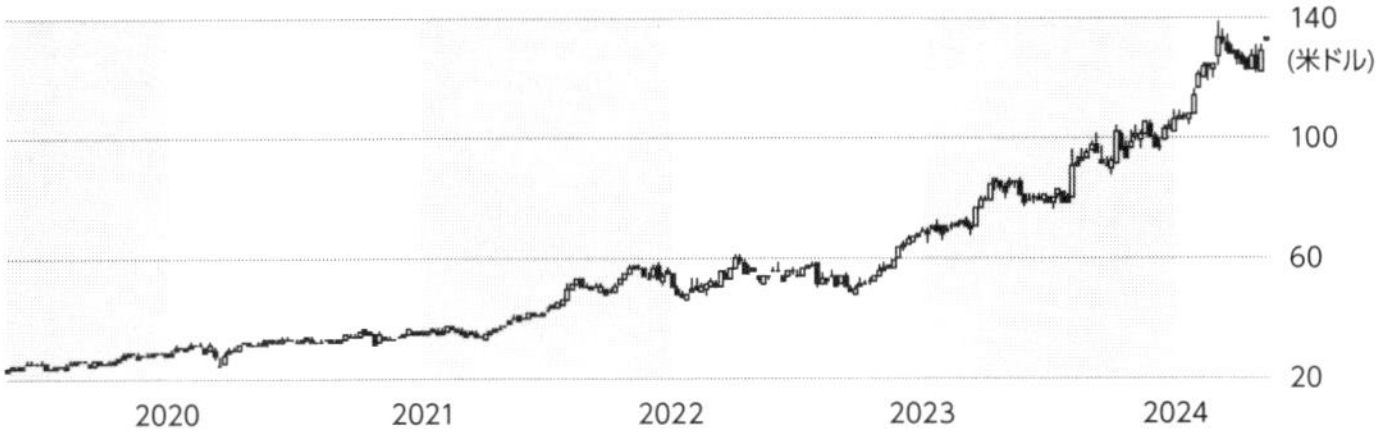

決算期	売上高	営業利益	当期純利益	EPS (1株あたり利益)	配当金
2019年12月	122,021	52,483	38,951	8.19	4.13
2020年12月	126,946	54,126	42,138	9.01	4.27
2021年12月	140,800	58,644	47,757	10.37	4.66
2022年12月	176,954	74,809	55,525	12.22	5.55
2023年12月	232,261	102,574	83,683	18.62	7.05

※売上高、営業利益および当期純利益は百万デンマーク・クローネ、EPSおよび配当金はデンマーク・クローネ

平均成長率	売上高	営業利益	当期純利益
3年間	22.3%	23.7%	25.7%
5年間	15.7%	16.8%	16.7%
10年間	10.8%	12.5%	12.8%

平均利益率	営業利益	当期純利益
3年間	42.7%	33.8%
5年間	42.7%	33.3%
10年間	42.8%	33.1%

時価総額	602,600	自己資本比率	33.9%	有利子負債	21,280
実績ROE	99.9%	予想配当利回り	1.0%	フリーCF	70,012

※時価総額は百万ドル、有利子負債およびフリーCFは百万デンマーク・クローネ

桶井道の着眼点

市場拡大する肥満分野へ肥満症治療薬「ウゴービ」を投入。そのポテンシャルは大きい!

配当金は、実際には米ドルで支払われます。

81 ユニリーバ

》食品と日用品の世界的プロバイダー

》ティッカー
UL

》国名
英国

》証券取引所
ニューヨーク証券取引所

背景・トピックス

売上の約2／3が日用品、残りが食品で構成される。

経営戦略の核の一つがブランドのマネジメントである。2023年10月に〝Growth Action Plan〟を設定。「より少ない分野で、より良く、より大きな変化を」を実行するために、市場が拡大すると見込む約30のブランドを強化することに経営資源を集中している。

一方、コスト上昇と価格転嫁は、他の消費財メーカーと同様に課題である。

2023年12月期はリセッションを想定し、経営環境がシビアになるだろうと予想していたが、想定通り減収減益となった。

食品産業で比較すればコカ・コーラ（KO）やペプシコ（PEP）より規模は小さく、日用品で比較すればP&G（PG）より規模は小さいが、配当利回りが3％強で、英国は配当金への外国源泉税率が0％（非課税）であることに妙味があろう。

銘柄概略

「ユニリーバ」と言われてもピンと来ない人でも「ダヴ」「ラックス」「ヴァセリン」「クノール」と聞けば思い当たる人がたくさんいるであろう。世界 190 カ国で商品を展開する。世界最大級の消費財メーカーである。

株　価

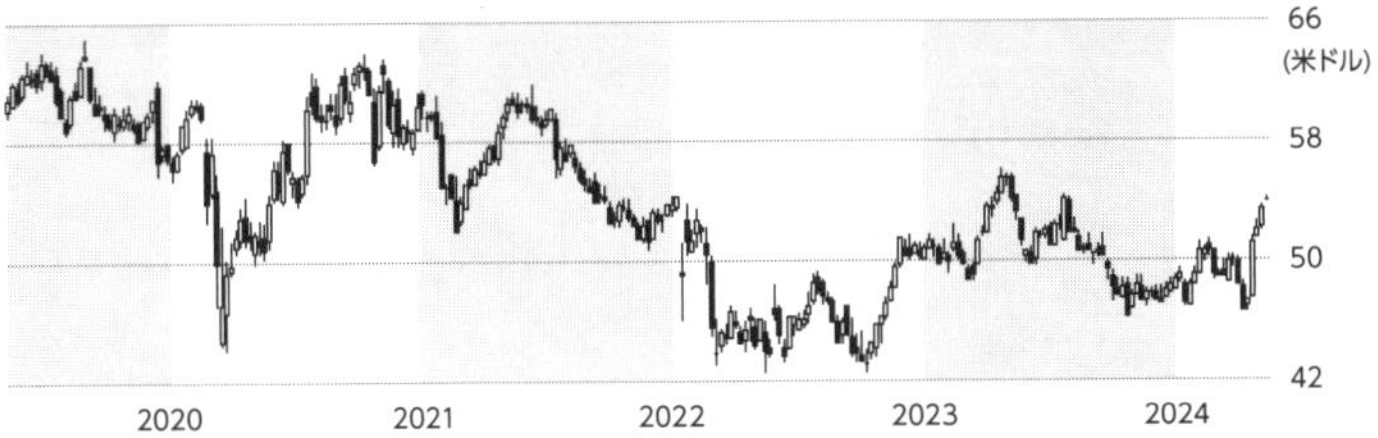

決算期	売上高	営業利益	当期純利益	EPS (1株あたり利益)	配当金
2019年12月	51,980	8,678	5,625	2.14	1.60
2020年12月	50,724	9,358	5,581	2.12	1.62
2021年12月	52,444	9,626	6,049	2.32	1.70
2022年12月	60,073	9,727	7,642	2.99	1.69
2023年12月	59,604	10,041	6,487	2.56	1.71

※売上高、営業利益および当期純利益は百万ユーロ、EPSおよび配当金はユーロ

平均成長率	売上高	営業利益	当期純利益
3年間	5.5%	2.4%	5.1%
5年間	3.2%	-4.3%	-7.1%
10年間	1.8%	3.1%	3.0%

平均利益率	営業利益	当期純利益
3年間	17.1%	11.7%
5年間	17.3%	11.4%
10年間	17.2%	11.6%

時価総額	136,999
実績ROE	34.9%

自己資本比率	24.1%
予想配当利回り	3.4%

有利子負債	27,198
フリーCF	7,681

※時価総額は百万ドル、有利子負債およびフリーCFは百万ユーロ

桶井道の着眼点

ペプシコやP&Gに比べ規模は小さいが、高配当で英国は非課税なのがおいしい。

! 配当金は、実際には米ドルで支払われます。

82

ディアジオ

飲料用高級アルコールを多数抱える世界的酒造メーカー

ティッカー
DEO

国名
英国

証券取引所
ニューヨーク証券取引所

背景・トピックス

1997年、グランドメトロポリタンとギネスが合併して誕生した企業。2000年、バーガーキングやピルズベリーなど食品事業を売却してアルコール事業にフォーカスした。

飲料用アルコール市場は過去10年、拡大してきている。今後もスピリッツの市場拡大を見込んでいる。背景は人口増に伴い、特に中間所得層が増加すること、ワインやビールよりスピリッツ市場の方が成長度が速いこと、消費者が優れた品質、信頼性、味で際立ったブランドやカテゴリーをますます選択すると見込んでいることである。

業績は、COVID-19の影響を受けた2020年6月期にはダメージを受けたものの、その後は再び成長軌道に乗っている。

配当利回りは3%程度である。やはり英国は配当金への外国源泉税率が0%（非課税）であることが魅力である。

銘柄概略

「ディアジオ」と言われてもピンと来ない人でもウィスキーの「ジョニーウォーカー」、ジンの「タンカレー」、ビールの「ギネス」などと聞けば、なるほどと思う人がいるだろう。約 180 カ国で商品を展開する。

株価

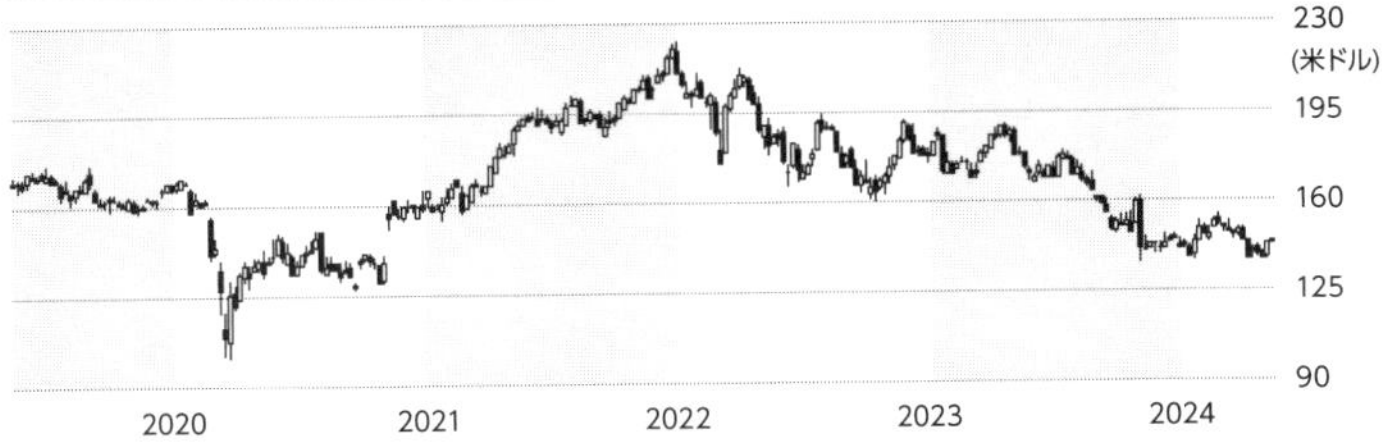

決算期	売上高	営業利益	当期純利益	EPS (1株あたり利益)	配当金
2019年6月	16,306	5,122	4,005	6.59	3.47
2020年6月	14,465	4,293	1,734	2.95	3.45
2021年6月	17,623	5,164	3,681	6.28	3.73
2022年6月	18,742	5,348	3,941	6.78	3.96
2023年6月	21,585	5,842	4,710	8.29	3.64

※売上高、営業利益および当期純利益は百万ドル、EPSおよび配当金はドル

平均成長率	売上高	営業利益	当期純利益
3年間	14.3%	10.8%	39.5%
5年間	6.3%	3.9%	3.6%
10年間	2.2%	1.1%	2.2%

平均利益率	営業利益	当期純利益
3年間	28.3%	21.2%
5年間	29.2%	20.1%
10年間	28.4%	21.3%

時価総額	75,083	自己資本比率	22.0%	有利子負債	20,814
実績ROE	42.9%	予想配当利回り	3.0%	フリーCF	2,326

※時価総額、有利子負債およびフリーCFは百万ドル

桶井道の着眼点

人口増=需要増が見込める。この世からアルコールがなくなることはないと考える。

83

TEコネクティビティ

コネクタなどの電子部品の設計・開発・製造を手掛けるグローバル企業

» ティッカー
TEL

» 国名
スイス

» 証券取引所
ニューヨーク証券取引所

背景・トピックス

EV、航空機、デジタルファクトリ、スマートホームを動かすソリューション、救命医療、効率的な公共施設ネットワーク、グローバルな通信インフラなど、あらゆる産業に関わる分野を手掛けるグローバル企業である。

売上高の約6割を「輸送ソリューション」と呼ぶコネクタとセンサーのセグメントが占める。自動車産業に強み。対し、同業アンフェノールは航空防衛産業に強く、それを含む各事業で売上構成のバランスが良い。

2023年9月期の業績は減収減益だが、値上げやコスト削減により、2024年9月期第1四半期は利益の回復傾向が窺える。

事業の取捨選択に関して意思決定の迅速さを感じる。ロシア事業は売却済み、ウクライナ事業は縮小済みで、2023年9月期には両国の影響がほとんどない。また、2023年9月期に事業を3つ売却した。

10期以上連続増配。

銘柄概略

安全性・持続可能性・生産性に優れた、「つながる未来」を作ることを企業理念とした、コネクタやセンサーの世界最大級企業。製品は約 140 カ国で販売。2024 年中に、本社をスイスからアイルランドに移す予定。

株価

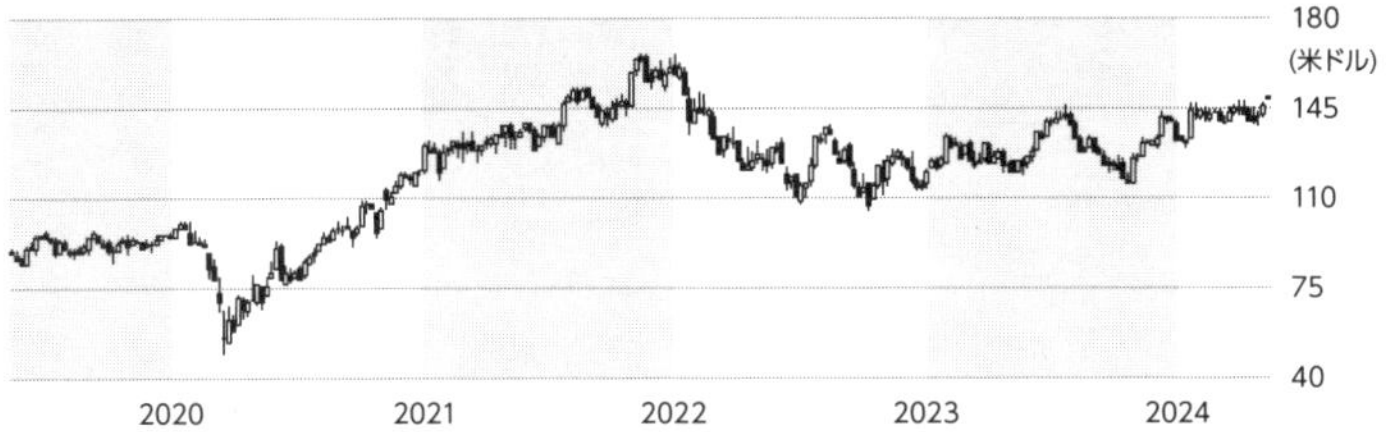

決算期	売上高	営業利益	当期純利益	EPS (1株あたり利益)	配当金
2019年9月	13,448	2,260	1,844	5.42	1.80
2020年9月	12,172	1,730	-241	-0.73	1.88
2021年9月	14,923	2,698	2,261	6.79	1.96
2022年9月	16,281	2,942	2,428	7.47	2.12
2023年9月	16,034	2,677	1,910	6.03	2.30

※売上高、営業利益および当期純利益は百万ドル、EPSおよび配当金はドル

平均成長率	売上高	営業利益	当期純利益
3年間	9.6%	15.7%	---
5年間	2.8%	1.6%	-5.7%
10年間	1.9%	3.6%	4.1%

平均利益率	営業利益	当期純利益
3年間	17.6%	14.0%
5年間	16.8%	10.7%
10年間	16.5%	13.4%

時価総額	45,842	自己資本比率	53.2%	有利子負債	4,211
実績ROE	29.2%	予想配当利回り	1.7%	フリーCF	2,400

※時価総額、有利子負債およびフリーCFは百万ドル

桶井道の着眼点

次世代交通機関、再生可能エネルギーにも関わるコネクタやセンサーの世界最大級の企業。

84 カナディアン・ナショナル・レールウェイ

≫ カナダから五大湖周辺を経由してニュー・オーリンズまでの路線網を持つ鉄道会社

≫ ティッカー
CNI

≫ 国名
カナダ

≫ 証券取引所
ニューヨーク証券取引所

背景・トピックス

1995年の民営化後、米国の鉄道会社を複数買収し、米国にも路線網を持った。これにより、カナダ東海岸や西海岸からメキシコ湾までが鉄道で繋がった。

輸出業者、輸入業者、小売業者、農家、製造業者にサービスを提供し、原油、化学製品、金属、鉱物、木材、石炭、穀物、食品、肥料、自動車製品などを輸送する。

貨物輸送はサプライチェーン網の維持に貢献しており、旅客輸送に比べて需要の変化が小さい。よって、営業利益率はコンスタントに40％程度あり、日本で旅客輸送事業を営むＪＲ東日本より、はるかに高い。

当社のインターモーダル輸送は、同じコンテナを自社で鉄道、トラック、船という3つの方法でリレーして運べるのが特長である。戦略的に配置した23箇所のターミナルが効率的な貨物輸送を可能にする。

18期連続増配中だが、配当性向は37％程度と無理がない。

銘柄概略

19 世紀以降にカナダで誕生したいくつかの鉄道会社が統合され、1995 年に民営化が決まり、同年 11 月に株式を公開した。カナダの東海岸と西海岸をアメリカ南部と結ぶ 18,800 マイルの線路網を持つ。

株価

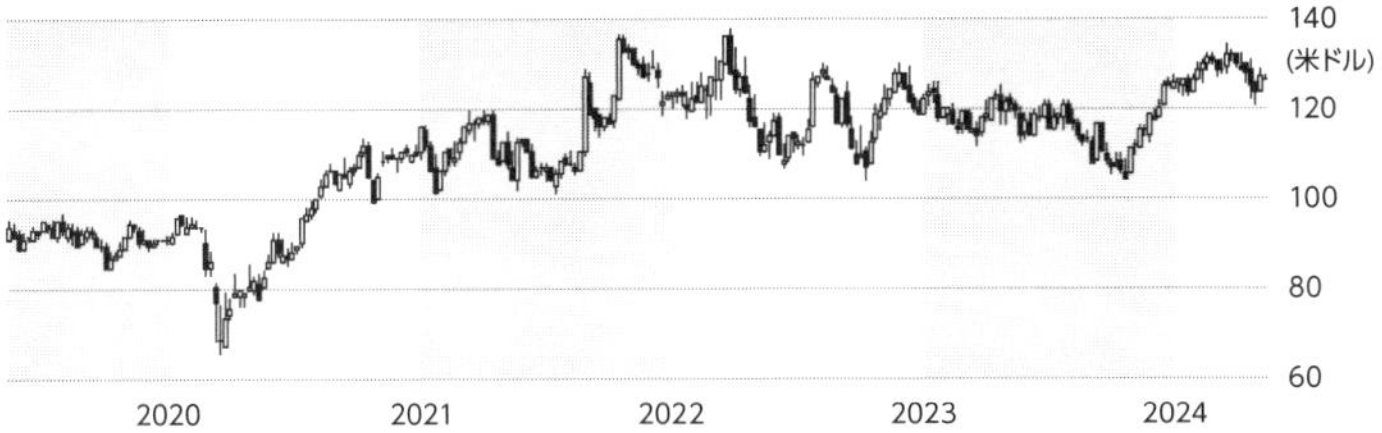

決算期	売上高	営業利益	当期純利益	EPS (1株あたり利益)	配当金
2019年12月	14,917	5,593	4,216	5.83	2.15
2020年12月	13,819	5,263	3,562	5.00	2.30
2021年12月	14,477	5,563	4,892	6.89	2.46
2022年12月	17,107	6,840	5,118	7.44	2.93
2023年12月	16,828	6,597	5,625	8.53	3.16

※売上高、営業利益および当期純利益は百万カナダドル、EPSおよび配当金はカナダドル

平均成長率	売上高	営業利益	当期純利益
3年間	6.8%	7.8%	16.5%
5年間	3.3%	3.7%	5.4%
10年間	4.8%	5.5%	8.0%

平均利益率	営業利益	当期純利益
3年間	39.2%	32.4%
5年間	38.6%	30.2%
10年間	39.8%	30.8%

時価総額	81,007	自己資本比率	38.2%	有利子負債	18,473
実績ROE	27.1%	予想配当利回り	1.9%	フリーCF	3,778

※時価総額は百万ドル、有利子負債およびフリーCFは百万カナダドル

桶井道の着眼点

高い参入障壁、営業利益率40%程度、18期連続増配、無理のない配当性向は魅力!

配当金は、実際には米ドルで支払われます。

85

》3カ国にわたり2万マイルの鉄道網を持つカナダの鉄道会社

カナディアン・パシフィック・カンザス・シティ

》ティッカー
CP

》国名
カナダ

》証券取引所
ニューヨーク証券取引所

背景・トピックス

カナダに本社を置く貨物輸送専業鉄道会社である。

①石炭、穀物、肥料、硫黄などを包装しないで積載して運ぶバルク輸送、②船やトラックで運ばれてきた規格が統一されたコンテナを、そのまま鉄道に載せ替えてリレーする輸送形態であるインターモーダル輸送、③木材、化学製品、金属、自動車製品を輸送する事業の3つで構成されている。

鉄道網は、同じ場所にもう一つ作ることが非常に難しく、新規参入が容易にできない分野である。カナダからメキシコまでの広い範囲に鉄道網を持っていることは他社の参入を妨げる点でアドバンテージがある。

また、カナダ、米国、メキシコで20以上の港にアクセス可能であり、鉄道で運んだものをさらに船で運ぶことを必要とする場合、他社より優位性があると考えられる。

貨物鉄道のCO_2排出量は自動車の10%以下と言われ、低炭素時代に沿う。

銘柄概略

カナディアン・パシフィック（CP）とカンザスシティ・サザン（KCS）が合併して2023年4月に誕生した企業。カナダから米国中西部を経由してメキシコまでの約2万マイルの鉄道網を持つ。

株価

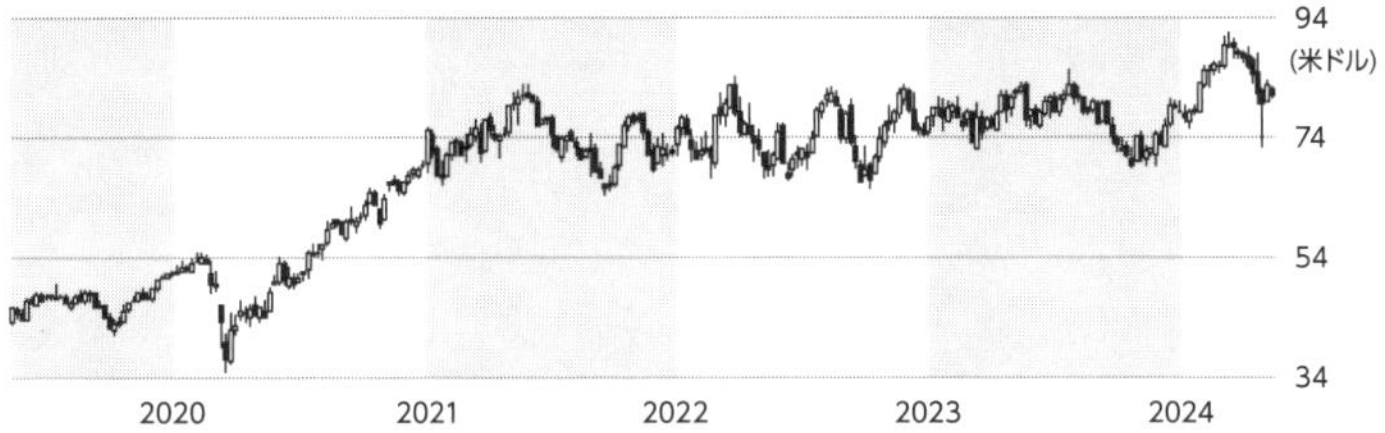

決算期	売上高	営業利益	当期純利益	EPS (1株あたり利益)	配当金
2019年12月	7,792	3,252	2,440	3.50	0.63
2020年12月	7,710	3,417	2,444	3.59	0.71
2021年12月	7,995	3,242	2,852	4.18	0.76
2022年12月	8,814	3,305	3,517	3.77	0.76
2023年12月	12,555	4,385	3,927	4.21	0.76

※売上高、営業利益および当期純利益は百万カナダドル、EPSおよび配当金はカナダドル

平均成長率	売上高	営業利益	当期純利益
3年間	17.6%	8.7%	17.1%
5年間	11.4%	8.9%	15.0%
10年間	7.4%	8.9%	16.2%

平均利益率	営業利益	当期純利益
3年間	37.7%	35.6%
5年間	39.8%	34.0%
10年間	39.7%	30.1%

時価総額	74,019	自己資本比率	51.9%	有利子負債	22,494
実績ROE	9.5%	予想配当利回り	0.7%	フリーCF	1,638

※時価総額は百万ドル、有利子負債およびフリーCFは百万カナダドル

桶井道の着眼点

カナダ、米国、メキシコと北米縦断、これから他社の新規参入はまず考えにくい。

配当金は、実際には米ドルで支払われます。

86 シェル

グローバルなエネルギーおよび石油化学企業グループ

ティッカー
SHEL

国名
英国

証券取引所
ニューヨーク証券取引所

背景・トピックス

原油、天然ガス、液化天然ガスを探索および抽出、精製、それらの輸送、顧客への販売と再生可能エネルギー事業を営む。

業績が原油や天然ガスの取引価格に左右されやすい。また、EVの普及や自動車の環境規制により変化する原油等の需要や資源国の地政学リスクも業績に影響するだろう。

2023年12月期の業績は、前年比で原油・ガス価格が低下したため減収減益。毎年発行する〝Shell LNG Outlook〟の2024年版によれば、多くの国で液化天然ガス需要が2030年〜2040年代にピークを迎え、2040年までに50％以上増加すると捉えている。世界有数のLNG供給業者の1つである当社には底堅いアドバンテージがあろう。

2050年までに炭素排出量を実質ゼロにするという目標を発表。EVの充電設備、バイオ燃料、再生可能電力、水素、二酸化炭素の回収・貯留に取り組む。

銘柄概略

貝殻のロゴで知られるエネルギーおよび石油化学企業。1907年に英国のシェルとオランダのロイヤル・ダッチが合併して、ロイヤル・ダッチ・シェルが誕生した。2022年にシェルに社名変更。本社は英国にある。

株価

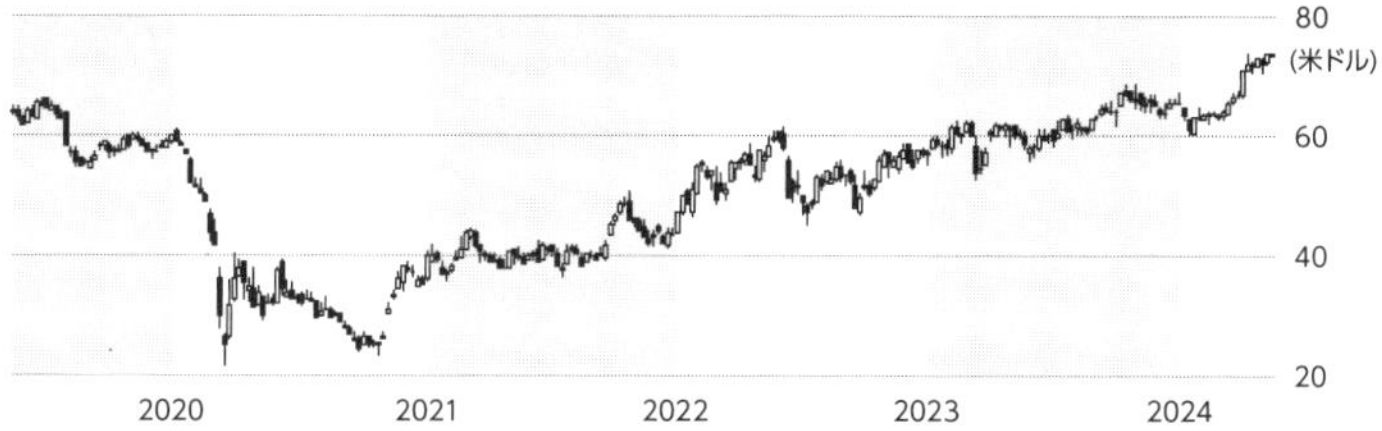

決算期	売上高	営業利益	当期純利益	EPS (1株あたり利益)	配当金
2019年12月	344,877	22,946	15,842	3.90	3.76
2020年12月	180,543	-25,530	-21,680	-5.56	1.91
2021年12月	261,504	22,283	20,101	5.14	1.64
2022年12月	381,314	63,109	42,309	11.42	1.50
2023年12月	316,620	30,737	19,359	5.70	2.47

※売上高、営業利益および当期純利益は百万ドル、EPSおよび配当金はドル

平均成長率	売上高	営業利益	当期純利益
3年間	20.6%	---	---
5年間	-4.0%	-0.3%	-3.7%
10年間	-3.5%	1.4%	1.7%

平均利益率	営業利益	当期純利益
3年間	11.6%	8.3%
5年間	5.5%	3.5%
10年間	4.5%	3.4%

時価総額	229,897	自己資本比率	45.9%	有利子負債	53,832
実績ROE	9.5%	予想配当利回り	3.8%	フリーCF	31,198

※時価総額、有利子負債およびフリーCFは百万ドル

桶井道の着眼点

英国は配当金が非課税で妙味あり。当面は原油と天然ガスで利益を上げると考える。

87

» 北米屈指のエネルギーインフラ企業

エンブリッジ

» ティッカー
ENB

» 国名
カナダ

» 証券取引所
ニューヨーク証券取引所

背景・トピックス

エネルギーのパイプライン産業は、莫大な設備投資を必要とするため、他社が容易に新規参入できない分野である。鉄道会社と同様にライバルが少ない。また、M&Aで経営資源を獲得。2023年9月には、米国ドミニオン・エナジーから天然ガス会社4社を買収している。

化石燃料を取り扱うだけでは脱炭素の潮流に反するため、クリーンなエネルギー分野にも参入。風力・太陽光発電、水素、再生可能天然ガス、二酸化炭素の回収と貯蔵など、新しいエネルギー技術を推進している。2050年までに、CO_2の排出を実質ゼロとすることを目標にする。

インフラ産業ゆえ、常に設備投資が必要であり、そのための資金調達として負債を使うことが珍しくない。よって、自己資本比率は30%程度とやや低いことは承知しておく必要があると考える。

29期連続増配中で配当利回りも高い。

銘柄概略

原油や天然ガスのパイプライン運営・管理を営む。北米で生産される原油の約30%、米国で消費される天然ガスの約20%を輸送し、消費者数で北米第3位の天然ガス事業を運営。

株価

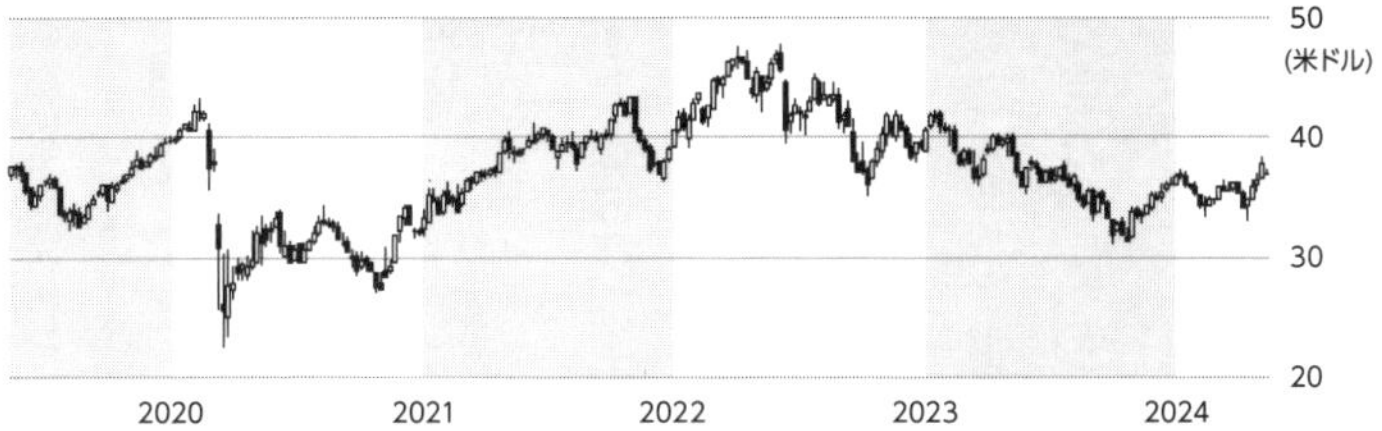

決算期	売上高	営業利益	当期純利益	EPS (1株あたり利益)	配当金
2019年12月	50,069	8,683	5,705	2.63	2.95
2020年12月	39,087	7,957	3,363	1.48	3.24
2021年12月	47,071	7,805	6,189	2.87	3.34
2022年12月	53,309	8,184	3,003	1.28	3.44
2023年12月	43,649	9,070	6,191	2.84	3.55

※売上高、営業利益および当期純利益は百万カナダドル、EPSおよび配当金はカナダドル

平均成長率	売上高	営業利益	当期純利益
3年間	3.7%	4.5%	22.6%
5年間	-1.2%	5.5%	16.5%
10年間	2.9%	18.0%	25.7%

平均利益率	営業利益	当期純利益
3年間	17.6%	11.0%
5年間	18.1%	10.6%
10年間	14.6%	7.6%

時価総額	77,772	自己資本比率	30.3%	有利子負債	81,199
実績ROE	9.9%	予想配当利回り	7.4%	フリーCF	9,325

※時価総額は百万ドル、有利子負債およびフリーCFは百万カナダドル

桶井道の着眼点

新規参入が容易でない分野で、かつ高い配当利回り&連続増配とおいしい投資先。

! 配当金は、実際には米ドルで支払われます。

88 ナショナル・グリッド

英国と米国でエネルギー事業を営む企業

ティッカー　NGG

国名　英国

証券取引所　ニューヨーク証券取引所

背景・トピックス

英国と米国からバランスよく収益を得ている企業。もともとは英国の国営企業で、1990年に送電網を国家から譲り受けて誕生したのがナショナル・グリッドである。

営業利益率が高い。日本の同業者と比較すると、東京電力（9501）の営業利益率は1桁%、東京ガス（9531）でも1桁%～10%台前半だが、当社はコンスタントに20%前後で推移している。

配当利回りが6%程度と高い。米国にも多くの電力会社があるが、英国は配当金に掛かる外国源泉税率が0%（非課税）と米国株（同10%）より有利。ただし、年4回が多い米国株と違い、配当は年2回である。

なお、インフラ産業ゆえ、設備投資はコンスタントに必須である。2026年までに再生エネルギー送電網の整備や大規模な既存設備のオーバーホール等の投資が見込まれている。また、米国でのガス供給設備メンテナンスが進行中。

銘柄概略

英国では高圧送電網を運営し、米国では北東部で顧客に直接電力とガス供給を行っている企業。英国で創業したが、2000 年に米国企業を買収して米国市場へ参入。

株価

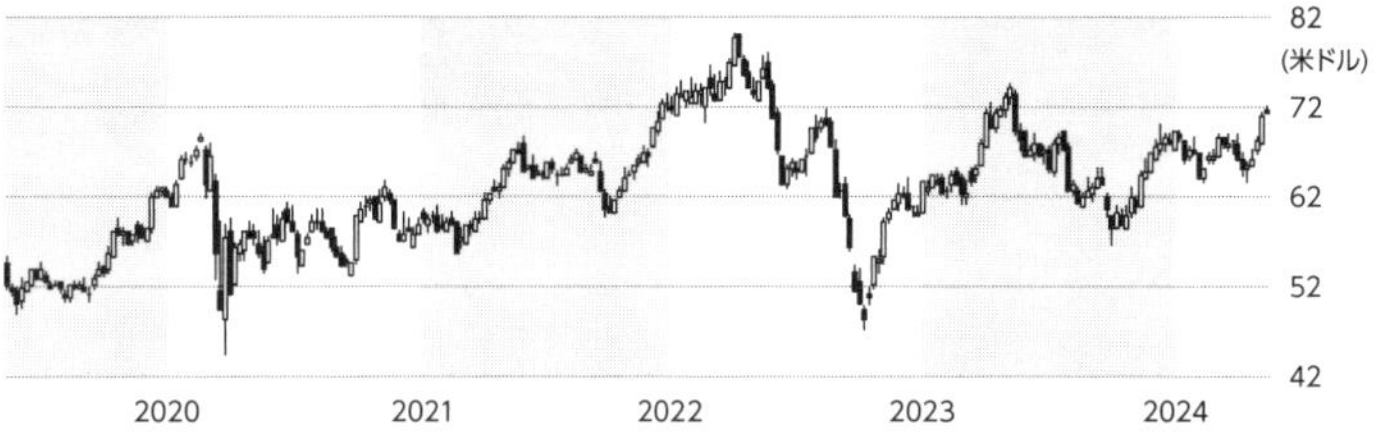

決算期	売上高	営業利益	当期純利益	EPS (1株あたり利益)	配当金
2020年3月	14,540	3,308	1,264	1.82	2.43
2021年3月	14,779	2,906	1,640	2.32	2.48
2022年3月	18,449	4,143	2,353	3.25	2.48
2023年3月	21,659	4,879	7,797	10.61	2.52
2024年3月	19,850	4,487	2,290	3.09	2.83

※売上高、営業利益および当期純利益は百万ポンド、EPSおよび配当金はポンド

平均成長率	売上高	営業利益	当期純利益
3年間	10.3%	15.6%	11.8%
5年間	5.9%	-2.7%	8.7%
10年間	3.0%	-3.5%	-0.8%

平均利益率	営業利益	当期純利益
3年間	22.5%	20.1%
5年間	22.0%	16.0%
10年間	29.1%	19.6%

時価総額	55,626	自己資本比率	30.4%	有利子負債	46,293
実績ROE	7.7%	予想配当利回り	6.4%	フリーCF	-514

※時価総額は百万ドル、有利子負債およびフリーCFは百万ポンド

桶井道の着眼点

英国と米国、電気とガス、1社に投資するだけで分散投資になる特長あり。

配当金は、実際には米ドルで支払われます。

89 BHPグループ

≫ 豪州の資源採掘企業、3大資源メジャーの1社

≫ ティッカー
BHP

≫ 国名
豪州

≫ 証券取引所
ニューヨーク証券取引所

背景・トピックス

主な採掘資源は鉄鉱石、原料炭、銅、ニッケル、カリウム。鉄鉱石は鉄の材料である。鉄は国の発展に、銅は電線や家電製品に、肥料の原料であるカリウムは食料生産に欠かせない。主な収益源は鉄鉱石である。

西オーストラリア鉄鉱石（WAIO）は、世界的に最も低コストの主要な鉄鉱石生産場である。2023年5月にOZミネラルズの買収を完了、銅とニッケルのポートフォリオが追加された。買収後、カッパーサウス オーストラリアと呼ばれる重要な鉱山地域を創設し、今後数十年にわたって銅、金、酸化ウランの生産を見込む。

コモディティ価格は、世界経済、地政学リスク、産業活動、資源の需給、技術の変化、関税、金利動向、為替レートなどによって大幅に変動する要素を持つ。低価格が続けば、当社の業績にネガティブな寄与をすることは念頭に置いておきたい。配当金は業績に左右される傾向にある。

銘柄概略

2001年に豪州に本社を置くブロークンヒル・プロプライエタリ・カンパニー（BHP）と英国に本社を置くビリトンが合併して誕生。合併後の社名はBHPビリトンであったが、2018年にBHPグループに変更。

株価

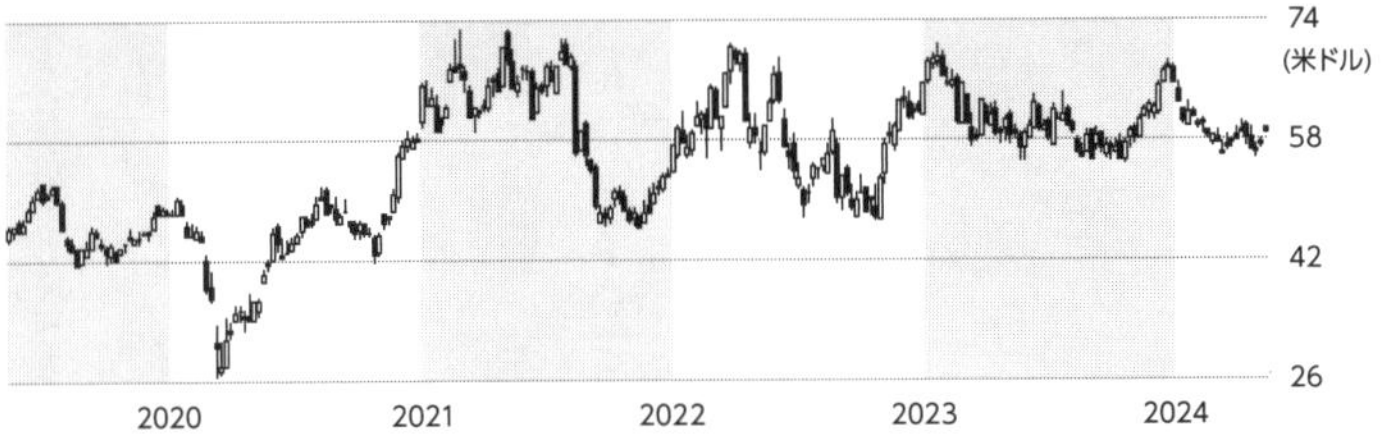

決算期	売上高	営業利益	当期純利益	EPS (1株あたり利益)	配当金
2019年6月	44,288	16,383	8,306	3.20	4.40
2020年6月	42,931	14,469	7,956	3.14	2.86
2021年6月	60,817	29,407	11,304	4.46	3.12
2022年6月	65,098	32,887	30,900	12.19	7.00
2023年6月	53,817	21,957	12,921	5.09	5.30

※売上高、営業利益および当期純利益は百万ドル、EPSおよび配当金はドル

平均成長率	売上高	営業利益	当期純利益
3年間	7.8%	14.9%	17.5%
5年間	4.3%	6.7%	28.4%
10年間	-2.0%	1.2%	1.7%

平均利益率	営業利益	当期純利益
3年間	46.6%	30.0%
5年間	42.1%	25.5%
10年間	34.1%	15.5%

時価総額	150,954	自己資本比率	42.5%	有利子負債	14,016
実績ROE	17.6%	予想配当利回り	5.1%	フリーCF	11,968

※時価総額、有利子負債およびフリーCFは百万ドル

桶井道の着眼点

私は将来的に資源の取り合いになると予想しており、資源メジャーは持っておきたい。

90 リオ・ティント

英国の資源採掘企業、3大資源メジャーの1社

ティッカー
RIO

国名
英国

証券取引所
ニューヨーク証券取引所

背景・トピックス

主な採掘資源は鉄鉱石、アルミニウム鉱石、銅、リチウム、ダイヤモンド、ホウ酸塩など。売上高に占める割合は鉄鉱石が最も高く、その割合はＢＨＰより高い。低炭素時代に必要な資源にも強みを持つ。

アルミニウムはジェットエンジン、ＥＶ、携帯電話などに使われる。軽量なため作るものの重さを減らせるだけでなく、燃費の改善に繋がり、低炭素時代に重宝される。

リチウムはリチウムイオン電池がよく知られ、充電式の電源に欠かせない。アルゼンチンで進んでいる大規模なリチウム塩水プロジェクト「リンコン・リチウム・プロジェクト」は、生の塩水からバッテリーグレードの炭酸リチウムを製造できる長寿命で拡張可能な事業である。世界のエネルギー産業に提供することを目論む。

配当利回りは高めだが、配当金は増えたり減ったりする。株価も動きが大きい。

銘柄概略

1995年に前身であるThe RTZ Corporation PLC（RTZ）がConZinc RioTinto of Australia Ltd（CRA）と合併し、豪州と英国の二重上場企業構造でRTZ-CRAを設立。その後社名をリオ・ティントに変更。

株価

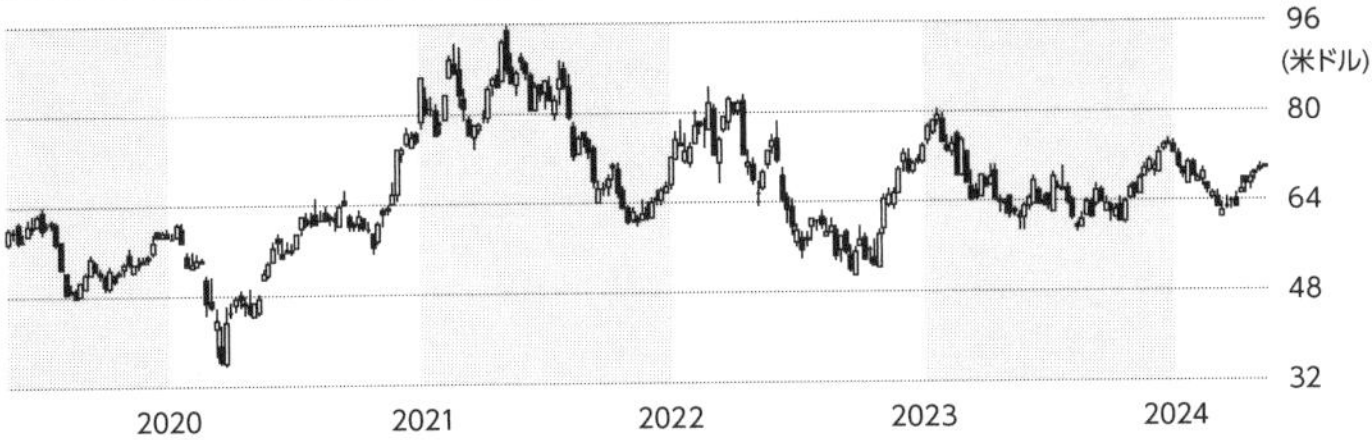

決算期	売上高	営業利益	当期純利益	EPS (1株あたり利益)	配当金
2019年12月	43,165	15,223	8,010	4.88	6.36
2020年12月	44,611	18,083	9,769	6.00	3.86
2021年12月	63,495	30,153	21,094	12.95	9.63
2022年12月	55,554	19,321	12,420	7.62	7.46
2023年12月	54,041	15,712	10,058	6.17	4.02

※売上高、営業利益および当期純利益は百万ドル、EPSおよび配当金はドル

平均成長率	売上高	営業利益	当期純利益
3年間	6.6%	-4.6%	1.0%
5年間	5.9%	4.5%	-5.9%
10年間	0.5%	1.2%	10.6%

平均利益率	営業利益	当期純利益
3年間	37.1%	24.7%
5年間	37.4%	22.9%
10年間	31.4%	19.5%

時価総額	113,828	自己資本比率	52.7%	有利子負債	13,001
実績ROE	19.2%	予想配当利回り	6.2%	フリーCF	8,074

※時価総額、有利子負債およびフリーCFは百万ドル

桶井道の着眼点

3大資源メジャーは1社だけではなく、分散して持っておきたいところ。

91 ヴァーレ

ブラジルの資源採掘企業、3大資源メジャーの1社

ティッカー
VALE

国名
ブラジル

証券取引所
ニューヨーク証券取引所

背景・トピックス

2022年に主要な事業セグメント名を変更。かつて「鉄鉱物」と呼んだ事業セグメントは「鉄ソリューション」に、「ベース・メタル」事業セグメントは「エネルギー・トランジション・メタルズ」になった。「鉄ソリューション」の事業規模が大きいが、「エネルギー・トランジション・メタルズ」にカテゴライズされる銅も採掘量が増えている。一方、用途が多く使用量の増加が見込まれているニッケルは、2023年度のガイダンスで採掘量の減少が見込まれた通りに推移し、プライスともに低迷して、やや苦戦を強いられている。

2022年に石炭ビジネスを売却した。また、ベース・メタル事業も一部の株式を売却済み。選択と集中を適宜実行し、「鉄ソリューション」事業に集中し始めている。

足下の業績は、2期連続で減収減益。また、新興国ならではのカントリーリスクをはらんでいることは念頭に置いておきたい。

銘柄概略

鉄鉱石と鉄鉱石ペレット、ニッケル、銅と一部の貴金属に特化。収益の約 80%が鉄鉱石関連。ブラジルのカラハスの鉱山から採掘される鉄鉱石は鉄分が 67% 含まれており、地球上で最高の品質と考えられている。

株　価

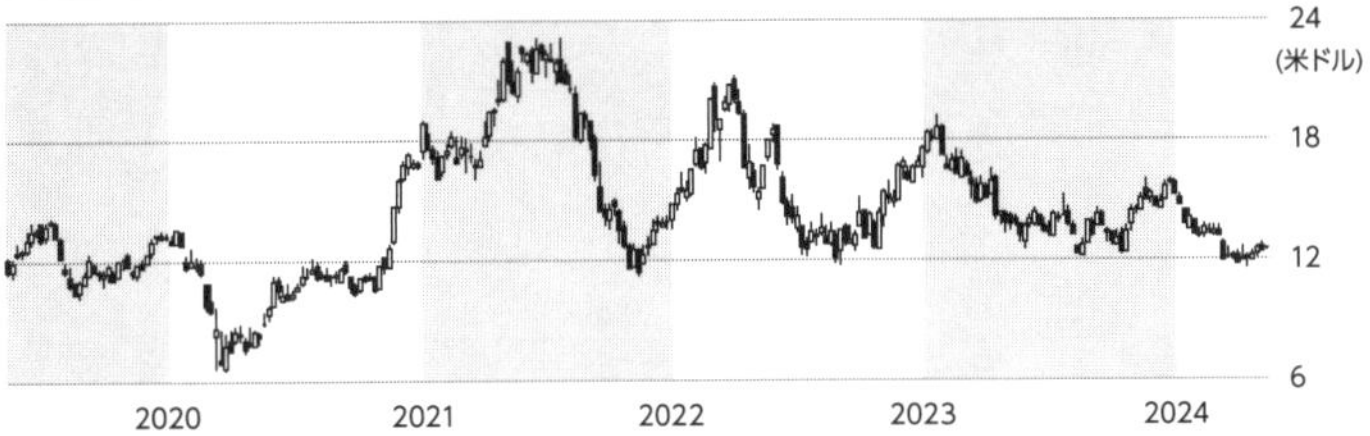

決算期	売上高	営業利益	当期純利益	EPS (1株あたり利益)	配当金
2019年12月	37,570	14,133	-1,683	-0.33	0.26
2020年12月	40,018	18,550	4,881	0.95	0.43
2021年12月	54,502	30,842	22,445	4.47	2.70
2022年12月	43,839	17,785	18,788	4.05	1.47
2023年12月	41,784	15,857	7,983	1.83	1.21

※売上高、営業利益および当期純利益は百万ドル、EPSおよび配当金はドル

平均成長率	売上高	営業利益	当期純利益
3年間	1.4%	-5.1%	17.8%
5年間	2.7%	4.0%	3.1%
10年間	-1.1%	-1.0%	29.9%

平均利益率	営業利益	当期純利益
3年間	45.0%	34.4%
5年間	43.8%	22.2%
10年間	35.2%	11.5%

時価総額	51,522
実績ROE	20.9%

自己資本比率	41.9%
予想配当利回り	14.6%

有利子負債	15,345
フリーCF	7,245

※時価総額、有利子負債およびフリーCFは百万ドル

桶井道の着眼点

3大資源メジャーはすべて持っておいても。ただし、当社は新興国企業なので少な目に。

92

シーアールエイチ

》世界28カ国で事業を営む建材のグローバルプロバイダー

》ティッカー

CRH

》国名

アイルランド

》証券取引所

ニューヨーク証券取引所

背景・トピックス

北米にてアスファルト、コンクリート製品、ビニールやアルミのフェンスなどでNo.1シェアを持つ、北米最大の建材企業。

私たちが普段目にするものの多くに建築が関わっている。道路や橋などの公共インフラ、商業ビルなどは建築なしでは存在しない。また目に見えない地下にも生活インフラ設備がある。それらは作りっぱなしではなく、定期的にメンテナンスも要する。

新たに作る場合も、メンテナンスする場合も、建築資材やツールなしでは出来ない。当社はこの分野のグローバルプロバイダーである。当社が携わった著名な建築物としては、UAEのドバイにある超高層ビル「ブルジュ・ハリファ」、米国ニューヨークのラガーディア空港ターミナルなどがある。

強みは、「北米および欧州で最大の建材企業」という地位と、世界的なプロジェクトや欧米の有名建築に多数関わった経験だろう。

配当は年2回である。

銘柄概略

建材のグローバルプロバイダー。本社はアイルランドだが、北米が一番大きな市場で売上高の約65%を占める。北米では舗装および建設サービスの垂直統合サプライヤーとして建築ソリューションを提供。

株価

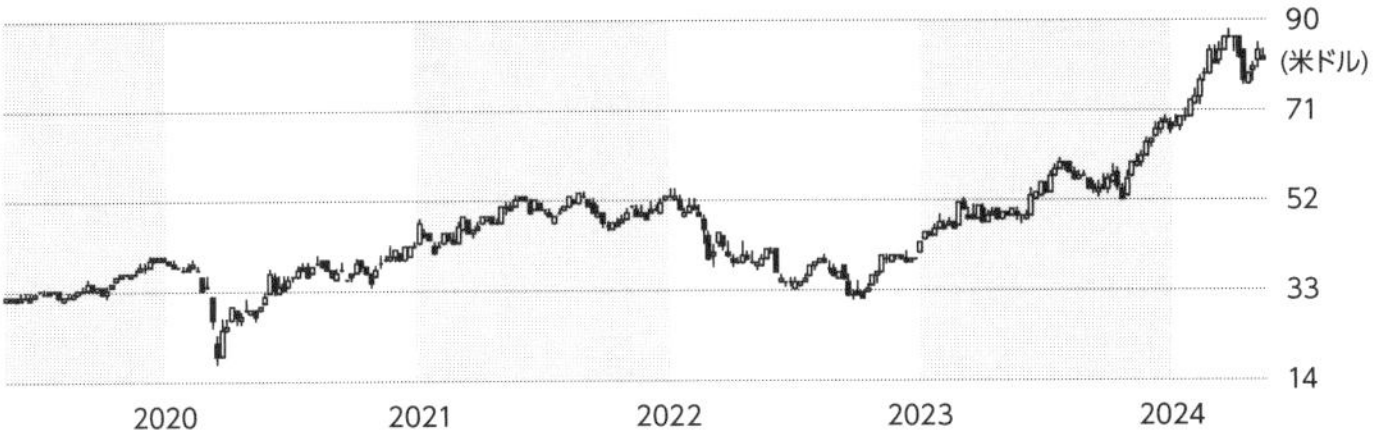

決算期	売上高	営業利益	当期純利益	EPS (1株あたり利益)	配当金
2019年12月	28,149	2,794	2,161	2.67	0.81
2020年12月	27,587	2,263	1,122	1.42	0.91
2021年12月	30,981	3,585	2,565	3.26	1.16
2022年12月	32,723	3,894	3,847	5.03	1.22
2023年12月	34,949	4,477	3,178	4.33	2.36

※売上高、営業利益および当期純利益は百万ドル、EPSおよび配当金はドル

平均成長率	売上高	営業利益	当期純利益
3年間	8.2%	25.5%	41.5%
5年間	2.7%	12.4%	2.0%
10年間	3.4%	41.6%	---

平均利益率	営業利益	当期純利益
3年間	12.1%	9.7%
5年間	10.9%	8.2%
10年間	8.9%	6.8%

時価総額	56,027	自己資本比率	43.9%	有利子負債	11,642
実績ROE	16.6%	予想配当利回り	2.5%	フリーCF	3,200

※時価総額、有利子負債およびフリーCFは百万ドル

桶井道の着眼点

納入先の課題を解決できる付加価値を持つ製品を開発・提供する。積極的なM&Aも良。

93 ネスレ

》世界最大の食品飲料企業

》ティッカー
NESN

》国名
スイス

》証券取引所
スイス証券取引所

背景・トピックス

ネスカフェ、キットカットなど日本でもお馴染みの食品飲料企業。世界188カ国で2000以上のブランドを持つ。ペットケア製品が売上の約2割を占め、2023年度の増収に寄与。

事業の拡大はM&A無くして語れない。1992年に仏ペリエグループを買収し、ミネラルウォーター分野での地位を確立。1998年に伊ミネラルウォーター事業者のサンペレグリノグループを買収。ペットケア事業は1985年に「フリスキー」ブランドを買収したことが始まり。2018年にスターバックスと提携、スターバックス製品も販売している。

29期連続増配。スイス証券取引所に上場しているため、米国株市場で取引できない。

銘柄概略

日本でも有名な世界最大の食品飲料企業。

94

LVMHモエヘネシー・ルイヴィトン

» フランス・パリを本拠地とする高級ブランドコングロマリット

» ティッカー
MC

» 国名
フランス

» 証券取引所
ユーロネクスト・パリ証券取引所

背景・トピックス

ルイ・ヴィトン、フェンディ、クリスチャン・ディオール、ロエベ、リモワ、ティファニー、タグ・ホイヤー、ブルガリ、免税店のDFS、ヴーヴ・クリコ、モエ・エ・シャンドンなどを有するラグジュアリー産業の世界的リーダー。

売上高は2023年度、欧州、日本、アジアでの業績が好調で、過去最高を記録。高いブランド力を追い風に、粗利率が約70％と高収益企業である。

傘下のジュエリーブランド、ショーメはパリ2024五輪のメダルデザインを担当。

ユーロネクスト・パリ証券取引所に上場しているため、米国株市場では取引できない。

銘柄概略

アルコール飲料の「モエ・ヘネシー」とファッションブランドの「ルイ・ヴィトン」が1987年に合併して誕生。

95

ウィズダムツリー インド株収益ファンド

» 米国ETF、インド企業に投資するタイプ

» ティッカー
EPI

» 国名
インド

» 証券取引所
NY 証券取引所 Arca

背景・トピックス

世界一の人口と優秀な頭脳のポテンシャルは大きいと考える。

インド株は海外からの直接投資が許可されておらず、米国株のように個別株式を買うことができない。ごく一部でADRへの投資が可能ではあるが銘柄選択が難しい。よって、ETFや投資信託が現実的である。

インド株のETFや投資信託と言えば、日本では30銘柄で構成される「SENSEX」や50銘柄で構成される「Nifty50」連動商品が有名だが、EPIは約480銘柄で構成されインド株市場を広く取り込める特長を持つ。

分配金利回りは低いが長い目で見たい。当面はキャピタルの成長を期待して買いたいETFである。1口50ドル程度と買いやすい。

銘柄概略

2008年から運用されている。インド株ファンドとしては歴史が長いETF。

第7章

外国リートに資産分散&国分散しよう！

現物不動産とリートは何が違うのか

アセット分散で、株式以外の資産を持つために、リート（REIT）という選択肢があります。**リートとは、不動産投資信託**のことです。株式と同様に証券口座で売買できる金融商品で、分配金利回りが高いものが多いです。

国、セクター、銘柄、時間だけではなくアセット（資産）も分散するのは、資産三分法（第2章）で、メリットを解説したとおりです。

既述のとおり、**リートを始めるのはある程度の資産額に到達してからで、資産額が少ないうちはリートを持たなくてもいい**と思います。「分散が大事」と言っておきながら矛盾しますが、あまりに分散しすぎても投資効率が悪くなるからです。

不動産に投資するにも、現物不動産なら、数千万円以上の資金を用意するか、ローンを組むことになります。多額の資金を用意することはハードルが高いです。

ローンを組むには貸し手の審査があり、かつお金を借りるということには心理的プレッシャーが小さくないでしょう。良い物件を探す知識や人脈が求められますし、契約書類など事務手続きにも精通する必要があります。

さらに、流動性が低くて、すぐに売買できないのが現物不動産の特徴です。空室リスク

図7-1　リート（REIT）とは

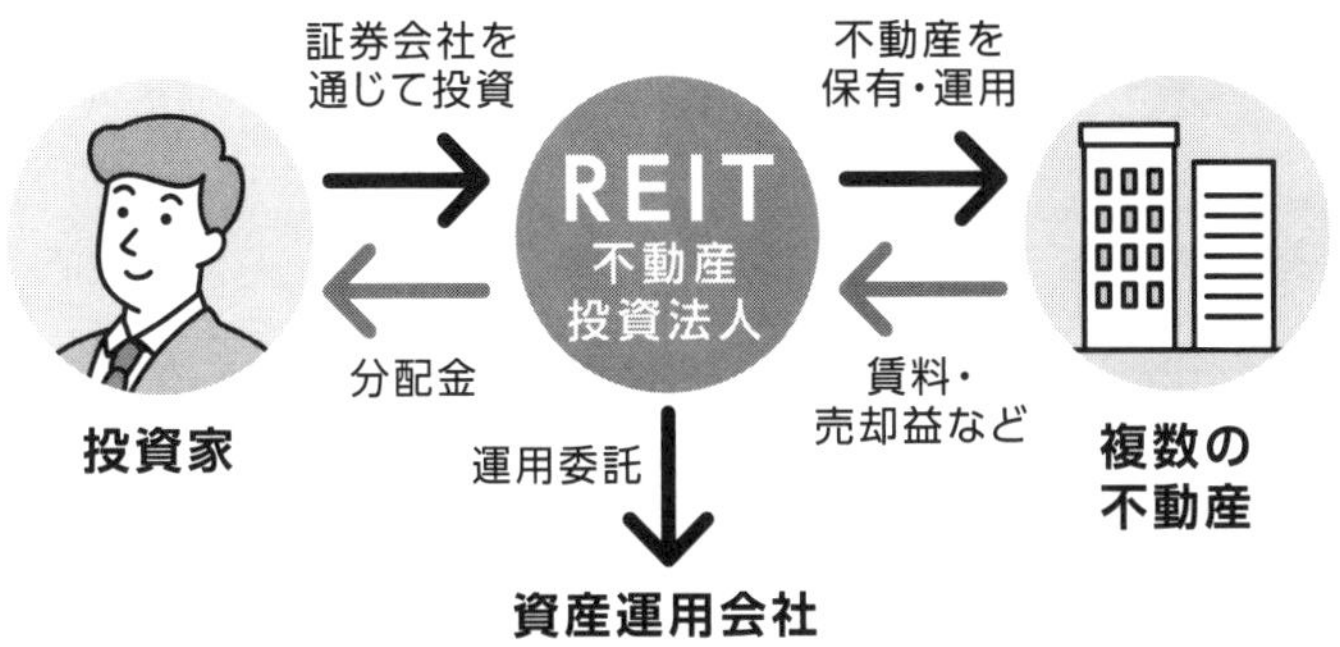

や事故物件リスクもあります。地面師（土地の所有者になりすまして土地売却を持ちかけ、多額の現金をだまし取る不動産詐欺）にあう危険性だってあります。

入居者対応という「労働」も発生します。これは管理会社にお金を払えばほぼ解決可能ですが、今度は管理会社との契約ややり取りを要します。

総じて言えば、初心者にはハードルが高いことはわかっていただけたと思います。

一方、**リートなら少額からの投資が可能です。**３０００円程度でも米国リートに投資できます。売買は株式と同じやり方で簡単です。

では、リートをわかりやすく説明しましょう。

リートは、投資家から集めたお金で、不動産を購入して、入居者から賃貸収入を得ます。賃貸収入から管理費等を差し引いた利益を、分配金という形で投資家に支払います。

もしくは、保有不動産を売却して得た利益を分配金にすることもあります。簡単に言えば、投資家は、リートを通じて間接的に、不動産を所有している形になります（前ページ図7―1）。

狙い目は米国、オーストラリア、シンガポール

リートも株と同様、「人口増加国」で投資することが理想です。

国土（土地）は広がりません。一方、人口が増えると、不動産の需要が増えるので、長期的に見て不動産価格は上がるか、少なくとも保たれることが期待できます。

米国には日本のような「新築信仰」がないのもメリットです。米国では中古住宅にも価値があり、中古物件取引が旺盛です。住宅以外に、商業施設、オフィス、ホテル、データセンター、物流施設、通信タワー（通信鉄塔）、医療施設、さらには、刑務所までもリートになっているリート大国です。

オーストラリアも人口増加国です。

シンガポールは都市国家で東京23区と同程度の面積しかありません。

対して、日本は、少子高齢化で人口減少、世界的に不動産として戦える価値のある都市

は東京くらいでしょう。災害リスクが高い国でもあり、さらには既述のとおり「新築信仰」があります。よって、私は日本のリートである「Jリート」を投資対象にしていません。

銘柄分析など煩わしいことは不要!

リートにも株式同様に、個別リートとETFがあります。**日本では、外国の個別リートへの投資が困難です。**よって、**「リートに投資するETF」に投資するのが一般的**です。

「株式に投資するETF」と同様に、「リートに投資するETF」も、銘柄分析が不要(どのようなETFなのか理解することは必要)、決算確認も不要、損切りも不要です。

リートのデメリット

もちろん、デメリットもあります。

リートについて、現物不動産と比較したデメリットも紹介します。

①利回りが下がること

リートは現物不動産に比べるとリスクを取らない分、現物不動産への投資に比べてリターンが下がります。リスクとリターンは同等です。これは既述のとおり投資の基本です。

②相続税対策にならない

現物不動産は相続税対策になるといわれますが、リートだとそうはいきません。本筋から逸《そ》れるため詳細は割愛します。

③銀行から融資を受けられない

現物不動産のように銀行から融資（ローン）を受けての投資は、基本的にリートでは不可能です。

④リートの分配金は原則課税される

現物不動産からの収益は不動産収入になり、減価償却費などの経費の計上が可能なため、節税効果が出る場合があります。

リートにはこれらデメリットがありますが、現物不動産では「ぐうたら投資」が無理だと、私は思います。**ぐうたらしたいなら、現物不動産よりもリートがお勧めです。**

いかがでしょう? リートへのハードルが下がったのではないでしょうか。リートに投資することで、あなたも「大家さん」になりませんか? そして、「お家賃」をいただきませんか?

それでは、桶井道が選ぶ外国リート5選を見ていきましょう。

96

SPDR ダウ・ジョーンズREIT ETF

≫米国に上場しているREITへの分散投資を行う米国ETF

背景・トピックス

米国REITにまとめて投資できるETFで、米国の不動産から家賃をもらう感覚で投資する銘柄。1口約90ドルで買える。分配は年4回、分配金利回りは4％弱。

比較の対象になるETFとして、不動産セレクト・セクター SPDR ファンド（XLRE）がある。こちらは、不動産管理・開発およびREIT（モーゲージREITを除く）の業種に属する企業のうち約30の大型銘柄で構成される。よって、広く分散するならRWR、大型銘柄に絞るならXLREとなろう。

構成銘柄の第1位は、どちらもプロロジス（PLD）でウエートも大差がない。よって、どちらの銘柄もプロロジスの値動きに反応する。

銘柄概略

約 100 銘柄で構成される。ダウジョーンズ 米国セレクト REIT 指数への連動を目指す米国 ETF。

≫ティッカー
RWR

≫国名
米国

≫証券取引所
NY 証券取引所 Arca

97

》米国の不動産投資信託（REIT）で構成される東証ETF

iシェアーズ 米国リート ETF

背景・トピックス

FTSE Nareit Equity REITs インデックス（配当込み、TTM、円建て）への連動を目指す東証ETFである。世界最大の米国資産運用会社のブラックロックが運用する。このインデックスは米国の代表的なREIT指数である。商業用、工業用、データセンター、ヘルスケア、倉庫などさまざまな物件で構成される。

1口3000円程度で、米国の不動産に円建てで幅広く投資が可能である。分配は年4回、分配金利回りは約2・5％。

米国の金利が高水準であった2023年初頭は値を下げたが、足下は円安も手伝って回復してきている。

売買高がやや小さ目であることは念頭に置いておきたい。

》銘柄コード

1659

》国名

米国

》証券取引所

東証

銘柄概略

米国市場のREITで構成された指数に連動する東証ETF。円建てで、米国の不動産に分散投資が可能。

98

» 日本を除く先進国のREITに投資する東証ETF

NEXT FUNDS 外国REIT・S&P先進国REIT指数（除く日本・為替ヘッジなし）連動型上場投信

» 銘柄コード
2515

» 国名
日本を除く先進国

» 証券取引所
東証

背景・トピックス

日本を除く先進国の不動産への投資が可能な東証ETFである。人口減少が見込まれる日本の不動産を含む必要がないと考えるなら、この「除く日本」は都合が良い。

約300銘柄が組み入れられているが、米国銘柄が約80％のウエートを占め、＋豪州、英国、シンガポール、フランスで全体の約95％を構成する。先進国と名はついているが、事実上この5か国のREITへ投資しているETFと理解してほぼ間違いない。

分配は年4回、分配金利回りは約3％。日本以外へ投資して、分配金を円で受け取れるので便利。

投資単位は10口で1万4000円程度である。

銘柄概略

S&P 先進国 REIT 指数（除く日本、配当込み）への連動を目指す東証 ETF。先進国の不動産への投資を手軽に行える。

99

》人口増加が続く豪州のREITへ投資する東証ETF

上場インデックスファンド豪州リート

》銘柄コード
1555

国名
豪州

》証券取引所
東証

背景・トピックス

豪州は移民を積極的に受け入れていることもあり、人口が増加している。コロナ・ショックで〝鎖国〟状態になるまで28年も経済のプラス成長が続いてきた。アジア圏でも豪州の不動産は注目されている。潜在的な需要も、中国国内の政治的締めつけが厳しくなっている昨今、さらに高まっていると考えられる。

分配は年6回、分配金利回りは約2・5%。

組み入れ銘柄が21銘柄と少ないため1銘柄のウエートが大きく、特定の銘柄の値動きがこのETFの値動きを左右しやすい点は念頭に置いておきたい。

投資単位は10口で2万3000円程度である。

銘柄概略

30年近くも経済のプラス成長＋人口増の豪州の不動産へ投資できる東証ETF。

100

ライオン フィリップ S-REIT ETF

》金融都市、自然災害なし、不動産価値が保たれそう（シンガポールETF）

》ティッカー
LIOP

》国名
シンガポール

》証券取引所
シンガポール証券取引所

背景・トピックス

シンガポールは先進国で、世界的な金融都市として知られる。面積は東京23区程度。人口は600万人に満たない。政治が安定しており、台風・地震・火山噴火などの自然災害もほとんどない。

一人当たりGDPは日本をはるかに上回っている。都市国家で国土が限られるため、新規の建設が容易ではないことを考慮すると、不動産価値は大きく下がらないと考える。

分配金利回りが年6％程度と高いことが魅力である。

当ETFに投資するにはシンガポール株の口座が必要であり、主要ネット証券ではSBI証券と楽天証券が取り扱う。米国株と比較して手数料が高いことはデメリットではある。

銘柄概略

アジアの先進都市・シンガポールの不動産に投資するシンガポール ETF。

終章

仕組み化で稼いだお金を誰かのために使おう

あなたは何のために投資をするのか

「ぐうたら投資」をご理解いただけましたでしょうか。

仕事に忙しい会社員にも、家事と育児に忙しい主婦（夫）にも、介護に忙しい方にも、判断能力が鈍る高齢者にも可能となるよう、情報収集や分析・判断の機会をできるだけ減らし、必要とするリソースを最小限に抑えています。個別株（もしくはＥＴＦ）に投資しながらも、ぐうたらして成果を狙っていく投資手法です。

また、「仕組み化」されていて「持続可能」であることが「ぐうたら投資」のメリットでもあります。一度投資をすればほぼ放置して、配当金（分配金）を得ながらも、株価（基準価額）の上昇を狙うということです。

「ぐうたら投資」を知っていただいた皆さんに、最後に大事な問いを投げかけます。

あなたは、将来に向けてどんな投資をするのか決められていますか？
投資のゴールを決めていますか？　何のために投資するのですか？
お金をどう使うか決められていますか？

私たちは自分や家族の幸せのために生きています。幸せに生きられるよう行動しています。しかし、それだけで本当にいいのでしょうか？

私たちは昭和の人が築いてくれた平成や令和の世を生きてきました。平成や令和の世は、昭和の人たちの行動（労働や投資など）の結果、存在しているのです。ゆえに、私たちは令和の次の時代のためにどう行動するのかも考えることが大切だと思います。

日本国内はもちろんのこと、世界にも目を向けましょう。

投資では、世界の問題を解決する企業、世の中を便利にする企業、誰かの悩みを解消する企業に投資する目も持ち合わせたいところです。結果的に、それが自分の利益にもなるでしょうから、ウィンウィンといえます。

行動でも、今を生きる子ども達のため、これから生まれてくる子ども達のことを、意識する気持ちを持ち合わせたいところです。

60代後半から投資スタイルを変える

私は、現在、世界30カ国の高配当株および増配株、ＥＴＦ、リートを約１００銘柄保有しています。優良銘柄から配当金を得ること＋株価上昇を狙うこと、さらに（正直に告白しますと）株式コレクションをエンジョイしながら「桶井 道ホールディングス（会社ごっこ)」を作ることも目的にしています。

ただし年齢とともに、「ぐうたら投資」を軸にしながらも、投資対象を変えていきます。80代にもなると投資判断が鈍るでしょうから、その前に**60代後半以降で外国株から先に、東証ETFもしくは米国ETFに多くを移すつもりです。**日本株は個別株20～25銘柄くらいに分散投資にするのか、東証ETFに多くを移すのかを今後考えていきます。

個別株の比率は年齢とともに減らすつもりです。もし、このまま世界中の多くの個別株を持つとすれば、ものすごい数の銘柄に分散することで万が一に備え、ぐうたらできるようにします。いずれにしても「ぐうたら投資」による「仕組み化」は生涯貫きます。

高配当株および増配株、ETF、リートにより、「配当収入＋公的年金∨生活費」の体制を構築する＝「仕組み化」することで、元本の取り崩しが発生しないようにします。

元本を取り崩すのは大きな買い物をするときだけ、基本的に配当金（と公的年金）で生活すれば100歳になっても、超えても「安全圏」。持続可能な「仕組み化」を目指しているのです。

この方法なら、投資信託のように取り崩しが発生しません。それが老後最大のメリットです。

投資信託の取り崩しは命取り

ここで取り崩しについて私の考え方を書かせてください。

第1章でも述べましたが、**私は、投資信託の取り崩しは難しいと考えます。**

理由1　平常心を正常に保てない

暴落相場で評価額が下がるなか、平常心で取り崩すのはきっと無理。相当不安になるでしょう。たとえば、6000万円分の投資信託を保有しているとします。1ヶ月で5％下落すれば、額にすると300万円にもなります。

評価額300万円の減少を見ながら、平常心でその月の生活費を取り崩せるのでしょうか？　より実感がわくようにリアルな暴落話を入れましょう。

S&P500の下落率（月次ベース）は、ITバブル崩壊のときで46・3％、リーマン・ショックのときで52・6％、コロナ・ショックのときで20％にも達しました。

私ならこの状況下での取り崩しは不安でとても無理です。

理由2　寿命まで不安なまま生きなくてはならない

毎月取り崩していくと資産は減っていきます。寿命までに資産が枯渇しないか不安にならないでしょうか？　私なら（きっと、あなたも）80歳になって、65歳のときより減ってしまった投資信託を見て、不安になるでしょう。

「今のあなた」は給与収入があり実感がわかないかもしれません。ところが、老後は給与収入がなく、公的年金と運用資産に頼ることになります。

運用資産が枯渇するかもしれないという不安は「老いたあなた」にはとても大きいものになるでしょう。「長生きリスク」を自ら感じるような人生にはしたくないものです。

理由3　正常な判断ができない

60代～70代では可能として、80歳になっても正しい取り崩しの判断ができるでしょうか？　私は、高齢になって判断力が鈍り投資家を引退した父を見ましたので、かなり難しいと思います。

理由4　「自動取り崩しサービス」の不安

証券会社によっては、投資信託の出口戦略として「自動取り崩しサービス」を提供しています。いったん設定すれば、生涯、自動で取り崩せます。これが一見「仕組み化」のように思えなくもないです。

とはいえ、これも取り崩すというタスクを自動に委ねているだけで、取り崩すこと自体には変わりがありません。理由1、理由2の不安はやがて出てくるでしょう。

さらには、「自動取り崩しサービス」で、たとえば65歳で設定した取り崩しの「率」なり「額」なりが、生涯そのままでいいとは限りません。老いて判断ができなくなった自分が、そこに気が付けるでしょうか？

そして、気が付いたとして、新しい設定をどの「率」やどの「額」にするのが正しいのか、さらには、白内障や老眼で視力が落ち、かつ手指も自由に動かないなかで、正確にスマホやPCを操作して再設定できるでしょうか？　私は父を見ているので、そうは思えないのです。

「今のあなた（私も）」には当たり前にできることも、「老いたあなた（私も）」には当たり前ではないのです。

繰り返しになりますが、私は、父が老いて投資判断が衰え、投資家を引退した姿を目の当たりにしていますし、介護してきましたので、これが誰よりもわかります。

《持続可能な「仕組み化」の最適解は、配当金生活

心配事を言い始めるときりがありませんが、序章で説明したとおり、内閣府発表の「令

和4年版高齢社会白書」によると、75歳以上の高齢者が要支援か要介護になる割合はおよそ3人に1人です。この数字を見ますと、判断能力が落ちる、目や手が不自由になるというのは決して他人ごとではないことがおわかりいただけると思います。

また、年齢とともに、このリスクが上がることも容易に想像がつきます。たとえば、「今のあなた」は『バール』と『パール』の見分けが付くでしょう。それがわからなくなるのが「老い」です。

従いまして、これからの時代には、持続可能な「仕組み化」された投資法が好ましいでしょう。**個別株やETFから配当金（分配金）をチャリンチャリンと貰って、生活費にすることが私のファイナル・アンサーです。**

この方法なら、高齢になって個別株が不安ならＥＴＦに全シフトする、または優良個別株のみを残して多くをＥＴＦにシフトすることで持続可能です。ものすごく多くの個別株に分散投資することで一つひとつの影響度を低くすれば、それも選択肢になるかもしれません。

ただし、私は投資信託がまったくダメと言っているわけではありません。お金を増やすということに注目すれば、投資信託は良い金融商品です。分配金を出さずに自動で再投資してくれる投資信託なら、効率的にお金を増やせると思います。そこは否定しません。

ですから、今が資産形成期で、新ＮＩＳＡのつみたて投資枠やiDeCoなどで投資信託の積み立てをしている人は、やめずに続けてください。

私は金額の目標も決めています。現在、資産1億8000万円＋年間配当（手取り）240万円（2025年見込み）です。これを、60歳までに、資産2億円以上＋年間配当300万円まで伸ばします。

月額にして、配当金25万円＋公的年金11万円（早期退職しましたので金額が少なくなります）で生活する計画なのです。配当金を「じぶん年金」として位置づけて、育てています。

この60歳時点の目標と現状のギャップをどう埋めるのかを常に考えながら行動しています。こうすることで、目標とベクトルと行動が一致します。このゴールベース思考が大切だと思います。

死んでからでは遅い！「お金の使い道」を考える

ここまでは、「仕組み化」、投資の仕方、お金の増やし方や目標について語りました。

さらに、大事なお話をします。お金は持っているだけでは、単なる紙、単なるデータに過ぎません。「仕組み化」しているので、毎月のように配当金が入るうえに、基本的には元本を取り崩しません。

お金の使い道をどうするのか？　お金はあの世まで持ってはいけませんから、どう有効に使うのかが大切になります。

私が資産2億円以上＋配当金３００万円をはじき出した根拠は、老後にシニアマンションで暮らしたいからです。

シニアマンションとは、高級マンション＋ホテル＋老人ホームのいいとこ取り。フロント、コンシェルジュ、介護士もしくは看護師など24時間有人サービスがあり、住民専用のライブラリー、ラウンジ、レストラン、大浴場、庭園、クラブ活動、そして提携クリニックなどがあります。

施設・サービスが優れているだけあり、費用もかかります。月額で、配当金（じぶん年金）25万円＋公的年金11万円＝36万円、これをシニアマンションでの生活費に充てる計算でおります。**こうしてキャッシュ・フローをプラスマイナス0にします。これも「仕組み化」です。**

お金は、「楽しい」「おいしい」「心地良い」「癒《い》やされる」「家族のため」「社会のため」「誰かのため」など経験や貢献に変えてこそ価値があると思います。

誰かのために使う、その「誰か」にはもちろん自分も含みます。自分、家族、社会、地元（地域）を幸せにするお金の使い方を考えています。お子さんがいらっしゃる方は相続させるのもいいでしょう。

若いうちは買物もいいでしょう。自分を充たすことも必要ですからすべて我慢して投資に回すのではなく、ときには欲しいモノを買って楽しめばいいです。

とはいえ、アラフィフになると、もう新しい物はいりません。お金と同じく、物はあの世まで持っていけないのですから。**アラフィフになると、むしろ物は減らすべきです。物を増やし続けると、あとに残る家族に迷惑をかけることになります。**

物の後始末は自分の手ですること。よって、50歳を過ぎてコレクションを増やすなどもっての外です。死後に、大量のＣＤ、ＤＶＤ、模型（ひと昔前風にいえば、価値があるかないか不明の骨とう品）などを残したり、大型の何かを置いたままにしたりして、家族・親族に処分させ、迷惑をかけてはいけません。**残していいのは資産だけです。**

音楽や映像などはデジタル（データ）で持っておけば迷惑を掛けないでしょう。物にも出口戦略が必要で、これは投資と同じです。40代にもなると、どんなことにも出口戦略を意識することが必要になり、アラフィフになると出口戦略を行動に移すときです。

ここでもゴールベースで物事を考える大切さがおわかりいただけたと思います。若いうちはそこまで考えなくていいです。資産形成しながらも消費も楽しんでください。やがて、出口戦略が必要になることだけ頭の片隅にでも置いておいてください。

両親を大切にする時間に投資をしよう

現在、私は、両親（父は難病で要介護5、母は癌サバイバー）の介護・見守り・家事をしています。おいしいものを全国から取り寄せています。旬のフルーツ、ブランド黒毛和牛、スイーツなどです。美味しいと食べてくれる姿が嬉しいです。

皆さんにも、ご両親が親孝行を受け入れられるうちに親孝行されることをお勧めします。親はいつまでも元気と錯覚しがちですが、人間は誰しも老います。必ず衰退します。

あなた自身も多少は衰えを感じませんか？ 10代の頃のようなみなぎるパワーはいつまでも続きません。30代半ばになると回復力が弱くなります。40代にもなると脂っこいお肉がほしくなくなります。60代、70代、80代の親はもっと衰えているということです。

つまり、**親孝行するにも親が受け入れる体力・能力・気力がなくなっていくのです。**

老いると、旅行するのが辛い、電車やバスに乗るのが疲れる、暑さや寒さに弱くなる、5つ星ホテルや温泉旅館よりも家が良い、外食するのも億劫《おっくう》、さらには咀嚼《そしゃく》や嚥下《えんげ》の力が衰えてくると自宅でも美味しいものが食べられなくなる。私は父のその姿を目の当たりにしてきました。

あなたはきっと仕事が忙しいでしょう。家事や育児も忙しいでしょう。ですが、もっと親孝行しておけばよかったと後悔のないようにしてください。

時間は意外と、いえ確実に早く過ぎます。

誰かのためにお金を使う

私は、48歳で「子ども食堂」の運営に携わりました。地元のいろんな子ども食堂を見て回り、立ち上がったばかりの課題山積の子ども食堂にあえて飛び込みました。

不定期でお手伝いしたり、寄付をしたり、食材を提供したりする「支援メンバー」ではなく（もちろん、それも素晴らしい貢献で、そういう人がおられるから成り立っています）、定期的で直接運営に携わる「運営メンバー」となりました。

組織化ができていない、集客ができていない、寄付・食材が足りていない、コロナ禍でのオペレーション……山積の課題をひとつずつ解決して、数ヶ月で毎回売り切れとなるまで育てて、市役所から褒められました。

地元への恩返し、次世代への貢献でしたことですが、逆に子どもたちの笑顔に元気を貰う結果になりました。現在、その子ども食堂は、会場となる飲食店の店主さんが体調不良となりお休みしています。店主さんの復帰を待ちながらも、別の子ども食堂の支援メンバーとなり活動しています。

投資を通じた貢献もしています。新興国への投資は、社会貢献、国際貢献の気持ちも含みます。たとえば、ベトナム株投資は、電力関連への投資もしていて、ベトナムの課題である電力不足の解消に微力ながらも貢献したいと願っています。

人生の終盤では、保有する個別株やETFの一部を売却して、地元に高規格救急車を寄贈することを決めています。車種はトヨタのハイメディック、予算はインフレを勘案して2500万円くらいで見積もっています。地元への恩返しです。

さらには、この先数十年間の資産運用の結果次第ではありますが、死後は遺贈も考えています。そこで、「マイ基金」という手段を選択肢に入れています。自分の遺産を、自分が思い入れのある公益活動に使うことができるのです。

自分で財団を作るには、設立の知識・労力、自分の死後に運営を託せるか？　など問題がありますが、「マイ基金」なら手軽です。

窓口は複数の公益財団法人がやっています。自分が支援したい分野を指定して、税金の優遇を受けて、手続きはすべて窓口となる公益財団法人にやってもらえるというのが特長です。金額のハードルは低く、公益財団法人によりますが、数万円や100万円からとなっています。金額が大きくなれば、資産を現金化する必要はなく、株式でも可能です。

そして、基金（私の場合は株式やETF）を取り崩さず（現金化せず）に、その運用収益により永続的に活動する選択肢もあります。ちなみに、マイ基金の名前は「おけいどん子ども食堂基金」「桶井道〇〇大学奨学基金」など自分でつけることができます。

このように、私の死後も、私の意志（＝救急車、マイ基金）は生き続けて、誰かに貢献していく、こんなに素晴らしいことはないと思います。

改めて皆さんに声を大にして伝えたいのは、お金を有効活用する大切さです。家族、社会、地元（地域）に恩返ししていく。社会貢献および国際貢献、次世代を意識する。もちろん、自分のために「還元」もする。

お金は有効活用して「なんぼ」です。資産額3000万円なり、5000万円なり、1億円なり……、また配当金額100万円なり、200万円なり……、目標額を決めることは大切です。具体化するから行動が決まります。

ですが、**そこまで増やすこと自体を目的にしてはいけません。そのお金をどう使うかが**

大切なのです。私のようにゴールベースで考えて、「〇〇がしたい」から目標額が具体的に決まってくるのです。何度も繰り返しますように、ゴールベースのアプローチがお勧めです。

ただし、若いうちは、人生の目標を立てるのは困難ですから、たとえば10年後の目標でも構いません。目標をセットしたら、そこに向かって行動しましょう。

《お金に厳しく、人に優しく

お金以外の面でも考えがあります。

信念として、自分にも他人にも寛容に生きたいです。**お金に余裕があれば、ココロにも、行動にも余裕が生まれます。**

人生100年、労働者生活40年（私はFIREしたので25年でした）、1年365日、1日24時間のすべてをがんばる必要などありません。会社員生活を充分がんばったので、今はがんばらない自分を許しています（本づくりだけは、結構がんばっています）。

親の介護・見守り、家事をしながらも、物書きという第二の人生を満喫しています。私は、他人にも「がんばれ」とは言いません。これが、「おけいどん式適温生活」です。もちろん、それには「ぐうたら投資」を含めます。

「ぐうたら投資」によって「仕組み化」し、投資にリソースを奪われずに資産形成に成功し、お金を有意義に使っていただけますと幸いです。投資にも仕事にも時間にも、何からも追われないような人生を目指しましょう。

あとがき

最後までお読みいただき有難うございます。多くの投資本が出版されていますが、本書は個別株に投資しながらも「ぐうたら」してもいいという独自コンセプトを掲げながら、再現性にもこだわり抜きました。あなたの投資ライフに有効活用いただけますと幸いです。

本書を出版するにあたりご尽力いただいた皆様にも心より御礼申し上げます。出版オファーをくださったPHP研究所ビジネス書編集長の大隅元さん、文書整理やデータ加工・翻訳等をお手伝いくださったさかえだいくこさん（スペシャルサンクス！）、キリンを描いてくださったイラストレーターのいぢちひろゆきさん、素敵な表紙に仕上げてくださった表紙デザイナーのtobufuneさん、本文デザイン担当者さん、校閲担当者さん、本書を本棚に並べてくださった書店員さん、その他多くの関係者様有難うございました。

◆

読み終わられての感想はいかがでしょうか？「ぐうたら投資」なら個別株をやってみたくなられたでしょうか。「仕組み化」の魅力を感じていただけたでしょうか。

おそらく、投資後はぐうたらできそうに感じられる一方で、投資前の銘柄分析だけはハードルが高く感じられたと思います。ごもっともです。そこは投資を継続しながら徐々に慣れていっていただくとして、スタート時点では、本書の銘柄紹介を参考にショートカットしていただくことで「ぐうたら投資」が可能になると思います。

「ぐうたら投資」を軸にして、あなたにとって最適解となる再現性のある投資法を築いてほしいと願います。

「最適解」といっても、個別株だけでいくのか、コア・サテライト戦略のサテライト投資で個別株を持つのか、またその比率をどうするのか、それぞれ何を選ぶのかは人それぞれです。

「ぐうたら投資」で個別株に投資する目的は、「仕組み化」によって投資に多くのリソースを使わずして、投資信託より上回るパフォーマンスを狙うこと、または配当金を得て不労所得とすることにあります。

「再現性のある」とは、同じ方法を貫けば、繰り返し成果を得られる可能性がある方法ということです。一か八かの丁半博打《ばくち》に挑んで、仮に一発当てたとしても、それはラッキーパンチに過ぎません。決して2度3度は続きません。むしろ大損する可能性が高いでしょう。

今、あなたは「ぐうたら投資」のスタートラインに立たれました。これから長く続く投資人生のなかで、必ず失敗します（私は今でも失敗します）。そのときは、自分の失敗を認めて、向き合ってください。それによって、同じ失敗を繰り返さなくなります。失敗はやがて経験へと変わり、次の投資に生きます。失敗を通じて成長できるのです。ただし、取り返しのつく範囲での失敗に留めてください。

だから、新しい挑戦をするときは、小さな金額で試してみましょう。失敗したり、成功したり、経験を積んでから、金額を上げてください。

これは投資以外にも言えることで、人生に失敗は付き物です。失敗して、失敗を反省して、経験に変えて、成長した人が成功します。逆に言えば、成功した人は、きっと失敗も経験しています。失敗していない人は、成功もしていないでしょう。

従いまして、本書は一度読んで終わりではなく、繰り返し読むことで「ぐうたら投資」の軸を太く、そして強く築いてください。銘柄分析ページ（第3章）は辞書として、銘柄紹介ページ（第4〜7章）はカタログとして使い続けてください。「ぐうたら投資」を継続するために、是非とも長くご活用ください。

◆

これからも、X（旧 Twitter 、@okeydon）およびブログ「おけいどんの適温生活と投資日記」、メディア連載などからアウトプットを続けてまいります。また、次の出版も目標にしています。そちらでの再会を楽しみにしています。

それでは、本書を通じて、皆さんが、素敵な「ぐうたら投資」ライフを送られることを願っております。何事にも「適温」でまいりましょう。

2024年7月吉日

桶井 道（おけいどん）

著者紹介
桶井　道（おけいどん）
個人投資家（投資歴25年）・物書き。1973年生まれ。
世界の高配当株および増配株、ETF、リートなど約100銘柄保有、配当狙いの投資をする。いろいろな投資をしてきたが、高配当株・増配株をメインにしてから成績が上がり、「ぐうたら投資」を極めてから資産成長を加速させる。
2020年に資産1億円＋年間配当（手取り、以下同）120万円とともに、25年間勤めた会社を早期退職。2024年には資産1.8億円達成、年間配当240万円（2025年見込み）まで伸ばす。現在は、両親（父は難病で要介護5、母は癌サバイバー）の介護・見守りをしながら、物書きとして第2の人生を満喫中。
著書に『今日からFIRE! おけいどん式 40代でも遅くない退職準備&資産形成術』『月20万円の不労所得を手に入れる! おけいどん式ほったらかし米国ETF入門』（以上、宝島社）、『お得な使い方を全然わかっていない投資初心者ですが、NISAって結局どうすればいいのか教えてください!』（すばる舎）があり、本書が4冊目の出版である。「アエラドット」「プレジデントオンライン」「マネー現代」で連載を持つ。X（旧Twitter）アカウント（@okeydon）はフォロワー数7.7万人（2024年7月時点）。

資産1.8億円＋年間配当金(手取り)240万円を実現!
おけいどん式「高配当株・増配株」ぐうたら投資大全

2024年9月5日　第1版第1刷発行

著者　桶井道
発行者　永田貴之
発行所　株式会社PHP研究所
東京本部　〒135-8137　江東区豊洲5-6-52
ビジネス・教養出版部　☎03-3520-9619（編集）
普及部　☎03-3520-9630（販売）
京都本部　〒601-8411　京都市南区西九条北ノ内町11
PHP INTERFACE　https://www.php.co.jp/

組版　桜井勝志
印刷所　大日本印刷株式会社
製本所　東京美術紙工協業組合

ISBN 978-4-569-85752-7